이만하면 괜찮은 죽음

33가지 죽음 수업

33가지 죽음 수업

이만하면 괜찮은 죽음

마지막까지
우아하게
품위 있게

33 Meditations on Death

데이비드 재럿 지음 | 김율희 옮김

윌북

헌사

샤노에게

마일스 데이비스가 루이 암스트롱을 가리켜 한 말을 조금 바꿔서,

"그녀가 없었다면…… 나도 없어."

차례

작가의 말
기나긴 이야기의 끝, 죽음

"오, 죽음이여······ 내게 일 년만 더 주지 않겠나?"
- 미국 민요

고대 그리스인들은 인간이 처한 상황을 잘 알고 있었다. 오늘날 매일 직장으로 출퇴근하는 사람이라면, 산꼭대기로 힘겹게 밀어 올린 바위가 결국 다시 아래로 굴러떨어지는 시시포스의 상황에 동감할 것이다. 이 노동이 평생 지속되지는 않을 거라는 사실이 우리에게 조금 위로가 되기도 한다. 머리카락 한 올에 의지한 채 머리 위에 매달린 '다모클레스의 검고대 그리스 왕 디오니시우스는 왕의 권력을 부러워하는 신하 다모클레스를 왕좌에 앉게 해준다. 이내 다모클레스는 한 올의 말총에 매달린 칼이 자신의 머리를 겨냥하고 있음을 발견한다. 위태로운 상황에 대한 비유로 쓰이는 표현이다-옮긴이'은 모든 인간이 자초한 인간 존재의 위태로움을 나타내는 좋은 상징이다. 그리스 신화에는 비극적 인간이 다수 등장하는데 종국에는 모두 신들이 그린 만화 속 인물 정도로 전락하고 만다. 불행한 사람들이 모인 이 신전에서 비중이 적은 등장인물을 하나 고른다면 트로이의 왕자 티토누스를 들 수 있다. 그를 사랑한 새벽의 여신 에오스는 티토누스에게 영생을 달라고 신들에게 간청했고 신들은 그 청을 기꺼이 들어주었으나, 에오스는 영원한 젊음도 함께 달라

8

는 말을 깜빡 잊고 하지 않았다. 그 탓에 티토누스는 죽음이라는 자비로운 위안을 결코 누리지 못한 채로 점점 늙고 쇠약해지며 영원히 살아야 하는 저주를 받게 되었다.

완화 치료 의사들이 죽음에 대해 쓴 글은 많이 있다. 그들은 환자가 고통스럽지 않게 죽도록 돕는 방법을 아주 잘 알고 있으며 호스피스 병원의 간호사들과 지역 봉사자들의 활동은 임종 간호의 표준으로 여겨야 마땅하다. 그러나! 죽어가는 환자의 5퍼센트만이 호스피스 병원에서 세상을 떠난다. 절반은 일반 병원에서, 4분의 1은 양로원에서 죽는다. 다섯 명 중 한 명만이 집에서 죽음을 맞이한다. 환자가 호스피스 병원에 입원할 때는 병명이 알려진 상태로, 주로 말기 암이나 퇴행성 신경 질환을 앓고 있으며 환자와 그 가족에게는 불가피한 운명을 받아들일 시간이 조금은 있다.

이 책은 다른 죽음에 대한 이야기다. 돌연사, 치매, 노쇠, 뇌졸중에 대한 이야기, 그리고 우리들 대부분은 고맙게도 대개 노년에 이르러서야 대면하게 되는 죽음이란 것이 얼마나 예측하기 어려운 것인지에 대한 이야기다.

덴마크의 철학자 키르케고르는 "인생은 뒤를 봐야 이해할 수 있다. 그러나 살아갈 때는 앞을 봐야 한다"라고 말했다. 나는 내과 의사이자 노인 의학 전문의로서 40년 가까이 진료해왔으며, 더 사실적으로 말하자면 의학이 어디에서 왔고 어떤 길로 가고 있는지를 이해하고자 한동안 뒤를 돌아보았다. 보완 대체 의학은 이 책에서 다루지 않는다. 치료비가 페라리 자동차 가격과 맞먹는 복잡한 뇌수술이나 인공 심장 삽입술에 관한 이야기도 없다. 내가 환자의 몸에 주입한 가장 비싼 기기는 공공 의료 서비스를 약간 후퇴시킬지도 모르는 정맥 주사 배관이다. 매일, 매달, 매해, 쇠약한 이들 중에서도 가장 약한 이들을 돌보는 것이 내가 하는 일이자 늘 해왔던 일이다. 의료 서비스의 한정된 자원은 특히 총선 기간이면 뜨거운 감자로 떠오른다. 의료의 한계는 공적으로 논의되는 경우가 거의 없다. 나는 현대 의학의 이런 결점, 즉 대개 의사들이 적어도 공적으로는 논의를 피하는 영역을 언급하고 싶다. 현대 사회와 죽음을 대하는 이 사회의 태도, 특히 쇠약한 노년기에 맞는 죽음에 대한 현대 사회의 관점을 알아둘 필요가 있다. 노년은 제3세계만이 아니라 전 세계적으로 가장 빠르게 늘어나는 인구 층이다.

이 글은 죽음에 대해 더 많이 이야기하고 노화와 치매, 노쇠를 더 실질적으로 이해해보자는 호소다. 인류 역사상 처음으로, 더 젊은 세대는 연장자들의 쇠약한 삶을 약간의 두려움과 함께 바라보고 있다. 부모와 친척을 돌보며 발생하는 여파는 이제 수십 년으로 늘어날지도 모른다. 이 글은 우리 모두를 향한 일종의 긴급 소집 명령으로, 우리의 미래를 위해 더 철저한 계획을 준비하고 공유하며 노년에는 우리가 소유한 재력과 선거권을 어느 정도 포기하자고 촉구하는 목소리다.

글로 쓸 가치가 있는 주제는 오직 섹스와 죽음뿐이라고 어디에선가 읽은 적이 있다. 이 책에서 섹스가 자주 등장할 거라는 보장은 못하겠다. 죽음은 자주 등장할 거라 장담한다. 온갖 형태의 죽음이 다루어질 것이다. 죽음은 때로 비극적이고 때로는 희극적이다. 숭고할 수도 있고 비참할 수도 있다. 죽어가는 사람과 사랑하는 가족들이 죽음을 불가피한 일로 받아들이는 경우가 있고, 격노하고 거부하며 의학과 과학의 실패로 여길 때도 있다. 윤리적, 법적 딜레마를 다룬 이야기에서는 현실의 죽음과 현실의 의료라는 진흙 웅덩이를 통과할 뚜렷한 통로가 보이지 않을 지도 모른다. 이 책에서 다루는 대부분의 죽음은 슬프게도 승산 없는 싸움에 참전 중인 매우 쇠약하고 나이 많은 이들에게 발생한다. 자연을 거스르는 싸움, 사회와 의료계 자체가 인정하거나 정면으로 맞서기 어려워하는 싸움 말이다. 이 책은 바로 그 싸움에 대한 이야기다.

1. 좋은 죽음

"새들이 모두 떠나고 있어…… 갈 때가 되었나?"

- 페어포트 컨벤션

2009년 9월 14일, 방송 출연 요리사이자 다재다능한 미식가 키스 플로이드는 영국 도싯 지역의 아름다운 소도시 라임 레지스에 위치한 힉스 오이스터 앤 피시 하우스 레스토랑에 점심을 먹으러 갔다. 그는 우선 사과 브랜디에 절인 체리가 들어간 힉스 픽스 샴페인 칵테일로 시작했다. 그 뒤로 굴, 포티드 슈림프와 함께 화이트 와인 한 잔을 마셨는데 2006년산 부르고뉴 와인 푸이-뱅젤이었다. 메인 요리에는 페렝에 피스 사의 2007년산 레드 와인 코 뒤론 한 병을 곁들였다. 이 와인은 브레드 소스가 딸려 나온, 다리가 포함된 붉은 자고새 요리와 아주 잘 어울렸다. 푸딩은 발효된 배즙으로 만든 젤리였다. 키스 플로이드답게 식사 중간중간 담배도 몇 번 태웠다. 그는 최근에 대장암이 완치되었다는 소식을 들어서 기분이 좋았다. 집에 돌아가 저녁 늦게까지 다큐멘터리를 보았다. 동거인에게 몸이 좋지 않다고 말을 끝마치자마자 즉사했다.

우리는 모두 이런 종류의 죽음을 열망한다. BBC 라디오 방송인 라디오 4의 진행자 에디 메이어는 키스 플로이드가 맞이한 죽음에서 영감을 얻어, 청취자들에게 '좋은 죽음'의 다른 예시가 있으면 이야기해달라고 말했다. 큰 사랑을 받은 이들의 이야기를 라디오를 통해 듣고 있으려니 기운이 났다. 노년에 이른 그들은 쾌활하게 손을 흔들어 작별 인사를 한 뒤 자전거에 올라타 페달을 밟으며 길을 떠났다. 결국에는 나무 울타리에 둘러싸인 안식처로 이어질 길이었다. 빙 크로스비 같은 경우도 있다. 유명 배우이자 대중 가수인 그는 잘 알려진 대로 골프를 치다가 클럽 하우스를 몇 미터 앞두고 쓰러져 죽었다. 내 생각에 그 죽음에서 아쉬운 점이라면 클럽 하우스 내의 술집에 도착하지 못했다는 것뿐이다.

나처럼 가톨릭교도로 자란 사람들은 좋은 죽음이라는 개념을 알고 있을 것이다. 가톨릭교의 교리 설명서인 교리 문답에 그런 내용이 있다. "잠들 때까지 죽음에 대한 생각으로 머릿속을 가득 채워라. 때가 되면 중재를 바라며 성 요셉에게 기도해도 좋다."

피터스필드 커뮤니티 병원의 노인병 외래 진료소에서 근무하던 시절이었다. 미친 듯이 문을 두드리는 소리가 들렸다. "재럿 박사님, 누가 복도에서 쓰러졌는데 심정지예요!" 심정지는 의사나 간호사가 하던 일을 모두 멈추고, 진료 중인 환자에게 예의를 차리거나 사과의 말을 건네지 않고 자리를 떠나도 되는 유일한 상황이다. 복도에는 키가 큰 할머니가 제세동기(심장충격기)와 약봉지, 삽관 튜브에 둘러싸인 채 누워 있었고, 간호사들은 관을 삽입할 동맥을 찾으려 기를 쓰고 있었다. 심장 압박과 인공호흡이 한창 진행 중이었다. 나는 물리적 처치에는 젬병이다. 줄타기 곡예사가 될 수 없었듯이 외과 의사도 될 수 없었다. 혼돈이 가득한 상황에서는 때로 한 걸음 물러서는 것이 현명하다. 간호사들은 해야 할 처치를 모두 하고 있었다.

어느 할머니가 괴로운 얼굴로 상황을 지켜보고 있었다. 나는 쓰러진 분을 아는지 물었고, 할머니는 쓰러진 사람이 친구이며 99세라고 말했다. 손가락을 베어 치료받으러 가다가 갑자기 쓰러졌다고 했다. 나는 그 잔혹한 현장에서 떨어진 곳에 할머니를 앉혀두고 격전지로 되돌아갔다. 자발적 심박출량(심실에서 1분 동안 뿜어내는 혈액의 양)이 없어서, 소생술을 그만두는 게 어떻겠느냐고 말했다. 지역 병원에는 심정지 이후 살아난 환자들을 위한 생명 유지 장치와 심장 소생 지원 설비가 없었다. 그 환자가 거리에서 쓰러졌다면 가장 가까운 응급실까지 15킬로미터쯤 이동했을 것이고 그곳에서 심폐 소생술CPR이라는 극심한 모욕을 겪었을 것이다. 피와 부러진 갈비뼈, 소음, 삽관, 찢어진 옷, 끈끈한 전극, 구토, 주삿바늘을 견뎌내야 하며, 시도는 대부분 실패로 돌아간다. 심폐 소생술은 병원 밖에서 발생한 심정지에는 성공 확률이 매우 낮다. 소생술이 성공한다면 아마도 진짜 심정지가 아니었을 가능성이 크다.

우리는 처치를 멈춘 뒤 환자의 옷매무새를 정돈해주었고 병원의 운반 담당자들이 시신을 작은 영안실로 옮겼다. 나는 외래 진료소로 돌아갔고 간호사들은 차 한 잔의 도움을 빌려 환자의 친구를 위로했을 것이다.

99세라는 나이에 곧바로 죽음을 맞이할 수 없다면, 그것이야말로 서글픈 세상이다.

2.   나쁜 죽음

"그대가 바랄 수 있는 최고의 것은 자다가 죽는 것."

- 케니 로저스

전직 노인 의학 교수인 레이먼드 텔리스는 저서 『히포크라테스 선서: 의료와 그 불만Hippocratic Oaths: Medicine and Its Discontents』에서 에스파냐의 왕 펠리페 2세의 죽음을 묘사한다. 막대한 부와 권력을 소유한 그는 16세기 당대 최고의 의료인들을 부릴 수 있었으나 사실 생존율을 높이는 데 도움이 되지는 않았다. 1598년 7월 22일, 펠리페 2세는 고열이 발생해 침대로 옮겨졌는데 이는 죽음이 가까워졌다는 뜻이었다. 두 달 동안 그 자리에 누운 채, 오랫동안 그를 괴롭혀온 관절염에 시달리며 꼼짝하지 못했고 누군가의 손길이 닿을 때마다 끔찍한 고통을 느꼈다. 침구의 무게조차 고통스러웠다. 텔리스 교수는 그의 비참한 처지를 이렇게 묘사한다.

"그 무서운 '삼일열'은 그에게 전신의 열감과 오한을 번갈아 일으켰다. 손발의 발진도 악화되어 절개가 필요했다. 오른쪽 무릎 위에 곪은 종기가 돋아 8월 6일에 어떤 마취제의 도움도 없이 절개해야 했다. 벌어진 상처에서 고름이 제대로 빠져나가지 않은 탓에 매일 고름을 두 그릇씩 꽉 짜내야 했다. 만성 수종으로 배와 관절이 퉁퉁 부어올랐다. 시련이 더해지면서 엉덩이에 욕창이 마구 돋아났다. 그는 가끔 얕은 잠에 빠지거나 의식이 거의 없는 것처럼 보이기도 했지만 불면증에 시달렸고 자신의 몸 상태에 대한 공포에서 정말로 벗어나지는 못했다.

목격자들에 따르면 가장 끔찍한 고통은 설사였는데, 이 최후의 질병 중반부터 증상이 지속되었다. 타인의 손길이 닿거나 몸을 움직일 때면 견딜 수 없을 만큼 극심한 고통이 따랐기 때문에 그가 누는 대변을 치우지 않고 침대 시트조차 갈지 않는 것이 최선이었다. 침대는 대개 더러운 상태에서 끔찍한 악취를 풍겼다. 결국 이 심각한 문제를 조금이라도 해결하고자 매트리스를 도려내 구멍을 뚫었지만 불완전한 방책이었다. 펠리페는 계속 변을 보면서 스스로 만든 오물 속에서 뒹굴었고, 그 모든 냄새와 모욕으로 고통받았다. 어느 이야기에 따르면 이lice에도 시달렸다고 한다."

죽음의 침대에 누운 지 53일 뒤에 그는 결국 세상을 떠났다. 사람들은 흔히 죽음이 두렵지 않다고 말하면서 죽음이 삶의 일부이고 자연스러운 현상이라는 말을 덧붙인다. 하기야 곰에게 공격당하는 것도 마찬가지로 자연스러운 현상 아닌가. 마취제가 생기기 전에 통증은 인간이 겪는 고통의 총합에 들어 있는, 삶의 자연스러운 일부였다. 이제는 다양한 기술로 임종 과정을 관리하며 의학과 완화 치료의 전 분야에서 펠리페 2세의 죽음을 과거의 일로 만들기 위해 노력해왔다.

그러나 우리는 여전히 잘못을 저지르고 있다. 환자가 죽어가고 있다는 사실을 인지하지 못한 의사들이 고통을 연장하는 연구와 치료를 추진하는 경우가 너무도 흔하다. 가족들은 돌이킬 수 없는 시점에 이를 때까지 치료를 주장하며 환자의 통증과 모욕감을 연장하기도 한다. 환자의 자율성은 어떤가? 그때쯤이면 대개 환자는 사전 동의가 불가능한 상태다. 현대 의학은 생명 보전과 생명 연장에만 초점을 맞춘 채로 환자의 고통이 연장된다는 사실은 뒷전으로 미룬다.

에드나는 91세로 셰필드 출신의 전직 공장 근로자였다. 아들과 함께 지내려 포츠머스로 이사한 상황이었는데 왼쪽 팔과 다리에 갑작스러운 마비가 와서 한여름에 입원했다. 우리가 처음 에드나를 보았을 때 가쁜 숨을 내쉬고 정신이 흐릿해 보였는데, 뇌졸중 이후 이런 증상은 결코 좋은 징조가 아니었다. 우리는 에드나의 지역 보건의 GP: general practitioner로부터 과거 병력을 입수했다. 50대에는 퇴행성 관절염과 갑상선 저하증을 앓았다. 60대에는 관상 동맥이 막혀서 협심증, 이른바 허혈성 심장 질환을 앓기 시작했다. 이로 인해 관상 동맥 우회술CABG: coronary artery bypass graft(흔히 '캐비지'라고 불린다)이라는 대수술을 받았는데 말하자면 심장의 혈관을 새 혈관으로 대체하는 수술이다. 에드나는 60대에 흡연을 시작했고 이는 폐 질환, 즉 만성 폐쇄성 기도 질환을 유발했다. 60대 후반에 첫 뇌졸중을 겪었으며 나중에는 혈전 때문에 왼쪽 눈의 시력을 잃었다. 통풍과 극심한 류머티스성 관절염도 앓았다. 2000년대가 시작되면서 2형 당뇨병과 만성 신부전이 나타났는데 이는 분명 고혈압과 동맥 경화 때문이

었다. 80대 후반에는 장 폐색으로 응급 수술을 받았다. 남쪽으로 이
사하기 직전에 폐렴을 한 차례 앓았고 그때 에드나의 아들은 어머니
가 죽을 것이라는 말을 들었다.

놀랄 것도 없이 그녀는 열한 종류의 알약을 복용하고 있었다. 일
명 '다중 약물 요법'으로, 노인들이 흔히 겪는 문제이며 이때는 완곡
히 말해 '노인 의학 전문의의 메스'가 꼭 필요하다. 노인 의학 전문의
가 잘하는 일이 있다면 환자가 복용하는 약을 줄이는 것이다. '의원
성(의사가 유도한)' 해악의 원인, 즉 약물 과다 복용을 멈춤으로써 치
료된 환자들이 많다. 에드나의 경우에도 그렇게 간단한 문제였다면
얼마나 좋았을까. 그녀는 만신창이였다.

마비만 문제가 아니라 몸은 근육이 사라져 무척 앙상했고 양 무
릎은 뻣뻣했다. 근육이 있던 자리에는 대신 반흔 조직염증이 생겼다가 나
은 뒤 조직이 제대로 재생되지 못해 생긴 흔적－옮긴이이 보였다. 반흔 조직은 시
간이 흐르며 수축하는데, 에드나의 경우에는 이 반흔 조직이 무릎을
잡아당겨 고정된 굴곡 변형이 나타난 상태였다. 말소리는 매우 조용
해서 거의 들리지 않았다.

뇌 정밀 검사 결과상 뇌졸중을 일으킨 원인은 틀림없이 혈전이
었다. 이는 흔히 볼 수 있는 맥박 이상, 즉 심방세동으로 인해 심장에
서 발생했을 가능성이 높았다. 흉부 엑스레이 결과는 비의학적 용어
를 사용하자면 지저분했는데, 여러분은 그게 무슨 뜻인지 잘 알 것이
다. 입원 병동에서는 폐렴 발병을 예상하고 그녀에게 강한 항생제를
투여했다.

넉 달이 넘도록 에드나는 현대 의학이 제공하는 온갖 놀라운 기술을 체험해야 했다. 에드나의 아들은 필요하다면 심폐 소생술을 받아야 한다고 단호하게 주장했고 '소생 시도 포기[DNAR: Do Not Attempt Resuscitation'를 받아들이는 것은 불가능해 보였다. 도움이 될 가망이 없다면 의사는 치료법을 제안할 필요가 없으며 심폐 소생술도 일종의 치료법이다. 실제로 의사들은 환자 가족들과의 논의가 이런 답보 상태에 이르면 논의를 포기하고 하루 더 기다린다. 에드나는 특히 변기로 이동할 때 고통스러워했다. 아들은 그녀가 고통스러워하지 않는다고 강경하게 주장했고 진정제가 어머니를 죽일 거라고 생각했다. 고통 완화라는 문제를 둘러싸고 매일 협상이 벌어졌다. 에드나의 아들은 어머니가 행복하며 자신의 삶을 '풍요롭게' 해주고 있다고 계속 주장했다. 에드나의 딸도 어머니가 이용 가능한 모든 처치를 받고 싶어 할 거라고 굳게 믿었다.

에드나의 아들은 약이 어머니에게 해롭다고 믿으며 처치에 간섭했고, 간호사들은 그로 인해 발생하는 안전 문제를 제기했다. 침이 폐로 조금씩 흘러들어간 탓에 흉부 감염[호흡기 감염의 일종으로 폐나 기관지에 발생한 감염—옮긴이]이 수차례 발생했다. 콧구멍을 통해 위에 삽입한 관, 즉 비위관으로 유동식을 투입받고 있었다.

우리는 에드나와 의사소통을 하려고 온갖 노력을 기울였다. 윙크를 하거나 손을 꼭 잡아보게 하는 식이었다. 윙크 한 번은 '예', 두 번은 '아니오'라는 뜻이었다. "에드나 맞습니까?", "런던 출신입니까?" 때로는 일관되고 정확한 응답 덕분에 우리는 환자 및 환자의 가족과 중요한 문제를 논의할 수 있으며 환자의 의도를 분명히 파악할 수 있다. "배가 고픈가요?", "아프세요?", "삽입된 관으로 음식을 넣어드릴까요?", "음식을 드시지 않으면 돌아가실 거예요. 무슨 말인지 아시겠어요?"

유감스럽게도 에드나의 경우에 우리는 그런 명료함을 확보하지 못했다. 그녀는 가끔 우리의 말을 이해하는 것 같았지만 또 가끔은 그렇지 않은 것 같았다. 에드나의 아들은 최종 위임권, 즉 개인이 스스로 결정을 내릴 수 있는 지능이 있을 때 서명한 법적 서류를 가지고 있었다. 이 서류가 있으면 누군가가 정신적으로 약해졌을 때 가족이나 친구 또는 사무 변호사가 당사자를 대신해 의학적 치료 및 재정 문제를 결정할 수 있다. 우리의 수많은 논의는 아무런 소득을 얻지 못했다.

비위관이 에드나의 코를 자극했기 때문에 우리는 위루관PEG: Percutaneous Endoscopic Gastrostomy내시경을 이용하여 복벽과 위에 구멍을 뚫고 영양 공급을 할 수 있도록 삽입한 관. 이 방법을 경피적 내시경 위조루술이라 한다-옮긴이을 삽입하기로 했다. 이것은 대개 비위관보다 편안하며 입속의 내용물이 위로 흡입되어 폐렴이 발생할 위험을 줄일 수 있다. 불행히도 위루관 삽입은 불가능한 것으로 밝혀졌다. 다음 단계는 소장의 일부인 공장에 관을 삽입하는 훨씬 까다로운 절차가 될 터였다. 우리는 에드나에게 가장 좋은 방법을 어떻게든 찾아내려고 가족 및 의료진과 '최고 이익 회의Best interest meeting16세 이상의 환자가 자신의 문제를 스스로 결정할 수 없는 정신적 상태일 때 환자 대신 결정을 내리기 위해 의논하는 회의-옮긴이

이'를 열었다. 결국 에드나는 우리 병원에 몇 자리 남지 않은 지속 치료 병실 중 한 곳으로 가게 되었다. 그리고 급성 뇌졸중 병동에서 넉 달을 보내고 일주일 뒤 세상을 떠났다. 간호진과 언어 치료사들, 물리 치료사들, 에드나에게 수많은 시간을 쏟았던 다른 많은 사람들처럼, 나도 참담한 기분이었다. 우리가 참담함을 느낀 이유는 에드나가 죽었기 때문이 아니라 그녀가 그토록 오래 지속된 '기나긴 죽음'을 겪었기 때문이었다.

의료진이 정말로 스트레스를 느낀다면 탐문 조사를 해볼 만하다. 에드나를 돌볼 때 지속성 있는 치료가 부족했고 결정이 자주 변경되었다는 점을 포함해 염려되는 측면이 많았다. 이는 영국 의료계에서 점차 증가하는 문제다. 우리는 팀으로 일하며 흔히 자문 역할을 하는 동료 의사들과 오랜 시간을 두고 환자의 상태를 공유한다. 나는 부서의 전문의 중에 가장 연장자이며, 지속적인 치료를 받는 수많은 노인 환자들을 보살펴온 까닭에 젊은 의사들보다는 좀 더 거리낌 없이 완화 치료를 고려하게 되는 것 같다.

나는 우리 병원의 숙련된 소아과 의사인 어맨다에게 연락했다. 노인 의학과 소아과는 일부 유사점이 있다. 대부분의 윤리적 딜레마와 법의학적 문제는 삶의 시작과 끝에 발생하는 모양이다. 소아과 의사들도 대개 훌륭한 팀 플레이어들이고 전공 분야에서 독단적으로 행동하는 사람은 거의 없다. 또한 우리는 모두 민간 의료를 시행하거나 그것에 관심을 가질 기회가 거의 없는 상태로 '영국 국민 보건 서비스NHS: National Health Service정해진 예산 내에서 국가가 의료비를 부담하는 영국의 공공 의료 제도로, 1948년에 도입되었다. 이하 'NHS'로 표기─옮긴이'만을 위해 일하는 경향이 있다. 어맨다는 병원의 윤리 위원회를 감독하는데 이 위원회는 여러 숙련된 의사들과 간호사들, 약사들로 구성되며 까다로운 윤리적 딜레마가 발생하면 수시로 소집된다. 대개는 의료팀이 최선이라고 생각하는 것과 환자 혹은 더 많은 경우 환자의 가족이 최선이라고 여기는 것이 상충되는 상황일 때다.

의사들은 그런 경우 법정행을 피하려고 굉장한 노력을 기울인다. 법정 공방은 재정은 물론 시간상으로도 큰 대가를 요구한다. 또 가족들은 물론이고 의사들과 간호사들도 감정적인 대가를 치러야만 한다. 일단 소송이 사회적으로 공개되면 언론의 열광적인 관심이 쏟아지기 시작하고 모두가 한마디씩이라도 참견하고야 만다. 여기에서 '모두'라는 말은 아기 알피 에번스와 찰리 가드를 둘러싼 슬픈 사건희귀 불치병으로 연명 치료를 받다 세상을 떠난 두 아기의 사례에서, 생명을 살리기 위해 무엇이든 해야 한다는 의견과 연명 치료가 존엄성 있게 죽을 권리를 부정하는 행위라는 의견이 상충하며 생존 결정권에 대한 논란을 불러일으켰다─옮긴이에서 입증되었듯이 말참견을 했던 도널드 트럼프와 프란치스코 교황까지 포함한, 그야말로 모든 사람들을 뜻한다. 예상대로 그들의 조언은 무지했으며 도움이 되지 않았다. 대개 병원 윤리 위원회는 확답을 제시하지는 못하지만 가족을 포함한 모든 관련자들이 그들 대신 의료진이 환자에게 기울인 노력을 제대로 알 수 있도록 돕는다.

나는 에드나의 사례를 '병례 검토회'에 상정하는 것이 좋겠다고 생각했다. 이 전통적이고 교육적인 회의는 의학에서 새로운 내용을 배우고 논의하는 유서 깊은 방식이며, 보통 사례 발표로 시작된다. 이번 병례 검토회의 제목은 "먹이느냐, 먹이지 않느냐"였다. 나는 셰익스피어식 문구에 몇몇은 귀를 쫑긋 세울 거라고 생각했다(고대 그리스 비극시인 소포클레스를 흉내 낸 다른 제목은 '제비 한 마리가 왔다고 여름이 온 것은 아니다'였는데 이건 내가 생각해도 너무 허세를 부리는 느낌이었다). 소문이 퍼졌다. 대개는 참석자가 열 명 남짓인데 이번 검토회 때는 계단식 강의실이 미어터졌다. 그 상황만으로도 이것이 얼마나 자주 발생하는 고통스러운 문제인지 알 수 있었다.

나는 먼저 이 사례의 개요를 설명했다. 분위기 조성 차원에서, 레이먼드 텔리스 교수의 책 중에 앞서 인용했던 펠리페 2세의 죽음을 묘사한 부분을 낭독했다.

그런 다음 내가 의사 면허를 취득한 1979년의 상황이 어땠는지를 이야기했다. 그때 의학은 가부장적이었다. 환자는 자율성이 거의 없었고 대개는 아무 말 없이 치료를 받아들였다. 의사가 치료법을 가장 잘 알았기 때문에 환자를 어린아이 취급하며 대신 결정을 내렸다. 어쨌든 우리는 풍족하지 않았다. 그 시절 영국은 선진국들 중에서도 의료 서비스 자금이 굉장히 빈약했다. 이용 가능한 치료법도 지금보다 훨씬 적었고 연구는 기초 수준이었다. 전문의 한 사람당 맡은 환자의 수는 현재에 비해 굉장히 많았다. 노인 차별, 성차별, 동성애 혐오, 인종 차별이 만연했다.

그러나 당시는 적어도 '확실성'의 시대였다. 사람들은 죽거나 살거나 둘 중 하나였다. 나는 오늘날의 '포스트모던' 세계에서는 그런 확실성이 사라졌다고 말했다. 사람들은 죽거나 회복하거나 뇌사에 이르거나 냉동 배아 상태에서 잠재적으로 살아 있을 수 있다. 환자는 지속적 식물인간 상태(지금은 '최소한의 의식 상태'라고 부른다)로 지낼 수도 있고, 죽었지만 환자의 심장과 폐, 간, 신장, 각막 등은 삶을 이어갈 수도 있다.

나는 수십 년 전에는 소송이 거의 없었고 의료진이 감시를 받지 않았음을 지적했다. 요즘은 닥터 포스터(환자 치료 결과에 대한 국가 차원의 감사), 복지 서비스 품질 관리 위원회CQC: Care Quality Commission, 뇌졸중 관리 국가 감사 프로그램SSNAP: Sentinel Stroke National Audit Programme 등 감시 산업이 방대하다. 세부 분야마다 별도의 감시 절차가 뒤따른다. 우리는 머리 위에 법이라는 녹슨 칼을 매단 채로 살고 있다. 수많은 방법으로 감시와 감독을 받으며 속속들이 규제받고 법적인 재확인을 받아야 한다. 인원이 모자랐던 40년 전에 좋은 면이 있었다면 훨씬 지속적인 치료가 가능했다는 점이다. 병원에 가면 매일 같은 의사를 만났고 아마 밤에도 마찬가지였을 것이다. 의사들이 낮과 밤 대부분을 일하며 보내고 있었기 때문이다. 지속성 측면에서는 좋았지만 현대의 병원에서는 유지할 수 없는 방식이다.

당시 환자들은 의사를 지나치게 존경했다. 고맙게도 존경의 시대는 사실상 지나갔지만, 의사와 환자의 관계에서 주춧돌과도 같았던 신뢰도 함께 사라졌다. 과거에는 각종 정부 부처와 의료 업계 사이에 무언의 평화 협정이 존재했다. 그들은 우리를 건드리지 않았고 우리는 부족한 의료 서비스에 대해 정치적으로 지나치게 목청을 높이지 않으려 했다. 언론은 은근히 협조적이었다. 이제 의료계 종사자들은 기자들, 그러니까 용감한 개인이 NHS 같은 포악한 조직에 맞서는 눈물겨운 이야기에 혈안이 된 기자들과 함께 철조망 속에 갇힌 듯한 기분을 느낀다. 과거에 환자들은 순응적이었고 기대치가 낮았다. 이제는 환자들에게 더 많은 것을 요구하라고 부추기는 분위기이며 환자들의 기대치 역시 높다. 우리는 의료계가 원하는 방식이 아니라 사회가 기대하는 방식으로 일한다. 그런 의미에서 의사들은 공무원과 마찬가지다. 이렇게 보면 대중은 자금을 댈 생각이 없는 경우 그만큼의 서비스를 기대해서는 안 된다. 이것이 계약 사항이다. 혹은 그래야 한다.

환자의 자율성이 강화되었을지 모르지만 이 자율성은 선의를 품은, 혹은 선의라고 할 게 그다지 없는 가족들에게 강탈되기도 한다. 가족들이 가부장주의자의 자리를 차지한 것이다. 의사들은 어려운 결정이나 소송으로 이어질지도 모르는 결정을 회피하려 환자의 자율성이라는 방패 뒤에 숨을 수 있다. 환자 치료와 관련된 윤리적 측면에서 상당한 진보가 있을 때마다 예상치 못한 부정적인 결과가 뒤따를 수도 있다. 환자나 환자의 가족이라고 해서 자동적으로 더 높은 도덕적 지위를 부여받아서는 안 된다. 40년 동안 환자를 치료한 덕분에 나는 인간의 용기와 품위, 존엄성에 대해 아주 많은 것을 배웠고 표리부동하고 남을 조작할 수 있는 인간의 능력에 대해서도 마찬가지로 많이 배웠다. 삶의 명암을 함께 배운 것이다.

과학적 수술법의 아버지인 존 헌터는 1776년에 처음으로 관을 통해 마비 환자에게 음식을 투여했다. 관으로 투여된 첫 음식은 '젤리, 물을 섞어 으깬 계란, 설탕, 와인'이었다. 1980년대에는 미세 구멍을 뚫은 경비위관이 임상 실습에 도입되었다. 위루관이 처음 삽입된 것은 1986년이었다. 모든 의학적 발전이 그랬듯이 관 영양 공급법도 새로운 윤리적 딜레마를 야기했다. 이 방법이 모든 사람에게 적합한가? 그렇지 않다면, 어디쯤 경계선을 긋고 그것을 사용하지 않아야 한다고 말해야 하는가? 치료법을 제공할 수 있다고 해서 반드시 제공해야 하는 것은 아니다. 언제나 의견보다는 사실이 먼저여야 한다. 위루관을 삽입한 치매 환자 중 56퍼센트가 1개월 이내에 사망하고 90퍼센트는 1년 이내에 사망한다. 치매 환자에게 관 영양 공급법을 적용할 경우 음식이나 침이 폐로 흘러들어가 발생하는 흉부 감염인 흡인성 폐렴이나 체중 감소를 예방할 수 있다는 과학적 증거는 없다. 생존율이 높아지거나 욕창이 줄어들거나 환자가 더 편안해진다는 증거도 없다. 간병인이나 가족들의 기분이 한결 나아진다는 증거는 어느 정도 존재한다. 그러나 관 영양 공급법은 국소 감염, 트라우마, 불안, 분비물 증가를 유발한다. 그럼에도 영국과 달리 미국에서는 너무 쇠약해져 음식을 섭취할 수 없는 치매 환자에게 여전히 관 영양 공급법을 타당한 처치로 여긴다.

음식 공급이라는 주제 자체는 그야말로 감정적인 문제다. 신문에서는 NHS가 환자들을 굶긴다고 보도한다. 허기와 기아는 무척 감정적인 단어다. 식사는 인간이 경험하는 아주 즐거운 행위이며 애정을 표현하고 가족, 친구들과의 관계를 돈독하게 해주는 방식이다. 사랑하는 사람들과 식사를 즐기는 것과 요양원에서 홀로 기울어진 침대에 누워 맛없는 유동식을 관으로 공급받는 것은 하늘과 땅 차이다. 그러나 관 영양 공급법은 지속된다. 법적으로는 음식 공급을 시작하지 않는 것이 곧 음식 공급을 끊는 것으로 간주되지만 의사들은 모두 애초에 관을 삽입하지 않는 것보다 그 생명 유지 관을 제거하는 것을 더 불편하게 느낀다.

1953년에 시행된 '유럽 인권 보호 조약'은 개인의 생존권이 법으로 보호되어야 한다고 명시한다. 이는 쓸모없는 처치나 죽음과 고통을 연장하는 수단을 요구할 권리가 아니다. 종합 의학 위원회와 왕실 대학 및 전문가 집단에서는 소책자와 안내서를 끝없이 발행하는데 그 책자를 통해 생존 치료의 목적과 '임상적 도움을 통한 영양 및 수분 공급CANH: Clinically Assisted Nutrition and Hydration'이라 불리는 생명 연장 처치를 중단하고 보류하는 목적을 설명한다. 윤리학자들의 담론은 지저분하고 난장판인 일상의 의료와 아주 다르다. 몇 년 전에 의학 윤리를 중심으로 한 의학 드라마 시리즈가 방송된 적이 있다. 오만한 외과의가 매력적인 여성 의학 윤리학자와 대립하는 '강렬하고' 극적인 장면들이 있었다. 성적 긴장감이 넘치는 짜릿한 분위기 속에서 온갖 윤리적 논쟁이 쏟아져 나왔다. 특히 책이 진열된 넓은 집무실이 기억나는데, 아마 술 보관용 장식장도 있었을 것이다. 그야말로 얼토당토않은 장면이다. 내가 아는 모든 외과의들은 조립식 오두막 속에서 비좁은 집무실을 나누어 쓴다.

가끔 의학 드라마를 쓰는 사람들이 병원과 음식점의 차이를 거의 구분하지 못한다는 생각이 든다. 현실의 의료 윤리에는 극적인 요소가 훨씬 적으며 애석하게도 성적 전율은 눈곱만큼도 찾아볼 수 없다. 하지만 사람들이 보고 싶어 하는 것은 그런 광경이다.

우리의 병례 검토회는 포츠머스 대학에서 강의하는 철학자 겸 윤리학자인 데이비드가 에드나 이야기를 요약하는 것으로 마무리되었다. 그는 병원 윤리 위원회 정회원이며 펠트 중절모자를 쓴 말쑥한 남자로 내가 예상한 철학자의 모습은 아니었다. 자신이 철학자가 되기 전에 간호사로 일했음을 밝혀 우리 모두의 호감을 끌어 모았다. 그는 우리에게 고대로부터 내려온 유서 깊은 '의료 윤리의 네 가지 원칙'을 상기시켰다. 프리뭄 논 노체레primum non nocere(무엇보다 해로운 일은 하지 말 것), 선행(선한 일을 하려고 할 것), 자율성 존중(가부장주의의 반대), 그리고 정의(우리가 사람들을 대하는 방식에서 정의란 동등함을 뜻한다. 예를 들어 이식용 장기는 부자들만을 위한 것이 아니라 모두를 위한 것이다). 이 개념은 토머스 비첨과 제임스 칠드러스가 쓴 『생명 의료 윤리의 원칙들』에 등장한 내용으로, 이 책은 1985년 처음 출간되어 의료 윤리에 관심 있는 모든 사람들의 필독서가 되었다.

데이비드는 이 네 가지 원칙이 긍정적 영향을 미친다는 증거가 많지 않은데도 의학에서 추진력을 발휘해왔다고 설명하면서, 그 원칙을 전부 내던지자고 밀했다. 철학을 기반으로 한 증거……. 그렇다, 바로 그것이다! 그는 용기를 기반으로 한 아리스토텔레스의 '덕 윤리virtue ethics'로 돌아가자고 제안했다. 인류를 향한 진정한 관심을 기반으로 한 용기. 그는 우리가 에드나를 올바르게 대우하지 않았다는 사실에 동의했다. 그녀는 연장된 죽음을 겪었고 받아들일 수 없는 치료에 시달렸다. 어쩌면 우리는 더 큰 용기를 낼 수도 있었을 것이다. 그의 말이 옳았다.

삶의 마지막 순간까지 소리 없이 비강의 고통을 느끼며 지내야 하는 그 가여운 사람들 대부분은 의사들이 용기를 내지 않는 까닭에 그런 상황을 감내하고 있는 것이다. 의사들은 객관적 사실을 내세워 환자 가족들과 대치할 용기도, 비현실적인 요구를 묵인하지 않을 용기도 없다. 어쩌면 우리는 조금 더 가부장적인 태도를 취해야 할지도 모르겠다. 갑자기 한 동료 의사가 의사들이 용기를 내려면 먼저 조직이 용기를 내 지원해줘야 한다는 말을 던졌다. 우리가 몸담은 병원들이 우리를 지지해주지 않는다면 아무것도 바뀌지 않을 것이다. 실제로 평판이 손상될 거라는 위협만큼 병원 이사회에 공포심을 불어 넣는 것도 없다. 영양 공급 문제와 임종 관련 여타 사항을 결정할 때, 고마워하는 환자 가족들로부터 감사 인사를 받는 것과 경찰 조사를 받는 것에는 큰 차이가 없다. 사실 그 둘 사이에 백지 한 장 끼워 넣기도 힘들 것이다. 갈 길이 멀어 걱정스럽다.

3.　　　우리는 왜 나이 드는가

"그들은 무덤에 걸터앉아 출산을 하지."

- 사뮈엘 베케트

　　노인학은 노화를 연구하는 학문이다. 인간과 동물, 벌레, 식물 등 모든 것의 노화를 연구한다. 이는 노인의 의학적 진단과 치료 및 건강 회복과 관련된 노인 의학이나 임상 노인병학과는 다르다. '노인병'이라는 용어가 매우 부정적인 이미지로 남용되는 탓에, 영국에서는 대부분의 노인병 학과명이 '노인을 위한 의료'나 이와 비슷하게 완곡한 표현으로 변경되었다. 감히 그 이름을 말할 수 없는 의료 분야인 것이다.

　　어떤 생물 형태는 불멸하기에 효율적이라고 여겨질 수도 있다. 박테리아는 끝없이 분열한다. 바나나 같은 어떤 식물들은 두 개로 쪼개져 또 다른 개체를 형성한다. 이것이 영양 생식이다. 좋건 나쁘건, 유기체가 둘로 나뉜다고 해서 DNA를 교환할 기회를 얻는 것은 아니다. 작은 변화도 일어나지 않으므로 진화할 기회나 변화하는 세상에 적응할 기회가 거의 없다. 몇 년 전에 바나나가 새로운 질병을 이겨내기 위해 진화하지 않을 거라고 염려하는 이들이 있었다. 바나나가 섹스를 충분히 하지 못하고 있었던 것은 확실하다.

고등 동식물은 유성 생식을 통해 번식한다. 생물의 모든 정보가 기록된 암호인 DNA는 생식체라는 하나의 세포 속에 밀집되고 다른 생식체와 융합해서 새 생명체를, 모체인 유기체와 비슷하지만 똑같지는 않은 생명체를 만들어낸다. 생물의 온갖 다양성이 여기에서 비롯된다. 꽃과 꽃가루의 매개자인 곤충들, 낙원의 새들, 발정기의 사슴들, 모두 유성 생식으로 탄생했다. 유성 생식은 유기체에 강렬함을 선사한다. 어떤 이들은 번식 이후에는 신체가 DNA에 관심을 거의 갖지 않으므로, 우리의 신체와 신체가 보이는 반응의 목적은 오직 유전자를 미래로 전달하는 것이라고 주장한다. 신체는 부패해 죽을 수도 있다. 일회용 체세포인 것이다. 진화를 위한 노력은 생명 연장보다는 번식에 훨씬 많이 투입된다.

나이 드는 것은 인간이 겪는 거의 모든 질병 중에서 가장 큰 위험인자다. 대다수 질병의 발병률은 나이와 함께, 대개는 기하급수적으로 증가한다. 간단한 수학으로 그 필연성을 알아낸 '곰퍼츠 곡선성적으로 성숙기에 접어든 동물들의 경우, 시간이 지남에 따라 기하급수적으로 사망률이 증가한다는 것을 발견한 19세기 영국의 보험 통계사 벤자민 곰퍼츠Benjamin Gompertz의 이름을 붙인 곡선 - 옮긴이'이란 것이 있다. 어린 시절 이후 7년마다 우리의 사망 확률은 두 배씩 증가한다. 아주 적은 확률은 두 배가 되더라도 여전히 적다. 그것이 다시 두 배가 되어도 여전히 적당히 적은 수준이며 위험도 적당한 수준이다. 우리가 70대나 80대에 이를 때쯤이면 죽음이 우리 바로 곁에 있다.

아래 그래프에서 가로축은 선형적 눈금으로 나이를, 세로축은

로그 눈금으로 인간의 사망률을 나타낸다. 10대부터는 거의 직선이다. 청년들의 곡선에는 흔히 비명횡사(자살, 자상stabbing, 오토바이 충돌 등)가 상승을 유발해 일시적으로 약간 변화가 나타난다. 통계학자가 아니어도 사망률이 10만 명당 10만 명인 지점에 이르면 경기 종료라는 사실을 깨달을 수 있다. 매일 지구상에서는 15만 명이 죽고 사망의 70퍼센트는 나이와 관련되며 선진국에서 이 수치는 90퍼센트까지 오른다.

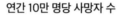

연간 10만 명당 사망자 수

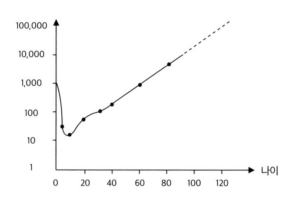

인간의 세포는 배양 조직에서 자라날 수 있다. 특정한 횟수의 분열이 끝나면 세포는 분열을 멈추고 다시 분열하지 못하며, 배양 조직은 죽는다. 인간의 몸에서 이 현상은 세포가 50여 차례 분열된 뒤에 일어난다. 한계 설정값이 있는 것 같다. 이 발견은 노인학자 레너드 헤이플릭의 업적이며 '헤이플릭 분열한계'라고 명명되었다. 실험실에서 사용되는 헬라 세포 같은 일부 세포는 무한히 분열한다. 이 세

포는 1930년대에 어느 여성의 자궁 경부암 조직에서 채취되었다. 환자의 이름 헨리에타 랙스Henrietta Lacks에서 따온 그 세포의 이름은 '헬라Hela 세포'가 되었다.

불멸은 암세포의 전유물인 것처럼 보인다. 아이들에게 급속한 노화를 유발하는 '선천성 조로증'이라는 비극적인 유전 질환이 있다. 이 질환을 앓는 아이들에게는 관절염과 심장병이 발생하며 10대와 20대에는 피부가 쭈글쭈글해지고 몸이 쇠약해진다. 선천성 조로증을 앓는 사람들의 경우에는 헤이플릭 분열한계가 낮아지는 것으로 나타났다. 따라서 노화는 예정된 일이다. 세포를 냉동했다가 해동할 수 있지만 세포는 분열 횟수를 기억한다. 분열할 때마다 말단 소체라고 불리는 염색체(세포핵 속의 구조물로, DNA 묶음이 눈에 보이게 응축된 형태)의 일부가 짧아진다. 말단 소체가 모두 소실되면 세포는 분열 능력을 잃는다.

어떤 사람들은 다른 이들보다 말단 소체가 더 길기 때문에 헤이플릭 분열한계도 더 높다. 그런 사람들이 더 오래 사는지는 알 수 없다. 말단 소체의 길이를 늘일 수 있는 일종의 효소가 있는데 바로 '말단 소체 복원 효소'다. 이 효소는 배아와 줄기 세포 속에서 왕성히 활동하며, 당연히 암세포 속에서는 분열을 거듭한다. 바닷가재처럼 장수하는 일부 동물들의 말단 소체는 평생 활발하게 활동한다. 말단 소체와 말단 소체 복원 효소가 어떻게 작용해야 우리의 기대 수명을 확장할 수 있는 정도가 되는지 우리는 눈곱만큼도 알 수가 없다. 영원히 사는 것은 말단 소체 유전자를 바꾸는 것처럼 쉬운 문제가 아니다. 유전자가 굉장히 복잡한 방식으로 상호작용하듯이 생명 활동도 그렇게 단순하지가 않다.

'불사 해파리'라는 명칭은 살바도르 달리의 그림 제목처럼 들리지만 실제로는 작은 바다 생물인 홍해파리의 애칭이다. 이 해파리는 폴립에서부터 성적으로 성숙한 어른으로 자라지만 스트레스를 받거나 늙으면 '전환분화transdifferentiation'라는 과정을 통해 폴립으로 되돌아가 처음부터 다시 시작할 수 있다. 적어도 실험실 수조에서는 그렇다. 야생에서는 '불사' 능력이 떨어지며 결국에는 포식자들의 먹이가 될 것이다. 그 어떤 인간이라도 생물학적 불멸을 자랑한다면 그런 운명을 맞이할 것이다. 그런 인간들은 결국 지진이나 쓰나미, 자동차 충돌 사고, 살인 같은 치명적인 트라우마를 남기는 사건에 굴복하고 말 것이다.

어떤 생물들은 정말로 노화가 미치는 영향을 바로잡을 수 있는 것처럼 보인다. 작은 무척추동물인 히드라가 그런 경우다. 그러나 지구상에 존재하는 30억 종의 생물 중 대부분은 자신의 운명을 받아들여야 한다. 인간인 우리는 70년 정도를 버티며 적당히 장수하는 유인원이다. 거대 거북은 몇백 년을 살 수 있으며 어떤 상어들은 400년을 산다. 대합조개는 수명이 500년에 이르기도 하고 브리슬콘 소나무의 나이테는 5,000년까지도 자랄 수 있음을 우리에게 알려준다. 이 기록은 (창조론자들은 놀라지 마시길) 1만 5,000년이라는 엄청난 시간을 산 남극의 해면동물에까지 이른다. 해면동물이 장수하는 것은 분명하지만 즐겁지는 않을 것이다. 이런 통계 자료를 마주할 때면, 인류가 자기 자신을 자연의 다른 모든 생명체보다 우위에 두는 것처럼 보인다는 사실, 지구의 같은 주민인 다른 동물들을 그토록 무시한다는 사실이 놀랍게 느껴진다.

노화에 대한 이론은 많지만 확실한 것은 단일한 과정이 없다는 점이다. 스위치를 꺼주는 유전자나 노화를 차단해줄 수신기나 그것을 멈출 다른 매개가 없다. 열량 부족이 헤이플릭 분열한계에 영향을 미칠 수도 있다는 몇몇 생물학적 증거가 있다. 1930년대 이후, 심각한 열량 부족에 시달린 쥐들은 수명을 50퍼센트까지 확장할 수도 있다는 사실이 알려졌다. 캘리포니아에는 이런 생활 방식을 채택한 사람들이 있다. 그들은 꾸준한 기아 상태를 유지하는데, 체지방이 없으며 무더운 날에 몸을 떨고 활기가 부족하다. 그들이 더 오래 살지는 아직 알 수 없다. 그들에게 삶이 더 길게 느껴질 것은 분명하다.

시간이 지나면 사물은 손상된다. 같은 자동차와 같은 사람을 10년 간격을 두고 찍은 두 사진에서, 어느 쪽이 먼저인지 쉽게 알 수 있다. 자동차는 더 많이 훼손된 것처럼 보일 것이고 사람은 좀 더 나이 들어 보일 것이다. 시간과 더불어 노후화와 관련된 엔트로피 수준, 즉 무질서와 혼돈의 수준이 증가한다. 자동차나 사람을 고치려는 노력은 엔트로피를 더 많이 발생시켜 결국 허사가 된다. 시간이 지나면서 DNA는 이온화 방사선물질을 통과할 때 이온화를 일으켜 영향을 미치는 방사선으로, '전리 방사선'이라고도 함-옮긴이에 의해 손상되어 고칠 수가 없다. 이 DNA에 의해 '아밀로이드 단백' 같은 비정상적이거나 쓸모없는 단백질이 생성된다. 이런 단백질이 장기를 막을 수도 있다. 세포 속에는 '리포푸신'이라는 쓸모없는 색소가 축적된다. 리포푸신이 속에 들어 있고 아밀로이드 단백으로 둘러싸인 심근세포는 이런 찌꺼기가 없는 젊은 근세포만큼 효율적으로 수축하지 못할 것이다. 인체 조직의 구조 단백질인 콜라겐 상당수는 강한 결합(이황화 결합)을 일으켜 심근세포를 더 약하게 만들고 신축성을 떨어뜨린다. 손등의 느슨한 피부를 당겼다가 놓아보라. 젊은 사람이라면 피부에 탄력이 있어 즉시 제자리로 돌아갈 것이다. 나이 든 사람이라면 피부가 당겨진 자리에 고집스레 머물 것이다. 이런 일이 눈에 보이는 기관뿐 아니라 우리 몸의 모든 조직에서 일어나고 있다.

　대부분의 생물에게 필수적인 산소는 완전히 유리한 요소라고 생각하기 쉽다. 그러나 산소에도 불리한 면이 있다. 바로 활성 산소로, 인체에서 일어나는 화학적 반작용의 부산물이고 이온화 방사선에 의해 발생하기도 한다. 반응이 고도로 빠르며 파괴적인 이 원자들은 우리 신체의 복합 화학물질에 해를 끼친다. 이 활성 산소를 소탕하는 효소는 나이와 함께 약해지기 시작하고, 이 때문에 활성 산소가 증가해 손상이 더 심각해진다. 우리의 면역 체계 또한 불안정해지기 시작해, 박테리아와 악성 세포들을 쫓아내는 능력이 감소한다. 면역 체계가 겪는 이중고는 자신의 세포와 기관을 공격하는 자기 항체를 더 많이 생성하기 시작한다는 점이다. 동맥은 좁아지기 시작한다. 동맥 내벽에 생긴 지방질 혹인 죽종의 첫 징후는 대동맥 벽에 '지방질 띠'가 나타나는 것으로, 어린 시절에도 발생할 수 있다. 좁아진 혈관은 혈류의 흐름과 산소 공급을 감소시켜 장기의 기능을 망가뜨린다. 영양에 굶주린 고도로 분화된 세포는 영양분을 거의 필요로 하지 않는 반혼 조직으로 바뀐다.

노화는 보편적인 현상이므로 어떤 질병이 우리를 괴롭힐 것인지, 괴롭히지 않을 것인지 상관없이 우리 모두에게 영향을 미치고 큰 타격을 입힌다. 어떤 사람들은 다른 이들보다 더 큰 짐으로 고통받는다. 10대에 이르면 우리는 고주파 청력을 잃어간다. 20대에는 인지력 감퇴의 첫 징후들이 나타나기 시작한다. TV 퀴즈 쇼〈유니버시티 챌린지University Challenge〉중에 과거 우승자들이 등장하는 방송분을 보라. 중년의 참가자들은 기억해내는 속도가 매우 느려서 정말이지 고통스러워 보일 정도다. 여성의 생식력은 20대 중반부터 감소한다. 10대 소년들은 일어선 채 거의 콧구멍을 파고들 만큼 힘차게 사정할 수 있다. 30대에는 발기한 음경이 당당하게 수평을 이루지만 50대에 이르면 무덤을 가리키고 있다. 남성의 60퍼센트는 60대에 성관계를 맺을 만큼 충분히 발기된 상태를 유지할 수 없다.

30대 중반에는 눈의 수정체가 뻣뻣해져 우리는 책을 더 멀리 잡다가 결국에는 굴복하고 돋보기를 낀다. 40대에는 흰머리가 줄기 세포 손실을 예고한다. 40세부터는 혈액에서 노폐물을 걸러주는 신장 속의 관인 네프론이 꾸준히 감소한다. 우리의 중추 신경계에 있는 축삭(신경 섬유)의 길이는 10년에 10퍼센트씩 손상된다. 유능한 방사선 전문의는 뇌 스캔으로 환자의 나이를 가늠할 수 있다. 나이가 들면서 뇌가 차지하는 부분은 줄어들고 물이 더 많이 보이는데 이는 20대 중반부터 뇌의 부피가 매년 0.5퍼센트씩 줄어들기 때문이다.

80대에 이르면 우리 중 4분의 1은 심각한 근손실(근감소증)을 겪고 절반은 백내장을 앓을 것이다. 의사소통에 영향을 미칠 정도의 청각 손상이 같은 비율로 나타날 것이다. 골 감소증 때문에 척추골이 수축되어 등이 굽은 것처럼 보일 것이다. 이때쯤이면 우리 중 10퍼센트는 황반변성 때문에 심각한 시력 손상을 겪게 될 것이다.

의대생들에게 나이가 미치는 영향을 가르칠 때 일부 수업에서는 학생들에게 무릎을 찌르는 날카로운 추가 달린 육중하고 무거운 외투를 입히고, 청력과 시력 손상을 모방하기 위해 귀마개와 탁한 고글을 착용하게 한다. 배우들이 입는 뚱뚱한 의상과 비슷한, 일종의 노년 의상인 셈이다. 학생들은 예외 없이 엄청난 충격을 받는다.

다른 과학 분야와 마찬가지로 의학에도 피상적인 요소가 있으며 노골적인 엉터리 요법도 있다. 2009년 미국에서는 효과가 입증되지 않은 노화 방지 제품에 500억 달러가 사용되었다. '급진적 생명 연장'은 결국 과학이 무한한 수명을 최종 목표로 삼고 세상이 끝날 때까지 긴 모험담 같은 휴가를 보낼 수 있을 거라는 유혹적인 전망을 유지하면서 노화를 멈추거나 되돌릴 수 있을 거라는 생각을 부추긴다.

적어도 자연에서는 이런 감퇴가 매우 느리게 일어나 우리가 적응하고 기대를 낮출 시간을 충분히 허락해준다. 젊음의 묘약은 없다. 노화 방지 크림의 효과는 만화가들이 좋아하는 투명 인간 크림의 효과와 같다. 노화 과정을 멈출 수 있는 남아메리카 열매는 아직 발견되지 않았다. 노화 이전으로 되돌리는 약물이 있다 하더라도 중년 남자가 가죽 바지에 몸을 욱여넣을 수 있을 정도의 시간만큼도 거꾸로 돌리지 못할 것이다. 어쨌든 예견할 수 있는 미래에는, 마술 같은 해결책이 없을 것이다. 피터팬은 남해안 어딘가에 있는 요양원에서 살고 있다.

그렇다면 이 모든 것은 무엇을 의미하며, 어떻게 하면 이 모든 가닥을 모아 노화 과정을 정의하고 이해해볼 수 있을까?『조이 오브 섹스』의 저자 알렉스 컴포트 역시 노인학자였다. 그는 단순한 정의를 제시했다. 시간이 지나면서 유기체는 항상성(일정한 내적 상태를 유지하는 능력)이 손상되고 이 때문에 취약성이 증가하며 생존 능력이 감소한다. 다시 말해 젊은이는 외부의 힘에 압박을 받았을 때 노인보다 더 잘 대처할 수 있다. 젊은이가 생리학적 문제를 겪는다면 노인보다는 생존 확률이 높을 것이다. 한 젊은이를 냉장고에 가두면 몸을 떨면서 온기를 유지하기 위해 피부 혈관을 수축할 것이다. 같은 사람이 나이가 들면 같은 상황이더라도 몸의 대응은 다를 것이다. 젊은이가 저체온증에 시달려 체온이 섭씨 25도 정도로 떨어지더라도 생존할 수 있다. 심부 온도가 25도인 노인은 아마 사망할 것이다. 젊은이를 사막에 보내면 갈증을 느끼고 물을 마실 것이다. 수분을 보존하기 위해 소변을 응축할 것이다. 노인은 갈증을 느끼지 못하고 따라서 소변을 응축하지 못한다. 같은 수준의 탈수에 시달리더라도 노인보다 젊은이의 생존 가능성이 높다. 젊은이를 개방 하수에 던져 넣으면 노인보다 감염될 확률이 낮다. 둘 다 감염되었다면 노인이 그 결과로 죽을 확률이 더 높다. 무슨 말인지 이해했을 것이다.

대부분의 의사들은 과학과 친숙하지 않아도 이 모든 사실을 본능적으로 알고 있다. 과거에 사람들은 죽음과 노화를 목격하고 그것을 삶의 일부로 받아들였다. 이제 우리 사회는 노화의 영향에 대한 지식이 거의 없고 집단적으로 노화를 부인하는 상태다. 사람의 수명이 150세에 이를 때가 올 거라고 예상한 미래학자들의 말은 틀렸다. 그런 일은 결코 일어나지 않을 것이다. 우리는 모두 죽을 것이다.

4.   좋은 노화

"노인들을 도와주라. 한때는 지금 당신과 같았다."
- 펄프

노인 의학 전문의로서 나는 노인에 대한 오해를 주로 접하는데, 그들이 가장 쇠약하고 가장 아픈 존재라는 것이다. 노인 의학은 언제나 스스로를 정의하는 데 어려움을 겪었다. 심장병 전문의나 부인과 전문의가 무슨 일을 하는지는 모두가 안다. 노인 의학의 경우에는 재즈를 설명하는 것과 조금 비슷하다. 루이 암스트롱이 말했듯이 그것을 설명해야 하는 한, 결코 이해하지 못할 것이다.

최근 제시된 의견은 노인 의학에는 다섯 손가락에 딱 맞는 '다섯 가지 M'이 틀림없이 포함된다는 것이다.

정신Mind : 치매, 우울증 및 노인의 모든 심리학적 문제.

치료Medicine : 과잉 투약과 가장 쇠약한 이들에게 가하는 여러 가지 독으로 인한 합병증과 부작용.

이동성Mobility : 문제를 진단하고 약물, 수술 및 물리 치료나 작업 요법 등 다양한 치료법을 적용해 이동성 향상을 돕는 것.

다양하고 복잡한 문제Multiple complexities : 배의 용골에 달라붙은 따개비처럼 시간이 지나면서 나이에 따른 인체에 축적된 여러 질병 관련 문제들.

마지막으로, 아마 가장 중요한 항목일 '무엇이 가장 중요한가 Matters Most', 즉 총력을 기울여 우리가 할 수 있는 조사와 치료를 모두 제공할 필요는 없겠지만 환자에게 가장 중요한 일을 하는 것.

1980년대에 나는 신혼이었고 런던에서 노인 의학 전공의로 일하고 있었다. 남부 런던의 악명 높은 노스 페컴 주택단지 끄트머리에 위치한, 층마다 방이 두 개씩 있는 작은 이층집의 대출을 거의 갚지 못한 상태였다. 여섯 달 동안 세 차례 강도를 당해서 진절머리가 났다. 우리에게는 휴식이 필요했다. 나는 캐나다 새스커툰에 위치한 서스캐처원 대학의 임상 노인 의학 부교수로 근무하는 1년짜리 계약직을 수락했다. 하늘과 땅 차이였다. 서스캐처원은 면적이 브리튼 섬의 네 배였는데 인구는 100만 명이 채 안 되었다.

북아메리카나 진료별 의료비를 제공하는 보건 시스템을 보유한 나라에서는 노인 의학이 자리 잡기까지 어려움이 많았다. 의사들이 수술, 연구, 처치 등의 행위를 한 대가로 돈을 받기 때문이다. 따라서 수입을 창출해줄 행동을 하게 된다. 과거 병력을 샅샅이 조사하고 빠짐없이 검사하고 무엇을 할지 생각하지만 이렇게 해서는 수입이 좋을 수 없다. 이 경우, 예를 들어 누군가의 누관을 세척해준 값인 300달러에 비하면 고작 몇 달러의 수입만 생길 뿐이었다. 내가 합류한 부서는 대학을 통해 자금을 조달했고 직원 채용에 어려움을 겪었다. 의대생이 의사 면허를 따면 미국 전공의들로부터 일자리를 제안하는 전화가 걸려오는데 로스앤젤레스 부자들의 자존심을 만족시켜주는 수익성 좋은 자리로 이어질 수도 있었다. 하지만 이런 유혹은 대초원의 경쟁 상대가 되지 못했다. 의사들에게는 늘 국제 시장이 존재했다. 물론 내게는 휴식이 필요했고.

그렇게 우리 가족은 아이들이 자전거를 타고 놀 수 있는 정원이 딸린 교외 새스커툰의 쾌적한 단층주택으로 이사했다. 아내는 자신이 미국 여배우 도리스 데이의 영화 속에서 살고 있다고 생각했다. 자동차 다섯 대가 한 줄로 서기만 해도 교통 체증으로 여겨졌다. 사방이 널찍하고 하늘이 끝없이 펼쳐졌다. 겨울에는 거의 매일 밤 머리 위에서 북극광북반구의 고위도 지방에서 볼 수 있는 발광 현상으로 '북극 오로라'라고도 불린다-옮긴이이 깜빡거렸다. 여름은 섭씨 43도로 무더웠고 겨울은 기온이 영하 40도까지 떨어져 추웠다. 공기는 맑고 깨끗했다. 50킬로미터쯤 떨어진 곳에 새빨간 대형 곡물 창고가 보였다. 우리는 날씨 때문에 매우 흥분한 나머지 텔레비전 화면에 토네이도 경고가 떴을 때 목욕 중이던 아이들을 수건으로 감싸고는 하늘을 쳐다보려고 거리로 뛰어 나갔다. 이웃들은 우리가 미쳤다고 생각했겠지만 노스 페컴 주택단지에 살아본 사람이라면 토네이도가 그렇게 무서워 보이지 않을 것이다.

내가 돌본 노인들은 다른 행성에서 온 사람들 같았다. 익숙하게 보던, 구부정하고 쭈글쭈글한 런던의 가난한 노인들이 아니었다. 그들은 전반적으로 훨씬 더 건강했다. 메노파교와 아미쉬파 및 땅을 일구는 온갖 개신교 종파들이 있었다. 그들은 담배를 피우거나 술을 마시지 않았고 건강하고 이로운 음식을 먹었다. 대기 오염이나 인구 과밀도 없었다. 검은 카우보이 부츠에 청바지와 셔츠를 입고 카우보이 모자를 쓴 80세 노인들이 우리 모두를 괴롭히는 관절 마모와 근육 손실 때문에 외래 환자 진료소를 찾아오곤 했다. 많은 사람들이 농기계 사고로 손가락을 잃었다. 들불을 밟아서 끄려다가 발바닥에 흉터가 생긴 사람도 있었는데, 들불은 초원에서 가장 끔찍한 자연 재해였다. TV 광고는 온통 소에게 먹일 기생충 약에 대한 내용이었고 뉴스는 언제나 밀 가격 보도로 끝이 났다.

나는 노년의 두 형제를 보았는데, 그들은 모피를 얻으려 덫을 놓는 사냥꾼으로 평생을 숲속에서 살았다. 101세인 유대인 농부가 기억나는데, 그는 10대 시절 러시아에서 홀로 엘리스 섬에 왔다고 했다. 서스캐처원까지 걸어와서 간신히 땅을 조금 얻었고 결국에는 성공적인 농업을 일구어낸 것이다. 의사들은 다양하고 매력적인 수많은 사람들의 삶을 들여다볼 수 있는 특권을 누리고 있음을 결코 잊어서는 안 된다.

1987년 12월, 나는 4인승 비행기를 타고 북쪽에 위치한 애서배스카호의 둑에 세워진 우라늄 시티라는 정착지로 갔다. 비행기가 얼어붙은 호수에 내려앉았다. 몇 사람이 거대한 외투와 털모자로 몸을 감싸고 우리를 마중 나왔는데 모자는 동상을 예방하도록 얼굴 앞으로 30센티미터까지 내려와 있었다. 나는 간호사 데브라와 동행한 참이었는데, 환자를 몇 명 진찰하고 노인이 겪는 문제를 지역 간호사들과 간병인들에게 가르쳐주기 위해서였다. 그 마을은 한때 우라늄 광업으로 인구가 수천 명에 이르던 번성한 곳이었으나 어느 날 광산 업체가 철수했고 이제 우라늄 시티는 원주민인 크리족 수백 명만 사는 유령 도시가 되었다. 의사는 없었지만 임상 간호사 한 명이 건강 문제를 돌보았다. 그날 밤에 우리는 주민들이 먹는 납작한 빵인 배넉을 먹고 그 마을의 황금기에 대한 이야기를 들었다.

다음 날 데브라와 나는 노인 의학의 기초를 주제로 강의를 했다. 비행기 조종사가 강의에 참석한 경험은 그때가 유일했는데 아마도 달리 갈 곳이 없었던 것 같다. 나는 집에 있는 몇몇 노인들을 방문해 달라는 요청도 받았다. 우리는 눈을 헤치며 걸었고 코발트색 하늘은 여름날처럼 환했다. 나는 나이 많은 크리족 원주민인 비버노즈 부인을 만났다. 기온이 영하 25도였지만 그녀는 치마와 얇은 스타킹 차림으로 밖을 돌아다녔다. 단출한 나무 오두막에 살았는데 지붕이 겨울 햇볕에 건조 중인 물고기로 뒤덮여 있었다. 나는 그녀가 복용 중인 약 몇 가지를 바꿔보자고 말했다.

다음으로 80대 후반인 맥켄지의 집으로 갔다. 오두막 문을 두드렸지만 답이 없었다. 한 이웃이 그가 사냥하러 나갔으니 며칠 동안 돌아오지 않을 거라고 말해주었다. 그 순간 노년은 이렇게 보내야 한다는 생각이 들었다. 자신이 잘할 수 있고 즐거움을 느끼는 일을 하면서, 신체적이고 정신적인 어떤 활동을 하면서 말이다. 스도쿠만 붙잡고 있거나 양로원에서 다른 노인들과 앉아 무의미한 노랫가락에 맞춰 허공에서 손을 흔드는 것만으로 노년을 보내서는 안 된다.

우리는 더 튼튼한 집에서 자녀나 손자 손녀들과 함께 사는 다른 사람들도 방문했다. 더 젊은 세대 중에 일하는 사람은 거의 없었고 대부분이 사회 보장 연금으로 살아갔다. 흡연, 약물 오남용, 알코올 의존증과 마찬가지로 비만도 하나의 문제였다. 이른 오후였고 우리는 노인들을 살펴보기 위해 자고 있는 10대들의 몸 위로 걸음을 옮겨야 했다. 뭔가 근본적으로 잘못되었다는 생각이 들었다. 젊은이들은 조부모들과 완전히 대조적으로, 목표나 야망 없이 살아가고 있었다.

동물들의 발자국으로 격자무늬가 생긴 얼어붙은 호수 위를 비행기가 다시 날아갈 때, 나는 맥켄지를 생각하며 그가 고귀한 죽음을 맞이하기를 빌었다. 어쩌면 그는 언젠가 사냥 여행에서 돌아오거나 돌아오지 않을 것이며 사랑하는 이들은 얼어붙은 황야 어딘가에서 늑대들에게 반쯤 잡아먹힌 그의 시신을 찾아낼지도 모른다.

중세 유럽의 바다를 누비던 노르만족인 바이킹들은 우리가 고귀한 죽음을 맞이해야 하며 그렇지 않으면 영혼이 발할라_{북유럽 신화에 나오는 전사들의 궁전-옮긴이}에 들어가지 못한다고 믿었다. 그들은 노년의 죽음을 고귀한 죽음으로 여기지 않았다. 나는 우리 모두 손에 검을 든 채 죽어야 한다고 주장하는 게 아니다. 그러나 우리 모두 옛 모습이 드리워진 쭈글쭈글한 그림자가 아니라 자신이 살아온 방식에 어울리는 모습으로 죽을 수만 있다면 얼마나 좋겠는가.

5.　죽음을 자각할 때

"스포트라이트를 받고 있는 게 나야…… 인내심의 끝자락에서."

- R.E.M

　　언제 처음으로 죽음을 인식했는지, 아니면 더 중요하게는 내가 결국 죽을 것임을 언제 자각했는지 제대로 기억나지 않는다. 아동의 심리학적 발달에 중요한 순간이 있는데, 유아가 자신이 아는 것을 다른 아이들이 모른다는 사실을 깨달을 때다. 달리 말해 아이는 다른 사람들이 별개의 의식을 가지고 있다는 사실을 알게 되며 추론에 의해 자기도 개인적인 의식을 가지고 있음을 깨닫는다. 자의식이 생기는 것이다. 이를 '마음 이론'이라고 부른다. 아이가 죽음을 인식하고 따라서 자기가 죽을 운명임을 인식하게 될 때도 분명 비슷한 단계를 거치는데, 나는 그런 순간에 대한 기억이 없다.

　　내가 세 살이고 누나가 여섯 살 때 어느 날 아버지가 우리에게 아침 식사를 만들어주었다. 우리를 자리에 앉히고 엄마가 밤에 아기를 낳았는데 아이가 아파서 죽었다고 했다.

　　"아빠 울었어요?" 누나 루이즈가 물었다.

　　"그럼, 당연하지." 아버지는 대답했다.

　　나에게는 그 기억이 없다. 죽음은 내 머릿속 목록에 등장하지 않았다. 그러나 그 사건은 누나의 기억에 아로새겨졌다. 나는 어머니가 구급차에 실려 떠나는 모습을 목격했던 게 분명하다. 그때 어머니는 작은 그림 액자를 들고 있었다. 그 속엔 내가 그린 어머니가 담겨 있었다. 나는 죽음에 대한 개념이 없었지만, 어찌된 일인지 그 작은 종잇조각에서 어머니의 어떤 슬픔을 포착했다. 우리가 죽을 때 십자가의 예수님처럼 두 팔을 펼치고 있다면 천국에 갔다는 뜻이라고 누나가 나에게 말했던 기억은 선명하다. 모든 아이들이 그렇듯이 나는 어른들과 형, 누나들이 하는 말을 모두 믿었다. 여기에는 진화론적으로 타당한 이유가 있는데, 그들이 하는 말은 주로 어린이의 안전을 유지하는 데 도움이 되기 때문이다("그 강에서 수영하지 마. 악어에게 잡아먹힐 테니!"). 부정적인 측면은, 그 유용한 조언 덕분에 우리가 결국 터무니없는 여러 이야기를 믿게 된다는 점이다.

죽음의 위험에 대한 인식이 점점 커지고 내 자신이 결국 죽는다는 사실을 이해하는 것은 생존하려는 우리의 기본적 본능과는 별개다. 생존 본능은 모든 동물이 드러내는 무의식적 반응이고 자기 유전자를 보존하기 위해 반드시 필요한 것이다. 그런 본능이 없으면 생물의 번식 적합성이 감퇴해 그 종은 멸종하고 말 것이다.

아홉 살 아이는 사람들이 죽는다는 사실을 안다. 죽음에 대한 아동의 인식 개념을 조사한 연구가 많다. 한 연구에서 일곱 살, 열한 살 어린이들에게 어떤 아이의 이야기를 들려주있는데, 아이의 할아버지가 아파서 병원에 입원하게 되었다고 했다. 그 이야기 속에서 의사는 아이에게 할아버지가 병이 깊고 나이가 많아 약이 듣지 않아서 죽었다는 사실을 설명해준다. 또 다른 이야기에서는 의사가 성직자로 바꾸고 그 성직자가 아이에게 할아버지가 죽어서 지금 하느님과 함께 산다고 말해준다. 연구에 참여한 어린이들에게, 할아버지에게 무슨 일이 일어났고 할아버지의 신체적, 정신적 기능이 어떻게 되었는지, 예를 들어 "할아버지의 눈은 아직도 멀쩡할까?", "할아버지는 아직도 앞을 볼 수 있을까?"와 같은 질문을 여럿 던져보았다.

비록 성직자가 등장하는 경우에는 의사가 등장했을 때보다 대답이 약간 더 초자연적인 경향을 보였으나, 일곱 살 아이들은 대부분 죽은 할아버지의 신체적, 정신적 기능에 대한 질문에 종교적 대답보다는 생물학적 대답을 내놓았다. 열한 살 아이들은 특히 성직자가 죽음을 설명해준 경우에, 초자연적인 대답 쪽으로 더 뚜렷한 변화가 나타났다. 죽음 이후에 일어나는 일에 대해서는 우리의 타고난 실용적인 사고에 문화가 강한 영향을 미치는 것 같다. 아이들은 자라면서 사후 세계에 대한 믿음을 강화하며 죽음을 부인하는 법을 배우는 것으로 보인다.

타인의 죽음에 대해 복합적인 생각을 하는 것은 인간뿐만이 아니다. 코끼리와 까마귀처럼 똑똑하고 사회적인 많은 생물들은 동족의 죽음을 직면할 때 복합적인 행동을 보인다. 까마귀는 죽은 까마귀 주변으로 모여들어 시체 옆에 나뭇가지나 반짝거리는 물체를 놓아둔다. 평생 짝을 바꾸지 않고 30년까지 사는 까마귀들은 확실히 알진 못해도 어떤 방식의 슬픔을 겪는 것으로 추정된다. 코끼리는 무리 중 죽은 구성원의 유해가 있는 곳으로 가서 그 뼈나 다른 증표를 며칠 동안 콧속에 넣어 다니기도 한다.

인간은 다른 동물들보다 한 단계 더 나아가, 자신이 죽을 운명임을 이해하는 이른바 '죽음 현저성mortality salience'을 발달시킨 것으로 보인다. 이런 자각이 우리를 같은 종으로 규정하는 특징 중 하나다. 이 감각이 굉장히 발달한 까닭에 우리는 자신의 목숨을 의도적으로 끝내겠다고 선택할 수도 있는 유일한 종이다. 자살은 인간에게만 일어나는 현상이다. 죽음 현저성은 우리의 진화 과정 중 어느 시점에 나타났을까? 아무도 모르지만, 아마 우리가 죽음이라는 추상적인 개념을 말로 옮길 수 있을 정도로 언어를 충분히 습득했을 때일 것이다.

어떤 이들은 동물들이 죽음을 너무 예리하게 인식하면 지나치게 소심해지고 위험 부담을 꺼리게 되며, 무력감을 느낄 정도로 불안이 생기고 나중에는 번식 능력까지 위태로워져서 결국에는 멸종에 이른다고 주장한다. 인간은 죽음에 대한 인식이 더 고도로 발달한 동물이면서 동시에 현실을 부인하는 내적 능력 또한 가지고 있다. 우리가 개인적인 차원에서 건강한 생활 방식과 관련된 조언을 무시하거나 사회적 차원에서 기후 변화와 같은 실존적 위협을 부인하거나 사후 세계에 대한 종교적 믿음을 통해 우리 스스로의 죽음을 받아들이지 않으려는 행동에서 이 사실을 알 수 있다. 어쩌면 이런 현실 부인 능력 덕분에 인간이라는 종은 우위를 차지하고 발명과 실험, 탐구를 통해 인류의 진보에 반드시 필요한 위험한 행동을 하는지도 모른다. 물론 현실 부인과 위험을 감수한 행동이 과도해지면 번식하고 유전자를 전달해 생존하는 데 실패할 수도 있다. 그러나 인간으로서 우리는 궁극적으로 죽게 될 운명임을 복합적으로 이해하는 능력과 현실을 부정하는 능력을 충분히 균형 잡힌 상태로 유지하는 덕분에, 다른 영장류와 지적인 사회적 종을 넘어서는 진화적 이점을 우리 스스로 부여하는 것으로 보인다. 이것이 이른바 '현실을 넘어선 정신적 변이'다. 죽음을 자각하는 행위는 인간 존재의 핵심에서 우리를 좀먹는 벌레와도 같지만, 역설적으로 죽음을 부인하는 행위와 결합되면 낙관주의적 편견을 선사한다. 이 낙관적 편견은 인간의 노력으로 발전을 거듭하며 불안이라는 매듭을 끊어줄 수 있다.

나는 기독교 가정, 더 정확히 말하자면 앞에서 언급했듯이 가톨릭 가정 출신이다. 여기에 고유한 민속 문화와 이야기를 들려주기 좋아하는 특징을 갖춘 아일랜드인이라는 뿌리를 더하면 아주 강력한 믿음 혼합체가 탄생한다. 나는 언제나 성령을 두려워했는데 모든 아일랜드 가정에서 각자의 환경에 맞게 각색해 되풀이되는 것처럼 보이는 출처 불명의 귀신 이야기와 성령이 관련 있다고 생각했기 때문이다. 나는 브라이언 보루1011년에 아일랜드를 통일한 최초의 왕-옮긴이가 성경 속 인물인지 고대 아일랜드 사람인지 알지 못했다. 심지어 1898년생인 나의 할머니는 아직 태어나지도 않았던 1845년 아일랜드 감자 기근 당시에 자신이 얼마나 괴롭고 힘들었는지 아주 생생히 말해주었다. 아일랜드에서는 이야기를 여러 번 반복하다 보면 결국 사실이 된다.

사실 기독교는 본질적으로 죽음을 추종하는 종교다. 어머니는 성인들의 유물을 약간 입수했는데 뼛조각이 박힌 반지였다. 혹시라도 DNA를 분석하면 그 뼈들은 분명 인간의 것이 아니라는 결과가 나올 것이다. 어머니는 그 뼈에 대고 기도했고 밤에는 베개 밑에 넣어두었다. 내가 아프면 성모 마리아 모양의 플라스틱 병에 담긴 성수를 내 몸에 뿌렸다. 그 어떤 항생제보다도 바로 그 성수가 나를 살렸다고, 나는 확신한다. 클래펌의 앨튼버그 가든스에 있는 교회에서 우리는 십자가에 달린 예수님의 그림을 보았는데, 못이 박힌 손과 발에서 피가 흘러내리는 모습이었다. 성금요일이면 우리는 무릎을 꿇고 교회 주변을 돌아다니며 2,000년 전에 한 인간이 겪은 오랜 고문과 죽음을 묘사한 '십자가의 길십자가를 지고 가다가 거기에 매달리는 예수 그리스도의 수난을 그린 열네 점의 그림 –옮긴이' 앞에서 기도를 드렸다. 이 숭배 의식이 몸에 깊이 밴 나머지, 대부분의 기독교인들은 자신들이 목걸이 삼아 걸고 다니는 그 고통스러운 죽음의 상징에 대해 신중하게 생각하지 않는다. 가톨릭교의 가르침을 담은 작은 책인 교리문답서는 매일 밤 '품위 있게 옷을 벗고 잠들 때까지 오직 죽음에 대해서만 생각'하는 우리를 몹시 칭찬한다. 이 행위는 결국 고착된다. 빅토리아에 사는 어느 이슬람교도 친구에게 그곳에 있는 가톨릭 성당을 찾아가 건축 양식과 화려한 벽돌 구조물을 보라고 권한 적이 있다. 그녀는 잔혹함과 고통이 담긴 조각상들을 보고 힘들어했다. 우리는 그것에 너무 익숙해져서 그 본질이 무엇인지 보지 못한다.

　노인들이 죽었다. 아이들은 모두 그 사실을 알고 있었다. 아일랜드인인 조부모님의 집에서 길을 따라 걸으면 화이트의 집이 있었는데 그는 1차 세계대전 때 겪은 독가스 공격의 후유증을 앓고 있었다. 기침하는 소리가 종일 들려왔다. 그러던 어느 날, 기침 소리가 멈췄다. 그가 죽은 것이다. 내가 다섯 살 무렵, 내 할아버지의 병든 모습이 기억난다. 팔에 경련이 일어나는 자신의 모습을 보며 몸속에 뭔가가 침투했기 때문이라고 말했다. 이제 나는 그것이 섬유속연축, 즉 운동 신경 질환에서 나타나는 근육의 '불수의 진동'임을 안다. 운동 신경 질환은 그때나 지금이나 일종의 사형 선고다.

그런데도 할아버지는 의무감에서 여행을 떠났는데 목적지는 고통에 시달리며 죽어가는 이들의 순례지인 프랑스 루르드였다. 할아버지는 생수가 솟는 마법의 땅에 대한 이야기와 그 물이 평범한 물에 비하면 아주 빨리 마르는 것처럼 보인다는 이야기를 들려주었다. 신앙의 힘이었다. 할아버지의 병은 악화되었고 몇 년 뒤에 워즈워스 공원 근처 볼링브로크 병원에서 돌아가셨다. 더블린에서 온 리지 고모는 맹세컨대 그날 밤에 밴시(아일랜드와 스코틀랜드 민화에 등장하는 요정으로, 울음을 통해 가족의 죽음을 예고한다고 한다―옮긴이)의 통곡을 들었다고 했다. 종교와 미신이 하나가 되었다.

병원 밖에는 '병원―정숙 요망'이라고 적힌 커다란 안내판이 있었다. 아주 진지한 명령처럼 보여서 어린이들은 병원을 지나갈 때 입을 다물곤 했다. 당시에는 인공호흡기나 관 영양 공급이 존재하지 않았다. 운동 신경 질환으로 음식을 삼킬 수 없으면 굶어야 했고 음식이나 침이 폐 속으로 흘러들어가 유발되는 흉부 감염인 흡인성 폐렴에 걸려도 항생제를 투여받지 못했다. 모르핀(아편을 정제해서 만든 진통제) 약간이면 환자가 버티는 데 분명 도움이 되었을 것이다.

몇 년 뒤에 사촌 존이 급성 백혈병에 걸렸을 때 나는 죽음을 더 극명히 인식하게 되었다. 존은 세인트조지 병원에서 치료를 받았고 당시에 가능한 치료를 모두 견뎌냈다. 존은 나의 할아버지처럼, 그리고 이전과 이후의 수많은 가톨릭교도의 아이들처럼 루르드를 찾아갔다. 존의 어머니이자 내 아버지의 이복누이인 조이스 고모는 10대 이후로 우울증과 편집증에 시달렸고, 아들이 백혈병이라는 트라우마를 이겨내지 못했다. 존은 열다섯 살의 나이로 죽었다. 고모는 정신적으로 결코 회복하지 못했다.

그 시절에는 백혈병에 걸린 아이들 중 80퍼센트가 사망했다. 여름 방학이 끝난 뒤에 학교로 돌아오지 못하는 아이가 있으면 주된 원인은 급성 백혈병이었다. 지금은 80퍼센트가 생존한다. 기도가 아니라 과학과 연구 덕분에 생긴 결과다. 존이 죽었다고 아버지가 말했을 때 할머니가 우셨던 기억이 난다. 어른이 아이들 앞에서 우는 모습을 본 것은 그때가 처음이었다. 그때 나는 기도가 소용없다는 것을 깨달았고, 믿음이라는 도구는 전체적으로 그 빛을 약간 잃어버렸다.

6. 접시 위의 죽음

"너는 정말 오래도록 죽었구나, 정말 그렇구나."

- 아일랜드 디아스포라

1976년에 스트랜드에 위치한 킹스 칼리지에서 2년의 학업을 마친 뒤, 내가 의학을 공부하는 장소는 계단식 강의실과 실험실에서 진짜 병원의 병동과 외래 환자 진료소로 이동했다. 그곳은 웨스트민스터 병원으로, 1930년대식 붉은 벽돌로 지어진 작은 건물이었고 국회의사당과 아주 가까웠다. 이 시기에 대한 내 기억은 장밋빛 시각으로 바라보는 경향이 있긴 하지만 어쨌든 거의 대부분은 좋았다. 기억 속 그곳은 그 병원을 모델 삼아 만든 것처럼 보이는 1970년대 영국 코미디 영화들에서나 볼 법한 약간 색이 바랜 풍경이다. 우리는 짧은 흰색 외투를 입고 돌아다녔고 주머니는 청진기, 가느다란 회중전등, 나무 혀누르개, 작고 파란 책으로 불룩했다. 그 책은 당시 이용 가능한 모든 약의 목록과 값이 적혀 있는 『영국 약전British Pharmacopoeia』이었다. 오늘날 사용하는 『영국 국립 처방집BNF: British National Formulary』에 실린 약의 개수는 그때에 비해 20배 이상이며 약 값으로 쓰이는 연간 비용은 몇 페니부터 수십만 파운드에 이르기까지 다양하다. 그때가 더 단순한 시절이었다.

웨스트민스터 병원은 마치 연예계에서 일정 기간 활동한 듯한 재능이 아주 뛰어난 전문의들로 구성된 것처럼 보였다. 교육은 유익한 조롱이 난무하는 시스템 하에서 진행되었다. 그 시절에 안전 공간이나 사전 고지는 없었다. 줄을 서 있으면 질문이 쏟아졌다. 학생 여섯 명 중 맨 끝에 서 있는데 가령 '곤봉지손가락 끝이 곤봉처럼 뭉툭해지는 증상-옮긴이'의 원인을 다섯 가지만 아는 상황이라면 대개는 희롱조로 된통 꾸지람을 들었다. 환자들은 자신이 런던 최고의 의과대학 부속병원이 제공할 수 있는 최고의 치료를 받고 있다고 생각했고 고마운 마음에 학생들이 줄기차게 면담을 청하며 몸의 온갖 구멍을 쿡쿡 찔러대도 용인해주었다.

3년 차 실습 중에 학생들은 예술제를 개최했다. 유명한 옥스브리지 출신의 전문의 한 명은 우리가 〈오이디푸스 왕〉을 그리스어가 아니라 영어로 상연한다는 사실을 알게 되자 진심으로 실망한 눈치였다. 미술사학자 로렌스 브래드버리는 인근에 위치한 테이트 갤러리에서 산책 삼아 걸어와 우리의 예술 경연대회를 심사하곤 했다. 그는 우리의 고지식하고 절망적인 노력에 대해 서정시 같은 의견을 늘어놓았다. 학생들로 꾸린 우리의 작은 오케스트라는 빅밴드의 곡을 연주했다. 수련의에게 요구되는 형벌처럼 긴 시간에 종속되기 전에 창의적 작업에 흠뻑 빠질 수 있는 마지막 기회였다. 물론 당시의 나는 깨닫지 못했지만. 수련의에게 일하지 않는 시간이 있다면 모두 잠이라는 창의적 예술에 소비되었다.

예술제의 절정은 템스강을 가로지르는 뗏목 경주였는데 세인트 토머스 병원에서 출발해 강 바로 건너편에 위치한 국회의사당까지 가야 했다. 나의 좋은 친구 토니가 강 하류에서 물에 휩쓸렸고 국회 의사당의 다원정원에 딸린 찻집으로 차와 식사, 문화생활을 즐기는 공간-옮긴이에 서 일하는 직원이 강에서 그를 건져냈다. 토니가 국회의사당 곳곳에 서 몇몇 하원의원에게 목격된 뒤에야 의대 비서관이 그를 데리러 왔 고 늘 그랬듯 호통을 쳤다. 오늘날이었다면 그 뗏목 때문에 대대적인 안전 경보가 발동되었을 것이고 학생들은 아마 총살당했을 것이다.

크리스마스 때가 되면 후배들은 선배들을 가차 없이 풍자하는 병원 무언극을 상연했다. 세로 줄무늬 양복을 즐겨 입고 할리 가런던 중심부에 위치한, 사립병원 밀집 거리-옮긴이에서 맡은 급선무 때문에 진찰 때 마다 지각하는 전문의가 있었는데 우리는 그 전문의를 대신할 마분 지 인형을 만들어 관객석에 앉혔다.

점심 시간마다 의과대학 꼭대기 층의 작은 반원형 극장에서 부 검 시연이 있었다. 우리는 모두 시신을 본 적이 있었고 기초 의학을 배우는 기간에 시신 하나를 신중하게 해부했었다. 그때 시체들은 포 르말린 냄새를 풍기며 금속판에 올려진, 도살된 낯선 표본으로만 보 였다. 사람은커녕 살아 있는 생물과도 동떨어진 존재 같았다. 부검은 달랐다. 대개 시신은 병동에서 우리가 알던 환자들과 관련이 있었다. 부검 설명 이후에는 표준 형식을 따라 '의사단', 즉 의료팀의 막내 의 사가 임상 내력과 검사 결과 및 모든 시험 결과를 발표했다. 그러고 나면 병리학 전문의가 놀랄 만큼 유창하게 개요를 설명하며, 우리에 게 내장을 보여주고 환자의 증상과 병리학적 조사 결과의 관련성을 알려주었다.

우리는 다른 장기에 전이된 암을 보았다. 자그마한 '원발성' 암, 즉 암이 시작된 종양이 뇌와 간 같은 다른 기관으로 퍼져 있었다. 작은 원발성 종양이 매우 공격적으로 간에 퍼져 있어 간이 거의 남지 않고 거대한 덩어리가 복부의 반을 채우는 경우도 있었다. 종양은 척추 뼈로 전이되어 척수를 압박해 마비를 유발했다. 심장 판막에서 자라는 박테리아 덩어리도 있었다. 심장 마비를 유발하는 관상 동맥 경화와 폐를 고름으로 가득 채우는 폐렴도 있었다. 모든 시체에는 폐동맥에 혈전이 한두 개 있었고(폐색전) 폐에 체액이 쌓여서(폐부종) 병리학자가 스펀지에서 물을 짜내듯이 손으로 폐를 꽉 쥐어 체액을 짜내기도 했다.

바로 그곳에서, 나는 죽은 노인들을 보았다. 정신 착란 증상을 보였고 복통은 없었으나 부검에서 장 천공으로 생긴 끔찍한 염증성 복막염이 발견된 노인들이었다. 심근경색으로 사망했으나 흉부 통증 내력은 없었던 노인들도 보았다. 노인들의 증상은 교과서에서 설명하는 표준적인 방식으로 나타나지 않는 것 같았다. 낭성 섬유증으로 사망한 어린아이의 부검을 참관하며 대동맥 속에서 죽종의 첫 '지방질 띠', 즉 노인성 동맥 경화를 보았던 기억도 난다. 정말이지 정신이 번쩍 들었다.

의사들과 학생들은 작은 테라스에 서서, 경기장 관람석이 전부 지정 좌석으로 바뀌기 전에 축구 경기를 관람하듯 난간에 기대곤 했다. 더 면밀한 조사를 하기 위해 장기 조각을 올린 '성반'이라는 작은 금속 접시가 배분되었다. 가끔 뜻밖의 질병이 발견되기도 했다. 한번은 병리학자가 폐를 절개했는데 크림 같은 조직 덩어리, 이른바 건락성 괴사caseastion(라틴어로 '치즈'라는 뜻이다)가 발견되었다. 이는 폐결핵이었고 우리는 감염될까 두려워 안내를 따라 재빨리 강의실 밖으로 나갔다.

맨체스터 사람인 의학 교수 밀른은 탐색 작업에 도움이 되도록 훌륭한 참고문헌을 제시하곤 했다. 백과사전 같은 지식으로, 공통점이 없어 보이는 임상적, 병리학적 결과를 연결지어 통합적인 설명을 도출했다. 그는 모든 지식의 진정한 원천이었다. 오늘날 의대에서는 병리학을 거의 가르치지 않으며, 가르친다 하더라도 이처럼 학부생을 대상으로 하는 공개적인 방식은 아니다. 그곳에서 우리는 환자의 증상과 징후가 해당 질병으로 유발된 총체적 신체 변화와 어떤 관계가 있는지 알아냈다. 그런 방식으로 배웠다. 그 작업이 모두 끝난 뒤에는 점심을 먹으러 갔다. 현재는 웨스트민스터의 최고층 고급 아파트가 된 그곳에 사는 사람들은 그들의 펜트하우스에서 수많은 시신들이 해부되었다는 사실을 과연 알고 있을지, 가끔 궁금해진다.

병리학 박물관에서도 죽음을 볼 수 있다. 모든 의과대학에는 수백 년 이상 수집한 병리학 표본을 보관하는 박물관이 있다. 우리는 그곳에 앉아서 거대한 잠식성 궤양(피부암의 일종)에 좀 먹힌 빅토리아 시대의 얼굴들을 관찰하며 공부했다. 결합 쌍둥이가 보관되어 있는 물병 옆에는 농양으로 가득한 뇌와 1차 세계대전 때의 참호족참호에 있는 병사의 발에 생기는 동상 비슷한 증상−옮긴이 및 인간에게 닥친 다른 온갖 질병들이 전시되어 있었다.

이제 우리는 컴퓨터 단층 촬영CT과 자기 공명 영상법MRI으로 몸속을 들여다볼 수 있고 40년 전에는 거의 상상하지 못했던 명확한 수준으로 인체 구조와 질병의 진행 상태를 확인할 수 있다. (사망 원인에 미심쩍은 부분이 있거나 사망 사유가 제대로 밝혀지지 않을 경우) 검시관의 요청으로 시행하는 부검 이외에 병원 부검은 드문 일이다. 시체와 몸속 기관을 노출된 상태로 볼 기회를 갖는 것은 여러 면에서 최고의 진단 수단이다. 서글프게도 너무 늦어 환자에게 어떤 도움도 줄 수 없지만 말이다.

웨스트민스터 병원과 부속 의과대학은 너무 규모가 작고 비용 대비 효율이 높지 않은 것으로 판단되어, 런던의 주요 대학들이 더 큰 기관에 합병되던 1980년대에 살아남지 못했다. 그런 기관들은 분명 효율성은 더 좋지만 친밀감과 즐거움은 덜할 것이다. 나는 의사 면허를 취득하고 몇 년 뒤에, 친구 토니로부터 의과대학 옥상에서 식사를 하자는 초대를 받았는데 그는 몇 년 전에 영국 행정부에 뗏목 공격을 했던 바로 그 친구였다. 토니는 자신의 오래된 노란색 차로 꿩 한 마리를 치어 죽이고 말았다. 그 꿩은 우연히 죽었기 때문에 먹어도 괜찮았다. 토니는 채식주의자였지만 관사에 딸린 오븐으로 꿩을 요리하기로 하고 웨스트민스터 병원의 가장 나이 많은 전문의 중한 명이자 탁월한 안과 의사인 패트릭과 나를 초대했다.

패트릭은 최상급 와인 두 병을 가져왔다. 그 꿩은 식용에 적합하지 않았다. 우리는 옥상에 앉아 대화를 주고받으며 국회의사당 빅토리아 타워의 비난 어린 시선 속에서 구운 고기를 나눠 먹었다. 토니가 패트릭을 오토바이 뒤에 태워 리젠트 파크에 있는 그의 대저택으로 데려다주기로 했다. 이제 막 면허를 취득한 젊은 의사와 나이 든 전문의가 호스페리 가를 쌩하니 달려가는 모습을 지켜보며 나는 마법 같았던 저녁을, 서글프게 찍찍거리는 박쥐의 울음소리만이 은은하게 들려오던 저녁 시간을 떠올려 보았다. 삶에서 이토록 평화로운 순간이 다시는 오지 않을 것임을 알고 있었기 때문이다.

토니와 패트릭은 둘 다 나의 인생에서 유일무이한 존재들이었다. 1950년대에 패트릭은 커밍아웃을 한 최초의 동성애자들 중 한 명이었고 정부가 동성애의 비범죄화에 대한 조언을 얻기 위해 임명한 울펜덴 위원회에서 영국을 통틀어 유일하게 자발적으로 증언을 맡은 세 동성애자 중 한 명이었다. 그는 언제나 젊은이들과 어울리기를 좋아했다. 오스카 와일드가 재판정에서 "감히 그 이름을 말하지 않는 사랑1892년 앨프리드 더글러스의 시 「두 사랑」의 마지막 행으로 오스카 와일드가 동성애 죄목으로 받은 재판에서 인용한 구절이기도 하다−옮긴이"이라고 말했을 때 의미한 바를 충실히 실천으로 옮겼다. 젊은이들이 지닌 아름다움과 활력, 그리고 그들 앞에 놓인 그 모든 '기쁨과 희망과 매력'에 정신적인 애정을 기울였던 것이다.

토니는 킹스 칼리지에서 실시한 외향성 심리 검사에서 100퍼센트를 받고 자랑스러워했지만, 그를 아는 사람들은 그의 점수가 그토록 낮다는 사실에 놀라워했다. 그가 도착하면 언제나 신나는 소동이 벌어졌는데 그날 저녁에 더 흥미로운 예상 밖의 일, 어쩌면 약간 위험한 일을 겪게 될 거라는 뜻이었다. 모두의 즐거운 기분이 한두 단계씩 상승했다. 토니는 커다란 노턴 코만도 오토바이를 타고 사방을 돌아다녔다. "오토바이 사고로 요절할 남자가 바로 나야"라고 그가 우리 모두에게 선언했던 기억이 떠오른다. 의대생 시절에 그가 스무 명쯤 되는 폭주족들과 함께, 서리에 있는 내 부모님의 집으로 나를 찾아온 적이 있다. 그들이 응접실에서 담배 용지를 말아 궐련을 만드는 동안 어머니가 차를 가져다주었다. 그날 토니는 아홉 살짜리 내 여동생이 걸스카우트 유년 단원 복장을 입고 그의 주변을 돌며 정원에서 춤을 추도록 독버섯 흉내를 냈다.

패트릭은 몇 년 전인 90대에 알츠하이머병으로 죽었고 그의 오랜 의료 활동에 경의를 표하는 부고가 《영국 의학 저널》에 한 페이지 가득 실렸다. 토니는 30대에 자신이 예언한 대로 오토바이 사고로 죽었고 부고는 두 줄이었다. 지미 헨드릭스와 제임스 딘, 메릴린 먼로처럼, 그는 밝게 타올랐지만 오래 지속되지 않은 삶을 산 이들의 무리에 합류했다. 결코 늙지 않을 운명인 것처럼 보이는 사람들이 있다. 우리는 모두 토니의 무모하고 위험천만한 행동을 햇볕을 쪼이듯이 즐겼지만 안전한 거리를 유지했다. 그의 기벽은 영원히 최고로 기억될 것이다.

누군가가 한창 젊을 때에 죽으면 우리는 그 부당함에 몹시 놀란 나머지, 인간적인 자기기만의 밑바닥까지 내려가 위로가 될 만한 생각을 마지막 한 방울까지 쥐어짜낸다. "그들은 늙어간다는 모욕을 감내할 필요가 없었어" 혹은 "언제나 젊은 모습으로 기억될 거야"라고 말하곤 한다. 우리는 메릴린 먼로가 성형 수술에 중독된 퇴물로 기억될 일은 없을 것이며 지미 헨드릭스가 몇 번째인지 모를 마지막 순회 공연을 하는 뚱뚱하고 머리가 벗겨진 기타리스트로 기억되지 않을 테니 잘된 일이라고 스스로를 위로한다. 마음속으로 우리는 메릴린 먼로가 배우 출신으로 큰 사랑과 존경을 받는 원로 여성 정치가가 되었을지도 모르며, 지미 헨드릭스는 우리 시대 가장 왕성히 활동하는 독창적인 음악가가 되었을지도 모른다는 사실 또한 알고 있다.

나는 토니가 위험천만한 과거를 소유한, 전통에 얽매이지 않는 지역 보건의가 되었을 거라고, 그와 비슷하게 위험천만한 과거가 있으며 현대 의학을 거부하는 환자들을 매료시키고 그들에게 사랑받았을 거라고 생각하고 싶다.

7.   과거로의 여행

"하지만 진실은 그게 사랑이 아니라 죽음이라는 것. 그
게 사방에 있다는 것."

- 윌 셀프

    아마 의대생이 누리는 가장 큰 특권은 선택 과목일
것이다. 두 달 동안 우리는 세상 어느 곳이든 찾아가 의학의 어떤 측
면이든 공부할 수 있었다. 다른 학생들은 거의 누리지 못하는 자유였
다. 선택 과목에는 세 종류가 있었고 그 선택에 따라 학생의 성격과
포부가 드러났다. 가장 야심 많은 학생들은 미국으로 가서 심장학 분
야나 신경외과에서 일했다. 그들은 앞으로 펼쳐질 삶의 여정을 담뱃
갑 뒷면에 휘갈겨 썼다는 옥스퍼드 대학생 마이클 헤셀틴처럼 자신
의 경력을 계획해둔 이들이었다. 여러분도 이 이야기를 알 것이다.
마이클 헤셀틴은 하원의원, 각외장관, 국무장관을 거쳐 마침내 수상
이 되었다(마지막을 제외한 나머지는 힘들게 얻어낸 직위였다).

    어떤 학생들은 너니턴에 있는 일반 의원에서 연구를 하거나 아
니면 스컨소프에서 세균학을 공부하는 것을 선택했다. 나를 포함한
대부분은 모험을 원했고 아프리카나 인도, 극동 지역에 있는 병원으
로 향하곤 했다. 학비 보조금을 100파운드씩 받았고 거기에 대출받
은 돈을 보태서 위대한 미지의 세계로 나아갔다. 나는 룸메이트인 필

과 함께 남부 인도 방갈로르에서 북쪽으로 55킬로미터쯤 떨어진 마을, 치카발라푸르에 있는 작은 선교 병원으로 갔다.

완전히 새로운 문화를 처음 맛볼 때는 결코 재현 불가능한 전율이 솟는다. 뭄바이(당시에는 봄베이) 공항에서 출발한 택시 안에서 나는 여러 감각에 압도되었다. 휘발유와 향신료, 배설물의 냄새. 전통 의상인 사리와 옷가게, 야단스러운 영화 포스터에서 보이는 밝고 선명한 색깔들. 낯선 음악 소리와 고함을 지르는 사람들, 교통 체증. 그리고 사방에 사람들이 있었다. 인류의 거대한 집합체였다. 양 끝에 롤러스케이트를 묶은 판자 위에 다리 없는 남자가 앉아서 두 팔로 교통 체증을 헤치고 나아갔다. 사이렌을 요란하게 울리는 소방차를 금세 추월했다. 아이들은 불구가 된 팔다리를 택시 창문으로 들이밀며 구걸했고 한 여자가 암으로 부어오른 유방을 드러내며 돈을 달라고 두 손을 내밀기도 했다. 정말이지 20세기 후반에 이식된 중세의 한 장면이었다.

우리는 방갈로르를 출발해 약 100미터에 한 번씩 소들과 아이들을 피하려 방향을 바꾸는 위태로운 버스 여행을 거친 뒤에 치카발라푸르에 도착했다. 거리를 돌아다니는데 모두가 우리를 빤히 쳐다보았다. 3만 명이 사는 이 부락에는 백인이 딱 한 명 있었는데 병원에서 일하는 선교사 겸 의사인 레슬리 로빈슨이었다. 잠을 자고 있는 거대한 개가 병원을 지키는 모양이었다. 몇 분 동안 기다렸지만 개는 깨어나지 않았다. 나는 결국 돌을 집어 그 개에게 던져보았다. 돌이 튕겨 나왔다. 죽은 개였다. 지나가도 안전했다. 그때, 이곳에서 수많은 죽음을 보게 될 거라는 예감이 들었고 정말로 그랬다.

　우리의 창자는 이 새로운 나라에 익숙해져갔고 우리만의 '인도로 가는 뒷길'에서 출발해 계속 전진해나갔다. 후기 빅토리아 시대로 되돌아간 듯한 두 달의 시간이었다. 우리는 고통스러운 근경련에 시달리는 사람들에게서 파상풍을 발견했다. 나병이 만연했고 나병 진료소는 종일 문을 닫지 못했다. 몇 시간이고 줄지어 기다리는 사람들이 족히 300명은 되어 보였다. 그들은 신경 손상으로 손발의 감각을 상실했고 사소한 부상과 화상으로 손가락을 잃었다. 가장 효과적인 치료법 중 하나는 뜨거운 차가 담긴 잔을 잡을 때 반드시 손가락을 보호하는 천으로 컵을 감싸게 하는 것이었다. 소녀들은 피부 밑에서 자라는 나병 박테리아로 인해 군데군데 색소 탈색이 일어났다. 그 병은 얼마든지 치료가 가능하고 세계에서 전염성이 가장 약한 질병 중 하나였으나, 그들은 평생 낙인이 찍혀 결코 결혼하지 못할 터였다. 나누어준 알약 대부분은 이웃사람이 걸렸을지 모를 다른 병을 치료하도록 팔리기 일쑤였다. 아기들은 신생아 파상풍에 걸려 죽어가는 상태로 병원을 찾았는데, 이는 신생아의 탯줄을 자르고 남은 부위에 소똥을 얹는 전통에서 비롯된 비극적인 질병이었다. 무지함이 질병보다 훨씬 더 심각한 살인자가 될 수 있음을 나는 깨달았다.

　그곳의 수술실과 수술 광경을 1890년대 영국에 그대로 옮겨 놓더라도 어색해 보이지 않았을 것이다. 수술실에는 오래된 수술용 침대가 하나 있었다. 수술 기구들은 지난 세기의 가압 멸균기로 살균했다. 환자의 상처는 더 비싼 나일론이나 장선보다는 무명실로 봉합되었다. 고무장갑은 찢어질 때까지 재사용되었다. 마취제는 에테르였는데, 휘발성이 강하고 폭발하기 쉬운 액체였다. 유일한 엑스레이 기계는 형광판이었다. 우리는 눈이 흐릿한 형광등에 익숙해지도록 붉은 안경을 쓰곤 했다. 환자들이 형광판 앞을 지나갔고 그들의 움직이는 해골이 오래전 만화 영화에서처럼 형광판에 나타나곤 했다. 그렇게 문제가 밝혀졌다. 지난 세기의 유물인 결핵으로 인해 폐의 윗부분에 텅 빈 구멍들이 생겼다. 우리의 생식기를 방사선으로부터 보호해 준 것은 아주 오래되고 닳아빠진 납으로 만든 차폐복감전 사고를 막기 위해 입는 옷. 주로 전기가 흐르는 상태, 고압 설비 부근에서 작업할 때 입는다-옮긴이이었다. 이 모든 일을 겪고도 내가 어떻게 아버지가 되었는지, 여전히 신기할 따름이다.

  환자들은 늦게 나타났다. 너무 늦을 때가 많았다. 진짜 비극은 여기에 있었다. 2, 3일간 산고에 시달린 여성들은 죽을 지경에 이르러서야 도착했다. 많은 산모들이 죽었고 그 가족들은 그저 아이만 데려갔다. 파괴적인 출산을 목격한 적이 있다. 아기 머리가 골반에 끼어 산고로 죽기 직전인 여성이었다. 제왕절개를 할 시간이 없었다. 로빈슨 박사가 가장자리에 날카로운 날이 달린 가위 같은 커다란 도구를 아기의 두개골에 밀어 넣어 억지로 쪼갠 다음 좌우로 이리저리 움직였다. 아기의 뇌가 쏟아져 나왔고 두개골이 부서졌다. 그다음에 죽은 아이의 몸을 당겨서 빼냈다. 아기는 어머니를 구하기 위해 희생되었다. 산모가 죽었다면 가족 전체가 망가졌을 것이다. 나는 오래된 영화나 빅토리아 시대의 소설에서 의사들이 음울한 목소리로 산모와 아기 중 누구를 구하겠느냐고 냉혹한 선택을 요구하는 장면이 무슨 뜻인지 이해할 수 있었다.

로빈슨 박사는 그 선교 병원에서 평생을 일하다가 2017년에 혈관성 치매로 세상을 떠났다. 그해에 그는 사실상 날마다 하루 24시간씩 당직을 섰다. 명예롭게도 그는 대부분이 힌두교도인 주민들을 개종시키려 하지 않았다. 캘커타의 마더 테레사와 달리, 언론의 주목을 끌거나 숭배의 대상이 되려 하지 않았고 그런 의미에서 그는 내가 만난 사람 중 가장 성인saint에 가까운 존재였다.

그런 생활이 지속되었다. 삶과 죽음이 끝없이 반복되었다. 죽을 운명인 것처럼 보였던 목숨이 구조되었다. 소뿔에 받혀 내장이 쏟아져 나온 어느 노인이 수건으로 창자를 감싼 채 걸어 들어왔다. 그는 수술실로 들어갔고 상처를 봉합했으며 일주일 뒤에 집으로 돌아갔다. 이것이 의학의 진정한 승리다. 비싸거나 화려할 필요가 없다. 가장 저렴한 비용으로 가장 훌륭하고 효과적인 약물 또는 수술적 처치를 제공할 수 있는 경우가 많다. 모든 인간은 기초 의료 서비스를 받을 자격이 있으며 치료 시점에 모든 시민이 무상으로 기초 의료 서비스를 제공받지 못한다면, 어떤 나라건 진정한 문명국이라고 자처할 수 없다. 어느 나라에서 나이가 아주 많은 노인들이 중환자실에서 인생을 마감하고 있을 때, 다른 나라에서는 어린아이가 말라리아로 죽어가고 있다면 근본적으로 뭔가 잘못된 것이다.

그 시절은 내 삶에서도 굉장히 흥미진진한 날들이었다. 우리는 단순하게 살았다. 텔레비전이나 라디오가 없었고 당연히 휴대폰이나 컴퓨터도 없었다. 밧줄에 매달린 커다란 구리 주전자로 우물에서 물을 퍼서 마셨다. 우물 주변에서 젊은 여자들이 우리를 바라보며 수줍게 키득거렸다. 80대 요리사 앤서니의 쾌활한 아이들은 저녁이면 우리를 위해 노래를 부르고 춤을 췄다. 어느 날 저녁, 자신만만하고 생기발랄한 열 살 자야실라가 말했다. "선생님! 선생님! 저희에게 노래 불러주세요!" 이런! 대체 무슨 노래를 불러야 한담! 우리는 연습을 하려고 아이들을 몇 분간 내쫓았다. 다시 아이들을 불러 모았을 때 우리 머릿속에 떠오른 유일한 노래를 부르기 시작했다. 밥 말리 앤 더 웨일러스가 부른 「여인이여 울지 말아요No Women no Cry」였다. 인생에서 마주하는 어떤 장면들은 무척 기이해서 말로는 거의 형용할 수 없을 때가 있다.

현재 내 동료 중에 방갈로르 출신 의사들이 있다. 치카발라푸르는 지금 훨씬 커진 방갈로르에 흡수된 상태인데 방갈로르는 40년 동안 인구가 몇십만 명에서 천만 명 이상으로 늘었다. 아마 지금은 몰라볼 정도로 달라졌을 것이다. 병원 예배당 옥상에 앉아 자위하던 원숭이들이야 변함없겠지만.

8.   죽음의 징조

"임박한 최후…… 그건 분명 사실이다."
- 킬러스

1980년대 초반에 나는 북런던의 작은 병원에서 수련의로 일하고 있었다. 병동 몇 개와 아주 기초적인 수준의 응급실 하나, 수술실 하나를 갖춘 곳이었다. 그때에도 이미 수십 년 정도 낙후된 건물이었다. 한 전문의가 일주일에 한 번 들렀고 그 사이에는 소수의 수련의들이 그럭저럭 병원을 꾸려나갔다. 지역 주민들은 그 병원에 감동적인 신뢰를 보였지만 옛 음악 극장만큼이나 쇠락한 곳이었다. 침실 몇 개를 들여놓은 의사용 숙소가 하나 있었는데 내 의사 생활 중 처음으로, 보장된 건 아니었지만 그래도 밤에 잠을 꽤 잘 수 있을 것 같았다.

바로 그곳에서 나는 선의에서 비롯된 훌륭한 행동을 경험했다. 주말 내내 혼자 당직을 섰는데 교대 근무로 암울하고 외롭게 72시간을 보냈고 월요일까지 포함하면 80시간이었다. 장시간 당직 때문에 녹초가 된 채로 인적이 드문 구내매점으로 터덜터덜 걸어갔다. 정확히 죄수는 아니지만 그렇다고 자유로운 것은 분명 아니었다. '당신은 당신만의 아이다호에 살고 있다.미국의 뉴웨이브 밴드 '더 비 피프티투즈The

B-52's'가 1980년에 발표한 「나만의 아이다호Private Idaho」에는 '당신은 당신만의 아이다호에 살고 있다'라는 가사가 반복된다-옮긴이' 그러니까 내 경우에는 나만을 위한 웸블리런던 북서쪽에 위치한 지역-옮긴이에서 살고 있었다. 매점 운영자는 서인도제도 여성인 배럿 부인이었는데, 그녀는 병원 의료진을 돕고 예수에게 바치는 찬송을 부르는 데 일생을 바쳤다. 이런 여성들, 그토록 적은 보상을 받고도 그토록 많은 것을 베푸는 여성들의 호의가 없다면 공공 의료 서비스는 붕괴되고 말 것이다.

한참 나만의 생각에 빠져 그곳에 앉아 있을 때, 배럿 부인이 "선생님, 드릴 게 하나 있어요"라며 베이비샴탄산이 포함된 페리 주의 상표명-옮긴이 병을 꺼냈다. '진짜 샴페인 페리!페리는 배즙으로 빚은 술을 뜻한다-옮긴이'라는 광고 문구가 기억날 것이다. 나는 깜짝 놀랐다. 병뚜껑을 열고 플라스틱 컵에 음료를 부었다. 지나치게 달았지만 그건 중요하지 않았다. 그렇게 우리는 몇 분 동안 이야기를 나눴고 나는 10대 소녀나 진짜 술을 좋아하지 않는 사람들을 위해 만든 그 탄산 알코올음료를 마셨다.

할 수만 있다면 나는 NHS의 청소팀 직원들에게 수여할 조각상을 주문 제작하고 싶다. 사실 의사는 격무에 시달리고 가끔은 맹렬한 비난을 받기도 하지만 보수가 꽤 괜찮고 대개는 존경을 받는다. 우리는 눈에 띄지 않게 일하면서 임금을 충분히 받지 못하는 이들도 생각해야 한다. 아마 이런 선행이 페니실린보다 더 많은 목숨을 구했을 것이다. 그해 크리스마스에 나는 대학원 시험으로 정신없는 와중에 용케도 부모님께 쓸모없는 장신구를 또 하나 사드렸고 그리하여 두

분이 평생 쓸모없는 장신구를 수집하며 쌓아둔 장신구 수백 개에 하나를 더 보탰다. 내가 배럿 부인에게 작은 선물을 건넨 적이 있을까? 부끄럽게도 없었다. 이제는 너무 늦고 말았다.

　이 이야기는 여기까지였다. 나는 고통에 시달리는 한 남자를 진찰하라는 호출을 받았다. 내가 도착했을 때 그는 불안한 모습으로 힌디어인지 우르두어인지, 나로서는 어느 쪽인지 알 수 없는 말로 소리치고 있었다. 그는 영어를 말하지 못했다. 나는 두 팔을 흔드는 그의 모습이 연극적이라고 생각했다. 어쨌든 당시 나에게는 3년간의 진료 경력이 있었기에 사람들이 얼마나 터무니없는 행동을 할 수 있는지 알고 있었다. 검사하려 했지만 그는 가만히 있지 않았다. 시끄러운 소리 때문에 그의 숨소리나 심장 소리가 거의 들리지 않았다. 알고 보니 그는 며칠 전에 퇴원한 파텔이었다. 정말로 그가 통증 때문에 동요하고 있는 것이라면 그 원인을 찾을 수가 없었다. 그가 몸짓으로 말할 때 팔다리가 똑같은 힘으로 좌우로 움직였기 때문에 뇌졸중이라고는 생각하지 않았다. 가족들은 그가 한 시간 전에 이런 행동을 하기 시작했다고 말했다. 나는 가족들에게 걱정하지 말라고 말하고 그를 입원시켰고 가족들은 모두 집으로 돌아갔다. 응급실로 향하던 중 심정지로 인한 긴급 호출이 발생했다. 파텔은 소생하지 못했고 우리의 노력에도 불구하고 사망하고 말았다.

　나는 두려운 마음으로 그의 가족에게 전화를 걸어 파텔이 의식을 잃었고 슬프게도 우리가 그를 살려내지 못했다고 말했다. 전화기 너머는 조용했고 곧 끊겼다. 20분도 채 되지 않아, 소란스러운 소리가 들려왔다. "그 빌어먹을 의사 어디 있어?" 누군가 고함을 지르고 있었다. 젊은 남자 여러 명이 미친 듯이 날뛰고 있었다. 나는 뒷문으로 몰래 빠져나갔고 사태가 진정될 때까지 수위실에 한 시간가량 숨어 있었다. 맙소사! 이런 상황에 대처하는 법은 의대에서 가르쳐주지 않았는데 말이다.

여러 연구에 따르면 의대생이나 젊은 의사에게 가장 괴로운 일은 누군가가 눈앞에서 죽는 모습을 보는 것이라고 한다. 대개 환자는 의식을 잃기 직전에 의사에게 말을 하곤 한다. 죽음이 임박한 환자들은 종종 뭔가가 심각하게 잘못되었음을 안다. 중증 심장 마비가 온 사람들은 격렬한 고통을 겪을 수도, 겪지 않을 수도 있다. 아마도 죽은 심근에서 방출된 어떤 화학물질이 의식에 영향을 미쳐, 임박한 죽음을 극도로 예민하게 인식하게 해주는 것 같다.

옛 웨스트민스터 병원에 있던 시절에, 혈액학 교수님으로부터 만성 골수성 백혈병에서 발생할 수 있는 '급성 전환기'에 대해 배웠다. 백혈병이 막을 수 없는 단계로 진행되면 골수를 장악해 미성숙 백혈구인 아세포를 혈류 속으로 보내기 때문에, 핏방울을 묻힌 유리 슬라이드를 현미경 렌즈 밑에 놓으면 그 아세포를 볼 수 있다. 종말의 전조였다. 교수님이 우리에게 들려준 이야기가 기억나는데, 만성 골수성 백혈병을 앓던 시인이 병동 회진 때 "내 생명의 불꽃이 소멸되었습니다"라고 선언했다고 한다. 혈액 검사 결과 아세포가 확인됐고, 그는 몇 시간 이내에 사망했다.

최근에는 포츠머스에 있는 퀸 알렉산드라 병원의 노인 의학 교수인 동료 마틴이 나에게 결국 어떤 치료 방안도 남지 않게 된 고령의 여성 백혈병 환자 이야기를 들려주었다. 당연하게도 그녀는 마틴에게 자신이 얼마나 오래 살 수 있느냐고 물었다. 어느 의사건 정확하게 답할 수 없는 매우 어려운 질문이다. 옛날 영화들을 보면 남은 시간이 6주 정도라고 의사가 엄숙하게 공표한다. 그러면 환자는 하던 일을 그만두고 늘 꿈꿨던 대로 브로드웨이 작품을 제작해 무대에 올린다. 6주 뒤 공연 첫날 밤, 영광스러운 박수갈채를 받으며 막이 내려갈 때 그 감독은 비틀거리며 뒷걸음질 치다 숨이 끊어진 채 주연 여배우의 품속으로 쓰러지고, 그녀는 그 남자 덕분에 이제 막 배우로 첫 발을 내딛은 인물로 남몰래 그를 사랑하고 있다. 혹은 이와 비슷한 흐름으로 진행된다.

아! 이렇게만 될 수 있다면! 현실에서 마틴은 환자에게 앞으로 벌어질 것으로 예상되는 내용을 설명했다. 그는 이 상황을 비행기 여행에 비유했다. 그녀가 공항 탑승 대기실에서 기다리는 중이며 탑승객들에게 탑승구 앞으로 오라는 안내 방송이 나올 때까지는 비행기가 언제 떠날지 정확히 알 수 없다. 방송이 나와야 떠난다는 사실을 확실히 알게 되는 것이다. 일주일쯤 지나서 그 환자가 병동 회진 중인 마틴을 붙들고 말했다. "교수님, 나더러 탑승구 앞으로 오라는 구려." 그리고는 입을 맞춰달라고 했다. 비행기는 예상대로 몇 시간 뒤에 출발했다.

치명적인 많은 질병은 죽음이 임박했다는 끔찍한 느낌을 불러 일으키기도 한다. 뇌 깊은 곳에 있는 변연계의 일부, 즉 대부분의 동물 뇌에 존재하는 편도체가 공포심을 유발한다. 더 실질적인 다른 징후들이 뚜렷해지기 전에 나타나는 유일한 징후가 있다면 이 공포심일지 모른다. 빠른 속도로 사망을 초래하는 아주 심각한 혈류 감염인 그람음성균 감염 패혈증에서도 이런 현상이 나타난다. 대개는 무서운 급성 과민성 쇼크로 이어진다. 크롬 친화성 세포종 환자들에게서 가끔 볼 수 있듯이 아드레날린 분비와 관련이 있을지도 모른다. 크롬 친화성 세포종은 아드레날린과 '투쟁-도피 호르몬'이라고도 불리는 노르아드레날린을 대량으로 생성하는 보기 드문 종양이다. 환자의 얼굴에 떠오른 두려운 표정을 무시한다면 위험을 각오해야 한다.

학부 시절 나에게는 베일리가 쓴 『수술의 원리와 실제Principles and Practice of Surgery』라는 아주 오래된 책이 있었는데, 그 책에서는 20세기 초반 환자들의 사진이 대개는 치료받지 않은 역겨운 상태를 그대로 드러낸 채 우리를 응시하고 있었다. 그 시대 남자 환자들은 모두 웨스트민스터 병원의 병리학 전문의들이 '카이저수염20세기 초반에 유행했던, 양쪽 끝이 위로 굽어 올라간 수염으로 황제 수염이라고도 함—옮긴이'이라고 부르던 것을 뽐내고 있었다. 제발 그 콧수염이 다시는 유행하지 않기를 바란다. 거대한 흉부 대동맥류가 흉벽에서 곧장 돌출한 어느 남자의 사진도 기억난다. 대동맥은 심장에서 온몸으로 피를 실어 나르는 거대한 동맥이다. 동맥류는 동맥이 병적으로 팽창된 상태를 뜻하며 갑자기 파열될 수 있다. 흉벽에서 튀어나온 동맥류를 앓는 18세기 환자의 사례를 읽은 적이 있다. 그 가여운 남자는 의사로부터 혈관이 곧 파열될 것이며 과다 출혈로 사망할 것이라는 말을 들었다.

그는 창조주와 화해하라는 조언을 받았고 혈액을 붙잡아두기 위해 대장을 꾹 누르고 있어야 했다. 사람은 대체 어떤 일까지 겪어야 하는가!

복부 대동맥의 대동맥류는 매우 흔히 발생하는데. 일찍 발견되기만 하면 터지기 전에 수술할 수 있지만 복부 대동맥류가 파열되면 대개 치명적이어서 외과의 연수 시절에 경험한 바로는 십중팔구 사망으로 이어졌다. 파열된 삼중 'A'(복부 대동맥류AAA: Abdominal Aortic Aneurysm)만큼이나 빠르게 환자의 핏기를 앗아가는 것이 없다는 말은 일리 있고 유서 깊은 격언이었다. 흉부 대동맥류 수술은 흉부를 열고 심장과 폐를 보호해야 하기 때문에 복부 동맥류 수술보다 위험 부담이 크다. 소심한 외과의가 할 만한 수술은 아니다.

메리는 나이 많은 포츠머스 여성으로 허약하지만 강인했고, 흙 속의 진주까지는 아니더라도 훌륭하다 할 수 있는 대가족을 이루었으며 그들은 헌신적으로 그녀를 부양했다. 메리는 여기저기 조금씩 통증을 느꼈는데 대부분은 흉부 통증이었지만 우리가 흔히 보던 흉부 통증의 유형에 딱 들어맞지가 않았다. 그녀의 흉부 엑스레이 결과는 놀라웠다. 흉부 전체가 거대한 흉부 대동맥 동맥류로 가득했다. 어떻게 폐가 존재할 공간이 남아 있었는지 이해할 수가 없을 정도였다. 측면 흉부 엑스레이에서 둥글게 팽창한 대동맥이 보였는데 그것이 흉추를 침식해 '부채꼴' 모양을 이루고 있었다. 대동맥처럼 부드러운 조직은 딱딱한 뼈로 인해 제약을 받을 거라고들 생각하겠지만 대동맥은 그런 상황을 용인하지 않는다. 혈관과 뼈 사이에 벌어진 전투에서는 언제나 뼈가 패자다. 흉골을 침식한 그 오래된 사진 속의 흉부 대동맥류가 증명했듯이 말이다. CT 검사로 메리의 몸에 생긴 동맥류의 크기와 동맥벽이 위험할 정도로 얇다는 사실이 확인되었다. 사람의 힘으로 가능한 수술이 없었다.

메리는 마틴이 운영하는 '찰스 병동'으로 옮겨졌는데, 요양원이나 호스피스 병원 방식이 잘 맞지 않는 완화 치료 환자들을 받는 곳이었다. 메리의 가족은 무슨 일이 일어날지 물었고 마틴은 수술을 할 수 없는 상황이라고 설명했다. 동맥류가 발생한 혈관 내벽의 부담을 덜어 혈압을 낮추려고 애쓸 생각이며, 파열이 발생할 위험을 예방할 수는 없지만 늦출 수는 있다고 말했다. 그러나 혈압이 너무 낮을 경우에도 현기증, 넘어짐, 기절 같은 증상이 나타날 위험이 있다고 덧붙였다. 노인에게 결코 좋은 증상이 아니었다. 마틴은 메리와 그녀의 가족에게 조만간 동맥이 파열되어 피가 폐로 들어갈 것이며 몇 초 만에 그녀는 자신의 피에 익사하는 동시에 과다 출혈로 사망할 거라고 말했다. 단 몇 초 동안만 메리의 의식이 남아 있을 거라고 강조했다. 동맥을 압박하는 기침 한번이면 그 상황이 닥칠 거라고 했다. 가족들은 다소 가슴 아프게, 기침약이 메리를 구할 수는 없느냐고 물었다.

메리는 우리 곁에 오래 머물지 않았다. 그 순간이 닥쳤을 때 그녀는 순식간에 의식을 잃었다. 시뻘건 동맥혈이 그녀의 폐 속으로 팔딱거리며 들어가 입 밖으로 솟구쳤다. 메리는 정말 몇 초 만에 죽었다. 가족들과 간호사들은 닥쳐올 일을 알고 있었기 때문에 공황 상태에 빠지지 않았고, 응급 호출과 정맥 주사와 심폐 소생술도 없었다. 메리는 자신의 손을 잡아주며 부드럽게 위로의 말을 건네는 어느 간호사 옆에서 죽었다. 죽는 순간, 정말이지 꼭 필요한 것은 그것뿐이다.

많은 사람들은 죽음에 대해 미리 경고를 받는다. 내가 만난 환자 중에 갑작스러운 죽음, 급속한 출혈과 질식으로 인해 죽을 것임을 미리 알고 있었던 사람은 메리뿐이다. 메리와 그녀의 가족은 용감하고 침착하게 그 상황에 대처했고, 끔찍한 죽음이 될 수도 있었으나 그렇게 만들지 않았다. 대개는 죽음 자체보다 죽음에 대한 공포가 더 심각하다. 알고 이해하면 공포심을 이겨낼 수 있다. 우리에게 가장 큰 두려움을 불러일으키는 것은 알지 못하는 것들과 머릿속으로 상상한 것들이다.

가족들이 죽음에 대처하는 방식에는 문화적, 세대적 차이가 있다. 흔히 두 차례의 세계대전을 겪은 이들은 죽음의 신을 비교적 순순히 받아들이는 태도를 보인다. 내 종조부인 프레드는 나의 할머니 조시와 마리, 마리의 남편 해리와 함께 클래펌에서 우리 집과 가까운 곳에 살았다. 프레드는 제빵사였고 약간 소심한 남자였다. 그가 1차 세계대전에서 영국군을 위해 싸우도록 소집 명령을 받자, 그의 어머니는 아들이 반은 독일인이기 때문에 전장에 나갈 수 없다고 주장했다. 그 시절 프레드가 자란 런던 이스트엔드에서는 독일 억양을 쓰거나 독일과 관련 있는 듯한 낌새를 풍기는 사람은 경멸의 대상이었고 집 창문으로 벽돌이 날아들었다. 어쨌든 그 가족은 모두 용케도 독일로 탈출했다. 사방이 봉쇄되고 참호가 버티고 있는데 어떻게 가능했는지 모르겠다. 그들은 민덴이라는 소도시에 정착했다. 그러다가 그는 동부 전선으로 가서 독일군을 위해 러시아군과 맞서 싸우라는 명령을 받았다. 역시! 여러분의 짐작이 맞았다. 그의 어머니는 아들이 반은 영국인이라고 주장했다. 그들은 모두 전쟁에서 살아남았고 결국 런던으로 돌아왔다.

시간이 흐르며 프레드는 누이인 조시, 마리, 이다와 함께 서로 2킬로미터 이상 떨어지지 않는 곳에서 함께 살았다. 그 시절에는 가족들이 그렇게 지냈다. 프레드는 그 세대에 속한 대부분의 사람들처럼 담배를 피웠지만 음주는 아주 못마땅하게 생각했다. 60대 중반이었던 어느 날, 그는 계단에 앉아 있다가 숨을 헐떡이기 시작했다. 누이들이 주변으로 모여들었다. 의사들은 늘 무척 바쁘기 때문에 의사를 부르고 싶지는 않았다. 구급차를 부르려면 길 건너 에번스의 집에 가서 전화를 쓰게 해달라고 부탁해야 할 터였다. 그렇게 프레드는 계단에서 세상을 떠났다.

나는 의사를 군이 괴롭히고 싶어 하지 않는 사람들을 남몰래 늘 존경스럽게 생각했다. 이따금씩 파종성 암과 말기 심부전을 앓는 사람들 중에서 그런 이들을 만난다. 그들은 죽음이 코앞에 닥칠 때까지 그대로 있다가 그때서야 도움을 요청하거나 다른 사람이 대신 개입하는 것을 허락한다.

우리 가족이 사는 곳 건너편에 나이 지긋한 에번스 자매가 살았는데 동네에서 유일하게 집전화가 있는 집이었다. 두 사람은 그 세대의 많은 여성들처럼 독신이었고 평생을 브룸우드 가에서 살았다. 젊은 시절에 알던 젊은 남자들은 대부분 프랑스 솜이나 벨기에 파스

샹달의 참호에서 죽었다. 아마도 프레드는 그토록 많은 동년배들이 돌아오지 못한 전쟁을 두 번이나 피했기 때문에 죽음을 철학적으로 바라보게 되었을지도 모른다. 내가 아는 한, 그는 죽음에 대해 사전 경고를 받지 못했지만, 심계항진자신의 심장 박동을 불편하게 느끼는 증상—옮긴이과 협심증관상 동맥 질환으로 심근에 충분한 혈액이 공급되지 않아 생기는 가슴 통증—옮긴이으로 심장이 위태로웠던 조시 할머니는 자신이 공항 탑승 대기실에서 출발을 기다리고 있음을 분명히 알고 있었다.

에번스 자매 중 동생이 죽고 몇 주가 지난 뒤 나는 비좁은 임대 아파트로 조시 할머니를 찾아갔다. 할머니는 에번스가 지나가다가 고개를 돌려 침실에 앉아 있는 자신을 바라보며 "걱정 마, 조시. 두려워할 것 없어"라고 말했다는 이야기를 내게 들려주었다. 일주일 뒤에 할머니는 침대에서 죽은 채 발견되었다.

작가 존 다이아몬드는 죽음이 임박했음을 인정하며 사람들이 보편적으로 알고 있는 그 존재를 생생히 그려낸다. 죽음 직전에 빈정거리는 어투로 이렇게 썼던 것이다. "전문의가 전공의를 데리고 작은 병실로 들어왔다. 그의 뒤에는 두건과 망토를 뒤집어쓴 존재가 약간 당혹스러운 표정으로 낫을 들고 서 있었다.동서양의 여러 문명에 등장하는 죽음의 신은 죽은 사람의 영혼을 사후 세계로 인도하는 역할로, 주로 검은 망토를 걸치고 긴 낫을 든 모습으로 묘사된다—옮긴이"

9.   환자를 죽이는 방법

"난 레노에서 어떤 남자에게 총을 쐈어……."

- 조니 캐시

　　의대생 시절, 우리는 진짜 환자들이 있는 병동에 출입 허가를 받기 전에 스트랜드에 있는 킹스 칼리지에서 2, 3년 동안 기초 과학, 즉 해부학과 생화학, 생리학, 약리학을 배웠다. 이 수업 사이사이에 엑스레이를 해석하는 방사선학에 대한 대화를 지속적으로 슬그머니 나누었다. 초음파 검사와 CT 검사는 초창기였고 인체의 내부 구조와 조직을 그토록 정교한 사진으로 보여주는 MRI는 공상 과학에나 등장하던 내용이었다. 당시의 방사선학이란 암실에서 화학물질 냄새를 풍기는 셀로판지 같은 종이 위에서 흉부 엑스레이를 찍는 것이었다. 장을 관찰하는 유일한 방법은 바륨 관장이었다. 뇌는 그 단단한 뼈 무덤 속에 여전히 숨겨진 상태였다. 뇌종양은 뇌조영술로 발견해내야 했는데, 뇌척수에 공기 방울을 주입하고 엑스레이로 방울 모양을 관찰하는 방법이었다. 고통스럽고 부정확했다.

　　우리는 활달하고 언변이 좋은 아일랜드인 방사선 전문의 오스카 크레이그에게서 방사선학을 배웠다. 무관해 보이는 이 과목을 왜 이토록 일찍부터 소개하는지 가끔은 의아했다. 어쨌든 우리는 환자나 질병, 병리학에 대해서는 아무것도 몰랐다. 그 강의의 진짜 목적은 우리 앞에 놓인 임상 치료의 세계를 위해 우리를 준비시키는 것이었다. 크레이그 교수는 우리가 불가피하게 저지를 실수에 대해 경고했다. 우리 모두 결국, '누군가를 죽이게 될 것'이라고 말했다. 법정행을 피할 수 있는 사람은 거의 없을 터였다. 그는 불가피함을 받아들이는 법을 어떻게 배울 수 있는지 조언해주었다. 우리는 그가 들려주는 이야기를 무척 좋아했지만 모든 젊은이들이 그렇듯이 그 무엇도 우리를 꺾지 못할 것이라고 생각했다. 우리에게는 음주가무처럼 다른 걱정거리들이 있었다.

폴 사이먼은 「연인과 헤어지는 50가지 방법Fifty ways to leave your lover」이라는 노래를 불렀다. 의학에는 환자를 죽이는 1,050가지 방법이 있다. 나는 '의원성(의사의 치료에 원인이 있는)' 죽음이 아닌 것이 있을까, 하는 생각을 종종 한다. 많은 경우 언론에서 대대적으로 보도하듯이 서투른 의사와 전반적인 무능함으로 인해 발생하는 것이 아니다. 대부분은 여러 안 좋은 일이 겹쳐 최악의 상황에 이른 탓이며, 환자의 안전이 경영학 수업에서 애용하는 '스위스 치즈' 이론에 맞아떨어진 결과다. 스위스 치즈 조각들의 모든 구멍이 어쩌다가 일렬로 배치되면 발생하려는 재앙이 무엇이건 한 줄로 이어진 그 구멍으로 통과하게 된다는 것이다.

나중에 나는 첼시에 위치한 옛 세인트 스티븐 병원에서 전공의로 근무했다. 오래되었지만 사랑을 듬뿍 받는 초기 빅토리아풍 병원이었다. 넓은 복도를 따라가면 나이팅게일 병동으로 이어졌는데, 환자 20, 30명이 두 줄로 배치된 침대에 누워 있고 중앙에 있는 간호사실에서 환자를 관찰하는 병동이다. 한쪽 끝에는 환자들과 가족들이 앉아서 담배를 피울 수 있는 작은 방이 있었다. 다른 쪽에는 임상 치료실 하나와 가스레인지, 싱크대, 전기 토스터를 갖춘 부엌이 있었는데 이른 아침이면 녹초가 된 수련의들이 토스트를 들고 그곳에서 간호사들과 이야기를 나누었다. 철조 비상계단이 이 어두운 벽돌 건물을 조심스럽게 둘러싸고 있었다. 특정 연령 이상의 의사들과 간호사들은 모두 이런 병동에 대한 기억을 가지고 있을 것이며, 대부분 애정 어린 기억일 것이다. 그 병원의 병동 명칭은 오페라 가수 제니 린드와 화가 제임스 휘슬러처럼 첼시에서 유명한 사람들의 이름을 딴 것이었다. 그중 한 병동에서는 한때 위대한 무용가 바츨라프 니진스키가 껑충거리며 뛰어다녔다고 하는데, 서글프게도 주디 갈랜드가 삶을 마감한 곳도 바로 그 병동이었다.

세인트 스티븐 병원은 나에게 독특한 경험을 선사했다. 환자들은 굉장한 상류층이거나 아주 가난하거나 아주 예술적이었다. 중산층 환자들은 없었다…… 결코. NHS의 대통합 원칙이 그 소박한 병동에 압축된 것처럼 보였다. 실직한 배우 옆에는 노숙자 쉼터에서 거주하는 알코올 중독자가, 그 옆에는 도시에서 근무하는 은행원이 있었다. 1980년대에 사람들은 환경을 불평 없이 그대로 받아들였다. 의사 생활이 가장 즐거웠던 때가 바로 이 시절이었다. 진단 결과를 두고 상사와 내기를 했는데 지는 사람이 금요일 저녁 병동 회진 이후에 마실 샴페인 한 병을 사기로 했다. 수련의들은 일주일에 한 번씩 점심을 먹으려고 선술집에 갔는데 이른바 '간liver 클럽'이라고 불리는 전통이었다. 그 이후, 거의 30년 동안 전문의로 일하면서 나는 일주일에 두 번씩은 어떻게든 외부에서 점심을 먹었고 그때마다 수련의 시절처럼 약간의 죄책감을 느꼈다. 참을 수 없는 존재의 가벼움이 있던 시절이었다. 단순한 세계였지만 그렇다고 걱정 없는 세계는 아니었다.

응급실로 내려와 40대 중반 여성을 진찰하라는 호출을 받은 날이었다. 환자의 이름은 잊어버렸는데, 분명 무의식적인 이유 때문일 것이다. 그녀를 폴린이라고 부르자. 폴린은 며칠 전 심한 두통을 앓았다. 두통은 천천히 가라앉았지만 그 뒤에 갑자기 쓰러져 의식을 잃었다. 내가 진찰했을 때 그녀는 몽롱한 상태였고 손가락을 아프게 꽉 쥐면 팔을 빼면서 반응했다. 목을 움직이는 것을 고통스러워했다. 뇌를 둘러싼 세포막인 뇌막이 염증(수막염)이나 뇌동맥류 파열로 발생한 지주막하 출혈 때문에 자극을 받은 것이었다. 뇌동맥류는 뇌의 동맥이 팽창된 경우를 말한다. 항생제가 뇌수막염에 도움이 될 수 있었지만 지주막하 출혈이라면 신경외과로 급히 이송해 혹시 있을지 모를 수술을 대비해야 했다. 사실 출혈 쪽이 훨씬 가능성이 높았다. 요즘에는 뇌 CT 검사가 몇 분 안에 끝나고 지주막하 공간에 피가 보이면 즉시 동맥류 진단을 내릴 수 있다. 피가 보이지 않고 뇌수막염이 의심될 경우, CT 검사로 뇌 내부에서 압력이 상승했는지 알 수 있다.

당시 세인트 스티븐 병원에는 판독 장치가 없었고 환자를 가장 가까운 신경외과 센터로 이송하려면 하나같이 짜증이 많고 대개 노골적으로 모욕을 주는 선배 전공의들의 긴 질문 공세를 거쳐야 했다. 그런 상황에서는 요추 천자신경계통 질환의 진단에 필요한 수액의 채취 또는 약제 주입을 위해 요추 사이에서 긴 바늘을 지주막하강에 찔러 넣는 일 ─ 옮긴이만이 유일한 방안으로 여겨졌고, 나는 병동 주임 간호사에게 준비를 부탁했다. 바늘은 쉽게 들어갔고 혈압이 높은 상태였기에 피로 얼룩진 액체가 금세 빠져나왔다. 두개 내압이 상승한 상태일 때 요추 천자 시행은 절대 금지다. 중추 신경계 아래쪽에서 갑자기 압력이 낮아지면 뇌척수액이 모든 생명 중추와 함께 뇌간을 압박해 두개골 밑 부분의 넓은 공간인 대후두공으로 뇌간을 밀어낸다. 이것을 '소뇌 편도 탈출'이라고 부르는데, 요추 천자 시술시 가장 우려되는 합병증이다. 뇌간에는 심장과 호흡을 조절하는 신경 중추가 포함되어 있다. 침대 위쪽을 올려 세워봐도 소용이 없었고 호흡이 느려지고 얕아지더니 폴린은 결국 죽었다. 다른 사람들이 총이나 칼로 살인을 저지르듯이 나는 내 바늘로 그녀를 죽인 것이다.

그런 일이 모든 의사에게 일어난다. 그 기억이 이따금씩, 대개는 이른 아침에 불쑥 떠오른다. 수십 년이 지났지만 여전히 생각은 언제나처럼 고통스러운 방향으로 흘러간다. 내 행동을 변명할 수 있을까? 그렇다. 나는 피곤했고 판단력이 온전치 않았다. 그날은 일요일이었고 나는 몇 시간만 눈을 붙였을 뿐 금요일 아침부터 내내 일하고 있었다. 더 용기를 내서 선배들과 다퉈야 했을까? 그래야 했을지도. 폴린은 그 위기를 넘겼더라도 심한 손상을 입고 최소 의식 상태에 빠졌을까? 그랬을지도. 아니면 내가 그저 무능한 겁쟁이였던 것일까?

그 또한 그랬을지도 모른다. 그 시절에는 회계 감사나 임상적 체계, 사망률 보고서, 정직의 의무가 없었다. 누구나 이런 실수를 한다면서 선배는 나를 안심시키기만 했었다. 폴린이 입원 후 24시간 이내에 사망했기 때문에 그 사례는 검시관 측과 논의를 거쳤을 것이며, 검시관은 그 죽음이 필수적인 조치에 뒤따르는 잘 알려진 합병증의 결과라고 승인했을 것이다.

빛과 어둠을 놀랍도록 선명하게 대조시키며 그림에 현실감을 불어넣는 '명암법'은 화가 렘브란트와 카라바조가 말 그대로 능수능란하게 사용하는 기법이다. 의료에도, 그리고 삶 자체에도 명암이 존재한다. 황홀감이 크면 클수록, 몰락은 더욱 암울하게 느껴진다.

폴린은 내가 살려내지 못한 모든 환자들을 태우는 버스의 승객이 되었다. 세월과 함께 이 버스의 자리가 채워진다. 모든 의사에게는 유령들을 태운 자기만의 버스가 있다. 내 생각에 대부분의 의사들은 의료의 명암을 감당하는 능력이 저마다 다르기에 그 능력에 적합한 전공 분야에 끌리는 것 같다. 나는 연고와 크림을 처방하는 피부과 의사나, 붓고 쑤시는 관절로 괴로워하는 장기 환자들이 가득한 진료소에서 끝없이 진료해야 하는 류머티즘 전문의로는 쓸모가 없었을 것이다. 피부 과학이나 신경 생리학 같은 일부 전공 분야라면 유령 버스가 작을 것이다. 외과, 응급의학과, 소아과, 산과 같은 분야는 버스가 거대하고 객차 여러 대가 연결된 형태에다 자리는 입석뿐일 것이다. 우리가 탈 버스는 대개 거의 눈에 띄지 않은 채로 저 멀리 어딘가를 돌아다닌다. 그러나 이따금씩, 분명한 이유도 없이, 내가 탈 버스가 내 집 앞 잔디밭에 정차하는 순간이 온다.

물론 날이면 날마다 수천 명의 환자들을 태우는 버스들로 구성된 수송대도 있다. 그 환자들은 훌륭한 대접을 받았고 목숨을 구하지는 못했더라도 어떤 면에서는 도움을 받으며 살아온 사람들이다. 인생의 비극은, 우리가 저지른 몇 가지 실패에는 정신적 에너지를 엄청나게 부정적으로 소모하면서도 자신이 거둔 성공으로 마음을 위로할 때는 거의 없다는 데서 온다. 의료계에서 일하는 수많은 사람들은 정신 건강을 대가로 지불해야 한다. 의학 저널의 사망 기사에서 보여주는 자살 수치는 정신병이나 중증 우울증 같은 명백한 정신 질환이 발병한다는 증거다. 스트레스, 불안, 탈진, 전반적인 불행감 같은 고질적이고 심각성이 덜한 정신 건강 문제는 어느 정도 발생하는지 알기 어려울 정도다.

몇 년 전에 《영국 의학 저널》에서 당시 편집장이었던 리처드 스미스가 〈의사들은 왜 그토록 불행한가?〉라는 제목으로 쓴 기사를 읽은 적이 있다. 의사들은 마땅히 행복해야 한다. 보수가 좋고 사회적 지위가 높다. 일은 대단히 흥미롭고 보람 있다. 사실 근무 시간은 길지만 그건 이 일이 원래 그렇다. 불행의 대부분은 의사와 환자 사이에 존재하는 '유령 계약서'에서 비롯되는데 이는 양측에 불만을 초래한다. 다시 말해, 우리가 기대하는 것과 얻는 것의 차이 때문에 불행이 싹튼다. 환자들은 현대 의학이 놀라운 일을 할 수 있으며 그들의 모든 병을 치료할 것이라고 믿는다. 의사가 환자의 몸속을 들여다보면 무엇이 잘못되었는지 분명히 알 수 있다고 생각한다. 의사들이 의학에 통달한 사람이며 결코 실수할 리가 없다고 생각한다. 의사들이 사회적이고 개인적인 문제들까지도 도와줄 수 있다고 생각한다. 그리고 의사들이 이 모든 것을 할 수 있기에 그런 지위와 보수를 누릴 자격이 있는 것이라고 생각한다.

그 계약서에서 의사 측 입장은 매우 다르다. 의사들은 의학이 성취할 수 있는 것에는 한계가 있으며 때로는 완전히 위험해질 수 있다는 사실을 안다. 인생처럼 의학도 복잡하고 예측 불가능하다는 사실을 안다. 의료가 도움을 주기도 하지만 그만큼 해를 끼치기도 한다는 사실을 안다. 환자의 사회적, 개인적 어려움에는 거의 손가락 하나도 갖다 대지 못할 것임을 안다. 의료계 종사자로서 우리는 이런 사실을 솔직하게 이야기하지 않았고, 온전히 정직하게 인정하지도 않았다. 우리가 모르는 것을 고백하면 우리가 차지한 그 지위가 약화될 테니 말이다.

환자와 의료인 사이에는 새로운 불문율이 필요하다. 불문율로 소중히 간직해야 할 몇 가지 기본 원리는 다음과 같다.

죽음, 질병, 고통은 삶의 일부다.
의학이 할 수 있는 일에는 한계가 있다.
의학이 사회의 질병이나 개인의 어려움을 해결할 수 없다.
의사로서 의학의 결함을 솔직하고 정직하게 인정해야 한다.
의사들은 저마다 기량이 다르며 모든 것을 알지는 못한다.
의사도 때로는 잘못을 저지른다.

의사와 환자는 함께 해결해나가야 한다.

환자는 자신의 문제를 의사의 발치에 던져두기만 해선 안 된다.

마지막으로 아마 가장 중요한 점일 텐데, 정부와 정치가들은 정치 운동을 할 때 공약을 남발하거나 비현실적인 의료 서비스를 목표로 설정해서는 안 된다. 기자들도 좀 더 책임감 있는 태도를 가져야 하며, 치매와 암의 치료법이 코앞으로 다가왔다고 주장하며 신문 1면을 차지하려는 안일한 마음을 뿌리쳐야 한다.

10.   죽음에 주먹질할 때

"넌 침대에서 흠씬 두들겨 맞아도 싸다고."

- 더 스미스

죽음에는 다양한 양상이 있다. 몇 날, 몇 주에 걸쳐 신체적, 정신적으로 불편한 상태에서 오래 겪어야 하는 느린 죽음이 있고, 우리 모두가 선택권만 있다면 한 표 던질 돌연사도 있다. 물론 그런 선택권은 우리에게 없다. 돌연사는 죽는 당사자에게는 너그러울지 몰라도 가족과 목격자들에게는 잔인할 때가 많다. 목격자들은 대개 의료진이며 그 고통은 해를 끼친다.

전공의 업무 중 하나는 모든 심정지 상황을 감독하는 것이다. 밤이건 낮이건 상관없이 '삐삐거리는 응급 신호'는 언제든 울릴 수 있다. 전공의는 만사를 제쳐두고, 혹은 침대에서 뛰쳐나와 옷을 급히 걸치고 병원 어느 곳이건 응급 상황이 발생한 그 장소로 뛰어가야 한다. 나는 너무 놀라고 기진맥진한 나머지 H4 병동을 A4로 착각해서 잘못된 병동을 찾아갈 때가 많았다. 1980년에 병원 상주 수련의로서 배정받은 첫 부서는 단층짜리 1차 세계대전 육군 병원으로 의사 숙소와 일부 병동의 거리가 400미터에 이르렀다. 어떤 전공의는 자전거를 이용했다. 아주 깔끔했던 어느 수련의는 온갖 일이 벌어지는 다급한 상황일지언정 새벽 3시에도 늘 셔츠와 넥타이 차림으로 나타나 모두를 놀라게 했다.

전공의 시절에 나는 나흘마다 밤낮으로 한번씩, 그리고 4주에 한 번씩 마구잡이 고문이나 다름없는 심정지 호출에 시달렸다. 의학 드라마에서는 심정지가 발생하면 능수능란하고 깔끔하게 효과적으로 대처한다. 대부분의 환자가 살아남는다. 그러나 현실에서 심폐 소생술은 힘들고 혼돈으로 가득하며 대개는 실패한다. 병원 밖에서 심정지가 발생한 경우, 뇌가 손상되지 않은 상태로 병원을 떠날 가능성은 아주 희박하다. 심장이 멈추기에 가장 적합한 장소는 응급실이나 관상 동맥 집중 치료실, 중환자실이다. 이런 곳에서 멀어질수록 생존 확률이 낮아진다. 뇌 손상 없이 생존할 확률은 훨씬 더 낮다.

우리는 '블루라이트' 경보로 심정지 환자가 곧 도착할 것임을 미리 알 수 있었는데, 블루라이트는 구급차가 호흡과 심장이 정지된 환자를 태우고 오는 중이라는 뜻이다. 그럴 때면 우리는 두렵고 떨리는 마음으로 응급실 입구에서 기다리곤 했다. 한번은 헤로인 중독자가 숨을 쉬지 않고 얼굴이 새파랗게 질린 모습으로 도착했는데 폐 속에 산소를 주입하는 기관 내관을 삽관한 상태였다. 우리는 응급처치의 표준인 ABC 원칙을 따른다. 기도 확보Airways, 호흡 유지Breathing, 순환계 처치Circulation 순이다. 그런 다음 정맥을 찾아낸다. 골수 마약쟁이(마약을 오래 쓴 탓에 이렇게 불린다)에게는 결코 쉬운 일이 아니다. 나는 아편이 든 해독제인 날록손을 환자의 사타구니 대퇴정맥에 곧바로 주입했다. 몇 초 안에, 숨을 안 쉬던 시체가 몸을 일으켰고 목에 넣은 관을 잡아채고 구토를 했으며, 온갖 욕을 내뱉으면서 비틀비틀 돌아다녔다. 성공이었다. 목숨을 구하는 일이 늘 이렇게 단순하기만 하다면 얼마나 좋을까.

대개 환자는 도착 당시에 이미 사망한 상태다. 나는 피상적으로 심장을 압박해보고 15센티미터 길이의 바늘로 심장에 직접 아드레날린을 주입했으며 심전도상 심근 활동이 불규칙한 것으로 보이면(심장 세동) 전기 충격을 가한 다음에 처치를 중단했다. 마취과 전문의는 조심스럽게 사라졌으며 환자와 가까운 이들이 있을 경우 그들에게 결과를 전하는 것은 전공의의 몫이었다. 내가 무슨 말을 할 수 있었을까? 나는 그 환자를 알지 못했다. 그저 환자 인생의 마지막 순간을 주관한 것뿐이었다. 나는 환자 가족의 곁에 앉아 손을 잡고 "정말 죄송합니다…… 바비는 세상을 떠났습니다. 살릴 수가 없었습니다"라고 말할 뿐이었다. 눈물이 치솟았고 사람들은 몸을 떨었다. "위로가 될지 모르겠지만 그는 무슨 일이 벌어지는지 느끼지 못했습니다. 고통이 없었습니다." 수십 년에 걸쳐 지속되었을 관계가 그렇게 끝났다. 온갖 종류의 관계와 좋은 순간과 나쁜 순간, 그 사이에 일어났던 모든 일도 함께. 위기 상황일 때 어디에서나 묘약으로 작용하는 차 한 잔을 간호사가 내오면 나는 점점 늘어나는 진료 소견서 목록과 다른 업무들을 처리하러 슬그머니 그 자리를 뜨곤 했다.

가장 충격적이었던 심정지 상황은 젊은 사람들에게 발생할 때였다. 많은 이들이 여전히 내 머릿속을 맴돈다. 천식 발작으로 죽은 열네 살 소년. 소년의 어머니에게 이 사실을 전할 때, 마치 내 눈앞에서 그녀의 삶도 끝나는 광경을 보는 것만 같았다. 수영장에서 익사한 젊은 학생. 우리가 그의 가슴을 헛되이 압박할 때 나는 그의 음경에서 정액이 분출되는 것을 보았다. 죽음의 순간에 우리 머릿속에서는 정말 무슨 일이 벌어지고 있는 것일까? 열아홉 살 젊은이가 아버지의 파킨슨병 알약을 한줌 삼킨 뒤 우리 앞에서 죽었다. 우리는 풀럼 가에서 버스 앞으로 몸을 던지려는 그의 어머니와 몸싸움을 벌이며 그녀를 주저앉혀야 했다. 일시적인 문제의 영구적인 해결책인 자살은 사회의 젊은이들이 겪는 재앙이다. 한 청년은 자살 시도 후 사우스 켄싱턴 지하철역의 철로에서 구조되었다. 그의 절단된 발에서 피가 분출하는 동안 우리는 그의 심장을 압박했다. 다행이랄까, 그는 죽었다.

한 아기가 사실상 죽은 상태로 병원으로 이송되었다. 소아과 수련의가 소생술 단계를 따라 처치 중이었고 나도 거들고 있었다. 정말 유아 돌연사였다. 아일랜드인으로 보이는 인상이 험한 아이 아버지가 우리에게 고함을 지르기 시작했다. 몇몇 간호사들이 그를 다른 곳으로 데려갔다. 내 기억으로, 풀럼 FC 아기 잠옷을 입은 그 가여운 아기는 사망한 것이 분명했다.

아기 아버지의 분노가 범상치 않았다. 그 부부와 대화를 나눠보니 두 사람은 가톨릭 신자임이 확실했다. 나는 아일랜드 가톨릭 방식으로 가정교육을 받았기에 아기가 세례받지 않은 상태로 죽었다는 사실이 그들에게 얼마나 고통스러울지 알고 있었다. 아기의 영혼은 결코 천국에 가지 못하고 하느님과 떨어진 지옥의 변방에서 영원히 살아야 할 터였다. 혹시 모르니 한번 시도해보자는 생각이 들었다.

"어린 폴이 죽기 직전에 제가 세례를 주었습니다." 내가 그들에게 말했다. 긴장이 고조되었다. 나는 아기 아버지의 어깨에 잠시 손을 올렸다가 자리를 떠났다. 비상시에는 누구든 세례를 줄 수 있다. 물을 약간 뿌리며 "성부, 성자, 성령의 이름으로 네게 세례를 주노라"라고 말하기만 하면 된다. 우리가 아기에게 주입한 약 속에는 물이 있었고 세례를 준다는 말을 굳이 소리 내서 할 필요는 없다. 들릴락 말락 속삭여도 되고 심지어 그냥 생각만 해도 될 것이다. 내가 저 말을 생각하지 않았다고 누가 장담할 수 있겠는가?

어느 날 저녁 중년의 북아프리카인 남자가 심정지 상태에서 응급실로 이송되었다. 숨을 쉬지 않았고 기관 내 호흡관이 삽입된 상태였다. 심폐 소생술을 시작하자마자 우리는 그의 목에서 방사선 치료로 생긴 푸른 반점을 발견했다. 후두암 방사선 치료로 목이 부어 기도가 막혀 있었다. 이런 종류의 느린 교살보다 더 험악한 운명은 없을 것이다. 그는 산소 부족에서 비롯된 뇌 손상으로 괴로워했고 통증 때문에 사지를 거의 움직이지 못했다. 마취과 의사는 처치를 계속해서는 안 된다고 생각했다. 그는 호흡관을 제거했고 조용히 사라졌다. 그 후 세 시간 동안 환자는 뇌간이 그의 가슴에 숨을 쉬라는 신호를 보낼 때마다 간헐적으로 쇳소리를 내며 끙끙거렸다. 지켜보는 사람 모두에게 고문이나 다름없었다. 그가 숨을 거두었다고 생각할 때마다 20, 30초 뒤에 숨을 들이마시는 소리가 크게 들려와 우리는 깜짝 놀랐다. 그가 숨쉬기를 멈추는 순간이 과연 올까? 이 상태가 얼마나 오래 지속될 수 있을까?

환자가 결국 숨쉬기를 멈추었던 그날 밤은 내가 사회에서 가장 나이 많고 가장 연약한 이들을 상대하는 노인 의학을 전공하기로 결심한 밤이기도 했다. 물론 많은 이들이 죽음을 맞이하겠지만 이런 죽음은 긴 삶의 끝에 다가오는 것이며 결국 피할 수 없는 것이다. 모두 그 사실을 알 테니 나는 목숨을 구하는 것보다는 고통 완화가 우선인 의학 분야에서 일하면 되겠다고, 판단을 내렸다. 얼마나 잘못된 생각이었는지……

그 시절에는 돌연사를 처리하는 과정에 업무 보고나 상담, 멘토의 지도 같은 것이 없었고 우리는 아무것도 기대하지 않았다. 그저 그 상황을 고스란히 받아들였고 위태롭게 살아야 하는 사람들이 애용하는 특유의 기분 나쁜 농담을 주고받으며 우리 스스로를 보호했다. 소생술에 실패할 때마다, 나도 조금씩 죽는다. 그러나 동시에 뭔가가 자란다. 어쩔 수 없이 경험이 자라나지만, 지혜도 자란다. 인생은 불공평하고 변덕스럽지만, 동시에 소중한 것이며 결코 당연시해서는 안 된다는 사실을 깨닫게 된다.

11.　　　새로운 죽음의 방식

> "키츠와 예이츠가 네 편이라면 와일드는 내 편."
>
> - 더 스미스

　　갓 의사 면허를 딴 스물두 살이었던 나에게는 사람들이 죽음을 예상할 수 있는 질병으로 여기며 죽는 것처럼 보였다. 의대에서 배웠듯이 흔한 일은 흔히 일어나기 마련이었다. 심근경색과 뇌졸중은 가장 자주 보이는 사망 원인이었다. 그다음 원인은 노인들의 만성 호흡기 질환인 흡연이었다. 그들은 다른 시대를 살았고 그중 많은 이들은 기관총 세례를 뚫고 노르망디 해변을 가로지를 준비를 하면서 사기 진작용으로 담뱃갑을 받았다. 그런 상황이라면 누가 담배를 피우지 않았겠는가?

　　암의 경우에도 같은 규칙이 적용되었다. 여자들은 유방암에 굴복하고 남자들은 폐암과 전립선암에 굴복했다. 바로 뒤를 추격하는 것이 대장암, 췌장암, 신장암이었다. 좀 더 드물게 발병하는 암이나 심장과 폐 질환, 그리고 신경변성 질환도 있었다. 그러나 대개 사람들은 우리가 의대 실습생 시절 병리학과에서 실제 사례를 통해 배웠던, 그 흔한 질병들로 죽는다.

　　첼시에 위치한 세인트 스티븐 병원에서 전공의 생활을 시작한

1983년에, 나는 주로 젊은 남성 동성애자가 감염되는 이상한 질병에 대한 이야기를 최근에야 들은 상태였다. 그 문제가 몇 년 전에 뉴욕과 샌프란시스코에서도 발생한 것 같았다. 세인트 토머스 병원에서 어느 젊은 남자가 폐포자충, 즉 단세포 유기체가 유발하는 희귀한 폐 감염으로 죽었다는 소식이 들려왔다. 세인트 스티븐 병원은 첼시와 런던 거주 동성애자들의 중심지인 얼스 코트 지역의 의료를 담당했고 내가 도착하기 직전에 비슷한 사례가 발생한 참이었다.

그즈음 나는 호흡이 얇고 산소 수치가 낮은 젊은 남자를 입원시켰다. 흉부 엑스레이는 정상으로 보였다. 아니, 정상이 맞나? 폐의 아랫부분에 '불투명 유리'처럼 보이는 자국이 있었다. 그는 급속히 악화되는 중이었고 산소 수치를 높게 유지할 수 있는 방법은 중환자실의 인공호흡 장치를 쓰는 것뿐이었다. 유연한 망원경인 광섬유 기관지경으로 폐를 검사하니 심각한 염증이 발견되었고 폐의 분비물에 뜻밖에도 폐포자충 유기체가 포함되어 있었다. 우리는 셉트린과 펜타미딘이라는, 거의 쓰이지 않는 항생제를 고용량 투여해 그를 치료했다. 유행성 전염병의 첫 징후를 알아차린 것은 펜타미딘 제조사로, 그 약의 주문량이 급증했기 때문이었다.

우리가 온갖 노력을 기울였는데도 그 남자는 중환자실에서 죽었다. 몇 주 이내에 다른 사례가 발생했고 이어 또 다른 사례가 발생했다. 폐만 감염된 것은 아니었다. 다수의 젊은 남자들에게 체중 감소와 이유를 알 수 없는 고열 증상이 나타났다. 가끔은 림프절이 확대되어 조직 검사를 시행하기도 했다. 조직 검사 결과 결핵을 유발하는, 같은 종류의 유기체인 미코박테리아가 바글거렸다. 인체는 복잡한 염증 반응을 일으켜 박테리아의 출입을 막기 때문에 현미경으로 폐결핵 유기체를 보려고 애쓰는 것은 몹시도 어려운 일이다. 이 질병에서 인체는 일반적인 방식으로 감염에 대응하지 않는 듯 보였다. 실험실에서 그런 미코박테리아를 배양해보았는데 놀랍게도 일반적인 인간 박테리아나 소 박테리아가 아니라 대개 새의 몸에서 발견되는 유형이었다.

가여운 젊은 남자들이 겪은 폭풍 같은 설사도 비슷한 난제였다. 평범한 바이러스 때문이 아니라 균류와 비슷한 작은 포자인 크립토스포리듐(미세 기생충)이 원인이었다. 이 유기체는 우리 주변 환경 어디에나 있지만 거의 감염을 일으키지 않는다. 당직 근무 중이던 어느 날 저녁에 나는 열과 체중 감소, 설사로 괴로워하는 젊은 남자를 입원시켰다. 그는 최근 샌프란시스코의 유명한 목욕탕을 방문했고 영국으로 돌아오는 길에 갑자기 이상 증상이 나타났다고 했다. 간호 실습생과 나는 그를 환자용 변기에 앉혔고 다른 환자들에게 감염이 확산되지 않도록 1인실을 배정해주었다. 우리는 간신히 그의 대변 표본을 얻어 실험실로 보냈다. 이틀 뒤에 나는 미생물학과 자문 교수로부터 전화를 받았다. 드문 일이라 불길했다. 대변 배양 조직에서 장티푸스균이 자랐다고 했다. 그 환자는 장티푸스에 걸린 것이었는데, 한때는 영국의 여러 도시를 무너뜨린 전염병이었으나 요즘에는 극히 드물었다. 문제는 간호 실습생이 그 전날 이미 장티푸스에 걸린 상태였다. 내 대변 견본을 보냈는데 다행히도 음성이었다. 운 좋게도 나는 언제나 면역력이 좋았다. 어머니는 "넌 이집트 카이로의 하수도에 떨어져도 틀림없이 장미 향기를 풍기면서 나타날 거야"라고 말씀하시곤 했다. 앞으로 다가올 몇 달 동안 나에게는 강한 면역력이 필요할 터였다. 우리는 급증하는 이 기묘한 전염병의 원인을 알지 못했다. 장갑을 착용하지 않고 혈액 검사를 했으며 별도의 예방 조치 없이 환자를 진찰하고 대장내시경을 진행했다. 어디에나 피와 체액이 있었다.

조금씩 떨어지던 물방울은 금세 개울이 되더니 이내 홍수가 되었다. 아메바와 약간 비슷한 단세포 유기체인 톡소플라스마로 인해 뇌염이 발생했다. 환자들은 특이한 바이러스인 거대 세포 바이러스 감염 때문에 망막이 염증과 출혈로 뒤덮여 며칠 동안 앞을 볼 수 없었다. 환자들의 피부에서는 검은 얼룩이 보이기 시작했는데 기관지 벽이나 입 속에서 발견될 때도 있었다. 조직 검사 결과 무척 희귀한 암인 카포시 육종이었다. 그토록 젊은 사람들의 그토록 황폐한 모습을 지켜보는 것은 끔찍한 일이었다. 분명 전염성 있는 뭔가가 면역 체계를 파괴하고 있었다. 처음에는 남성 동성애자들이 항문의 긴장을 풀고 오르가슴의 강도를 높이기 위해 쓰는 물질인 아질산아밀을 써서 면역력이 손상되었다고 생각했다. 그러나 정맥 주사 마약 중독자인 이성애자들도 감염되기 시작했다. OKT4(현재는 CD4)라 불리는 백혈구의 일종은 매우 낮은 수치를 나타냈다. 이 모든 증상이 바이러스 때문이라니. 지금은 그 질환에 이름이 있다. 후천성 면역 결핍 증후군, 즉 에이즈AIDS다. 바이러스의 정체는 금세 밝혀졌는데 인체 T-림프영양성 바이러스인 HTLV-3(현재는 '인체 면역 결핍 바이러스'의 약자인 HIV로 불린다)였다.

동성애자 집단은 공포에 휩싸였다. 치료법이 없었고 이 희귀한 전염병을 치료하려 시도한 모든 약은 결국 실패했다. 이 바이러스에 감염된 사람들이 결국에는 굴복할 것임을 우리도 알고 그들도 알았다. 환자의 눈빛에서 공포를 읽을 수 있었다. 어떤 남자들은 급속히 악화되어 죽음에 대비할 새도 없이 중환자실에서 생명 유지 장치를 장착한 채 삶을 마감했다. 전에는 건강한 젊은이였으나 하룻밤 사이에 늙어버린 것처럼 쇠약해지고 숨을 헐떡거리는 이들로 병동이 채워지고 있었다. 의학이 전염병을 정복하던 시대가 끝난 것처럼 보였다.

2년 사이에, 에이즈 환자의 수가 20명에서 1,000명으로 급증했다. 혼란스러운 상황에서 무엇을 해야 할지 아무도 몰랐다. 뉴질랜드인인 젊은 피부과학 전공의 찰스 파딩이 이 도전에 응해 전문 의료팀을 꾸려달라고 병원 측을 압박했다. 심지어 그는 당시의 보수 정권을 용케도 설득해 '몰라서 죽지 마세요'라는 광고 캠페인에 자금을 대게 만들었다. 나중에는 에이즈 연구를 옹호했고 세계 각지 보건부 장관들의 실패를 지적하며 에이즈에 대처하는 일관된 전략을 세우라고 촉구했다.

에이즈에 걸리면 엄청난 오명이 따라붙었다. 비교적 최근인 1980년대에도 많은 남성 동성애자들은 가족들에게 자신의 성적 취향을 숨겼다. 어느 날 밤, 내가 맡은 병동에서 중년 남성이 연인을 곁에 둔 채 죽어가고 있었다. 몇 시간 뒤 내가 사망 선고를 내려야 하는 시점이 되었을 때 그의 연인이 눈물을 흘리며 죽은 환자의 금반지를 가져가도 되겠느냐고 물었다. 그는 금반지를 가지고 조용히 사라졌다. 간호사는 그가 떠날 때까지 기다렸다가 그 뒤에야 사망자의 공식적 근친인 어머니에게 전화를 걸어 그의 죽음을 알렸다. 그 광경이 나에게는 무척 슬프고 어딘가 잘못된 것처럼 보였다. 말할 필요도 없이, 우익 언론은 '게이 역병' 같은 용어를 꺼내 타는 불에 기름을 붓고 있었고 종교적 편견이 심한 이들은 이때다 싶어 피해자들을 비난하고 손가락질했다. 키스를 하거나 식기를 공유하거나 수영장에 가면 에이즈에 전염될 수 있다는 온갖 종류의 터무니없는 소문이 무성했다. 당시 그레이터 맨체스터의 경찰서장은 피해자들을 '스스로 만든 인간 오물통 속에서 빙빙 돌고 있다'라고 묘사했다. 동성애를 인간애의 표현 방식이 아니라 일종의 성욕에 불과한 것으로 여겼던 사람들은 동성애자들이 동정받을 자격이 없다고 생각했다. 나이 지긋한 어떤 전문의는 이 환자들을 경멸조로 '호모'라고 불렀다. 함께 잠자리에 드는 사람의 성별 때문에 누군가가 다른 사람들을 증오한다면, 그건 신앙을 거스르는 행위다. 진정 암울한 시대였다.

그러나 놀라운 일이 일어났다. 동성애자인 많은 의사들과 간호사들이 결집해 이 새로운 도전에 대항하며 들고 일어섰다. 의료 서비스에는 옹졸한 훈계가 들어설 자리가 없다. 우리는 사람들을 판단하기 위해서가 아니라 돕기 위해 이 자리에 있는 것이다. 영국 출신의 세계적인 팝 가수이자 작곡가, 사회운동가인 엘튼 존처럼 유명한 동성애자들은 연구 기금을 마련하고 에이즈 환자들에게 수준 높은 통합 의료를 제공하기 위한 세계적 캠페인을 지속하도록 도움을 주었다. 압력 단체와 자선 단체가 설립되었다. 다이애나 왕세자비는 그 운동에 왕실의 지지를 덧붙였다. 에이즈 환자와 악수를 나누는 왕세자비의 모습은 당시로서 무척 충격적인 장면이었기에 신문의 1면을 장식했다.

4년 뒤에 내가 세인트 스티븐 병원을 떠날 무렵에는 에이즈 및 에이즈 관련 질병으로 입원한 환자들이 30명 이상이었다. 나는 가끔 에이즈나 비뇨생식기 분야에 남아서 일해야 했을까, 하는 생각을 한다. 어쨌든 새로운 질병, 특히 세계 보건과 세계 정치에 그토록 지대한 영향을 미친 질병의 출현을 목격하는 것은 의사로서 흔치 않은 경험이다. 솔직히 내가 죽기 전에 치료법이 나올 거란 생각은 하지 않았다. 그리고 여전히 그 바이러스를 치료할 수는 없지만 그것을 통제할 의학적 도구를 빠르게 개발했다는 사실이 놀랍기만 하다.

적절히 관리하고 관찰하면 오늘날의 HIV 보균자들은 거의 대부분 정상적인 수명을 누릴 수 있다. 이제 영국에서는 에이즈의 발병이 미치는 파괴적인 영향을 볼 일이 거의 없다. 2년 전에 개를 산책시키는 이웃 주민과 담소를 나눴는데 그는 자신이 HIV 보균자이지만 바이러스 수치가 매우 낮다는 이야기를 아무렇지 않게 꺼냈다. 질병 관리 능력뿐만 아니라 사회적 태도 변화 측면에서도 우리가 얼마나 멀리까지 왔는지를 보여주는 증거였다.

이 에이즈 이야기에는 비극과 승리가 모두 담겨 있다. 삶이 엉망으로 망가지고 죽음에 이른 3천만 명에게는 비극이었다. 범인을 밝혀내고 20년 이내에 효과적인 치료법을 개발한 의학의 입장에서는 승리였다.

　에이즈를 제외한 다른 질병은 선진국과 개발도상국의 교육 및 의료 격차를 드러내지 않는다. 에이즈가 여전히 사하라 사막 이남의 아프리카에서 수천만 명의 목숨을 파괴한다는 사실은 의학의 오점이라고 볼 수만은 없다. 오히려 그것은 대륙 전체에 부패한 부족 정치가 만연해 있음을 고발하는 증거다.

12.   밀물

"한 명이 죽으면 비극이지만 백만 명이 죽으면 통계다."

- 이오시프 스탈린

1980년대 후반 어느 시점에, 발레리에게 심각한 지주막하 출혈이 발생했다. 그녀는 사우샘프턴에 있는 신경외과 병동에 입원했고 한 달쯤 머물렀다. 다행히도, 혹은 불행히도, 전공의는 요추 천자를 시도하지 않았다. 그녀는 결국 당시 '지속적 식물인간 상태'라고 부르던 상태에 이르렀다. 현재는 더 정중하게 '최소 의식 상태'라고 부른다. 용어는 바뀌었을지 몰라도 같은 상태다. 발레리는 혼수 상태였다. 그녀는 비위관으로 음식을 공급받았고 간호사들이 그녀의 변실금배변을 자신의 의지대로 조절할 수 없는 상태-옮긴이과 도뇨관을 관리했다. 그녀의 피부를 깨끗하게 닦아주었고 피부가 짓무르지 않도록 몸의 위치를 정기적으로 바꿔주었다. 말을 걸어도 대답이나 반응이 없었다. 몸을 건드리거나 발가락을 꼬집어도 팔다리의 움직임이나 얼굴 표정이 나타나지 않았다. 가끔은 눈을 뜨는 것 같았고 어쩌면 한두 번은 움직이는 사람을 시선으로 좇는 것 같기도 했다.

수련의 시절에 급성 치료 병동에서 발레리 같은 환자들을 만난 적이 있다. 그들은 결국 '다른 곳'으로 옮겨지곤 했다. 나는 포츠머스에서 전문의로 일하게 되면서 발레리의 치료를 인계받았고 '다른 곳'으로 온 모든 환자들을 맡았다. 나는 발레리가 처한 상황을 기억해두려고 그녀의 상태를 기록지에 짧게 요약했다. 이 요약문은 늘 환자의 나이와 사회적 환경으로 시작된다. 발레리는 65세였고 테드와 결혼했으며 자녀가 없었다. 테드는 정기적으로 찾아와 몇 시간 동안 발레리 곁에 앉아 있곤 했다. 그러다가 집으로 돌아가 작은 단층집에 함께 사는 94세 노인인 발레리의 아버지를 돌보는 데 손을 보탰다.

나는 발레리에게 약간의 완화제나 피부용 크림을 처방하는 일외에 해줄 수 있는 게 거의 없었다. 지속 관리 병동 의료진이 그 자리에 있는 이유는 환자를 위해서이기도 하지만 가족들과 배우자들을 정신적으로 지지해주기 위함이기도 하다. 나는 그런 환자들을 위해 일주일에 3분씩 시간을 할애했는데 어느 날 테드의 걱정 어린 얼굴이 눈에 띄어 그에게 어떻게 견디는 중이냐고 물었다. 그는 발레리의 아버지를 돌보아야 한다는 사실에 틀림없이 스트레스를 받고 있었고 애를 쓸 때마다 가슴 통증이 발생한다고 했다. 나는 지역 보건의를 찾아가 보라고 말했다. 테드는 협심증 진단을 받았고 이후 약 6개월 동안 힘겹게도 간병인 역할을 이중으로 수행했다. 어느 날, 그가 심장 마비로 죽었다는 소식이 들려왔다. 발레리의 아버지는 요양원으로 옮겨졌다. 발레리는 약 1년 동안 목숨을 유지하다가 결국 흉부 감염에 굴복하고 말았다. 그 시절에는 독감 예방 접종이 법적 의무가 아니었다.

이것은 현대 세계가 만들어낸 동화다. 우리는 어떻게 여기에 이르렀는가? 오래전인 1970년에 「밀물The Rising Tide」이라는 제목의 보고서에서 노령으로 접어드는 인구가 엄청나게 증가할 것이며 따라서 노인과 관련된 건강 문제, 특히 치매가 이후 수십 년에 걸쳐 증가할 것이라고 예측했다. 보건 당국과 관계 기관을 고려해 공평하게 말하자면, 그 보고서가 발표된 후 영국에서는 의학 서비스와 간호 서비스가 대규모로 확장되었다. 그러나 TV에서는 일주일이 멀다 하고 병원의 위기 상황을 보도하는데, 악화되는 상황의 근본 원인 중 하나로 우리 사회의 노년 인구 증가를 언급한다. 밀물이 완전히 들어온 모양이다. 더 오래 사는 사람들에게 문제라는 꼬리표가 붙는다면 이것이야말로 정말 새로운 문제다. 인간의 역사에서 전례 없는 상황이다.

과학자라면 어떤 종의 동물이건 그 생존 곡선을 그려낼 수 있는데 이는 가로축에는 연령을, 세로축에는 생존 개체의 백분율을 표시하는 단순한 그래프다. 인간의 경우엔 가로축이 0세에서 약 110세까지 표시될 것이다. 모든 개체가 사망하는 시점이 잠재적인 최대 수명이다. 0세 때는 생존율이 100퍼센트이며, 시간이 지나며 차츰 감소한다.

생물에 따라 곡선도 달라진다. 토끼는 몇 년만 생존하며 초파리의 수명은 몇 주에 불과하다. 야생에서 자연은 인정사정 봐주지 않는다. 어리고 취약한 동물들이 죽거나 포식자에게 죽임을 당하기 때문에 발달 초기에는 곡선이 가파른 내리막이다. 시간이 지나며 곡선의 기울기가 평평해지고 생존 개체의 수가 0이 될 때까지 대개 그 상태가 유지된다. 잠재적 최대 수명에 가까워질 때까지 생존하는 동물은 거의 없다. 동물은 지금의 인간이 사소하다고 여기는 그런 질병 때문에 죽는다. 치아 농양에 걸린 사자는 먹이를 먹지 못해 굶어죽을 것이다. 발목을 접질린 영양은 무리를 따라가지 못해 틈이 생긴 순간 포식자에게 잡아먹힐 것이다. 선사 시대를 포함한 인류 역사 대부분의 기간에 인간에게도 일어났던 일이다. 사람들은 사소한 상처와 감염으로 무너졌다. 특히 현재 선진국에서 가장 큰 사망 원인으로 꼽히는 노인성 퇴행 질환에 걸릴 만큼 장수한 사람은 거의 없었다.

시간이 지나며 인간의 생존 곡선은 차츰 모양이 바뀌었다. 영아 사망이 감소했고 대부분의 청년층과 중년층은 우리의 조상들보다 수십 년은 더 살 것으로 예상된다. 실제로 이제 대부분의 죽음은 노년에 발생한다. 노년 인구 규모가 커질수록 그리고 절대적인 노년 인구 수가 늘어날수록 곡선은 직각에 가까워졌다. 이른바 '생존 곡선의 직각화'다.

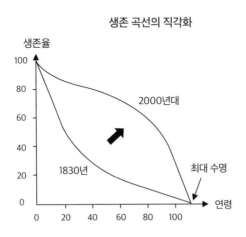

이 생존 곡선에 죽음 곡선이 아니라 장애 곡선을 겹쳐놓으면 무엇이 보일까? 동물의 왕국에서, 그리고 우리의 선조들에게 이 곡선은 대체로 비슷하며 장애 발생률 곡선은 생존 곡선보다 약간 왼쪽에 위치할 것이다. 장애로 괴로워하는 동물과 인간은 짧은 시간 내에 죽는다. 이 곡선들이 거의 평행하게 그려지는 모습을 보는 것이 의학의 희망 사항이었다. 의학이 질병을 예방할 수 있을 것이고 우리는 길고 건강한 삶을 살 것이며, 그렇게 되면 병의 첫 징후가 나타나자마자 우리는 급속히 약해져 금세 죽을 거라고 예측했다.

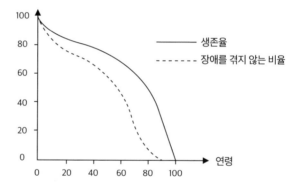

연령에 따른 인간의 생존 곡선과 장애 곡선 사이의 간극

그러나 위의 그래프가 증명하듯이 현실은 매우 다르다. 이미 긴 인생을 살아온 사람들이 신체적, 정신적 질환으로 심각한 장애를 겪으며 살아가야 하는 기간이 점점 늘어나고 있다. 초창기 노인 의학 교수인 버나드 아이작스는 1960년대 글래스고의 이스트엔드 지역 노인들에 대해 쓴 책에서 '부적자 생존'이라는 용어를 고안해내고 이

문구를 책 제목으로도 삼았다. 비만과 관련된 질병, 즉 심장병, 당뇨, 관절염 등이 급증하면서 장애의 시작점이 더 젊은 나이로 옮겨질지도 모른다.

크게 증가한 이 기대 수명은 의학의 발전과는 거의 관련이 없다. 빅토리아 시대 사람들은 다른 것은 몰라도 선견지명이 있었다. 슬럼가를 깨끗이 제거했고, 하수도를 구축했고, 교육을 의무화했다. 깨끗한 물과 위생 시설, 개선된 영양, 주택 공급, 예방 접종은 생존 곡선의 모양을 바꾼 사회 정책이었다. 산업혁명 이전 사회에서 선진 사회로 이동하면서 중요한 변화가 일어난다. 역사를 통틀어 인간 사회는 높은 영아 사망률에 시달렸다. 당연히 출생률도 높았는데, 부분적으로는 감소한 어린이들의 수를 보충할 목적도 있었지만 효과적인 피임법이 없었기 때문이기도 했다. 토머스 맬서스18세기 영국의 경제학자로 대표작은 『인구론』-옮긴이의 말이 옳았다. 누구도 사람들의 섹스를 막을 수는 없다.

그러나 공공 의료가 개선되면 영아 사망률이 감소한다. 영아 사망률 감소와 출생률이 감소하기 시작한 지점 사이에는 수십 년이라는 시간적 간격이 있다. 20세기의 첫 절반 동안 대부분의 아이들이 생존해 출생률이 높았던 시기가 있었다. 이를 '인구학적 전이'라고 부르며, 선진 사회에서 노년층의 수가 증가하는 이유를 부분적으로 설명해준다. 두 번의 세계대전을 거치며 출생률이 하락하자 이후 10년 이상 높은 출생률이 유지되었다. 그 결과 2차 세계대전 이후 몇 년 동안, 이른바 '베이비부머' 세대가 출현했다.

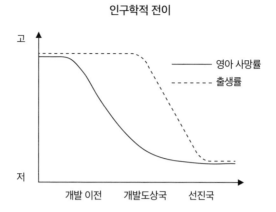

인구학적 전이

고

― 영아 사망률
---- 출생률

저

개발 이전   개발도상국   선진국

　세계적으로 더 부유한 나라들만이 노년 인구가 급증하는 상황을 직면하고 있는 것은 아니다. 위 그래프가 보여주듯이 대부분의 개발도상국에서도 기대 수명이 크게 증가하고 있다. 100년 전에 돌봄을 부담한다는 것은 자녀를 돌본다는 뜻이었다. 이제는 그 영광을 노년층이 차지하고 있다. 테드가 겪은 상황은 너무 흔한 이야기다. 21세기에 이 역전된 돌봄 역할에서 자유로운 가정은 거의 없으며, 이 상황은 대개 녹초가 될 만큼 오래 연장되다가 결코 좋을 수 없는 결과를 낳는다.

13. 장기적인 노력

"삶은 그 자체가 사망률 100퍼센트인 성병이다."
- 작자 미상

학부 시절과 졸업 이후 현장 교육 차원에서 경험한 병원 실습 중 무척 신비로운 분야는 고령자를 지속적으로 관리하는 일이었다. 이른바 'NHS 장기 치료 노인병 관리'다. 몇십 년 전까지만 해도 고분고분하지 않은 환자들은 잘못된 외과의와 내과의로부터 노인병 병동으로 보내겠다는 위협을 받곤 했다. 이제는 기억할 수 있는 사람이 거의 없는 어떤 이유로 1990년대 초 NHS 병원과 보건 서비스는 국가에서 운영하는 '신탁 재단'이 되었다. 내가 전문의로 일하기 시작한 지 얼마 되지 않은 1980년대 후반에 우리 병원의 노인의학과는 '급성 치료' 신탁 병원에서 제명되어 '지역' 신탁 재단에 속한 다른 '신데렐라 전공 분야영국에서 과소평가되거나 재정이 부족하거나 제대로 논의되지 않는 분야를 가리키는 말-옮긴이'와 같은 처지가 되었다. 노년의 정신의학, 법 정신의학, 학습 장애, 약물 오용은 '불가촉천민'이었다. 화려한 스펙트럼에서 잘못된 끄트머리에 위치하는 바람에 주류 분야로부터 다소 멸시를 받는 모든 전공 분야가 여기에 해당되었다.

대부분의 업무는 오래된 정신 병원 건물에서 진행했고 투자에 관해서라면 서열이 가장 낮았다. 그러나 천민들이 뭉치면 어떤 우애가 탄생하는데, 나는 아웃사이더들과 함께 있는 것이 즐거웠다. 우리 병원의 최고 책임자는 이 거대한 조직에서 일하는 의사와 간호사, 청소부의 이름을 모두 아는 것 같았다. 신탁 위원회와 그 임원들은 한마음을 품고, 좋은 치료를 제공하고 서비스를 향상하려는 공동의 목표를 공유하며 임상의들과 협력했다. 대학 부속 병원에서 우리는 보이지 않는 존재였고 지역 종합병원 건물을 기반으로 이 의료 서비스를 시행할 때는 언제나 해당 병원의 현대적인 구역이 아닌 오래된 빅토리아 시대 건물을 배정받았다.

1989년에 퀸 알렉산드라 병원에 합류했을 때 나는 본관 구내의 오래된 군용 막사에 위치한 지속 관리 병동, 즉 장기 환자 병동 네 곳을 맡았다. 이 병동들은 플로렌스 나이팅게일이 살아 있을 때 보어전쟁 참전 용사들을 위해 1901년에 지어진 것이었다. 편의시설은 기초 수준이었다. 나는 80여 명의 입원 환자들과 강의 하나를 맡았는데 병동 회진을 하려고 강의는 일주일에 4시간만 했다. 지역 보건의들이 일주일에 두 번씩 진료를 맡아 나를 도왔는데 그들은 투약법을 적어주는 것처럼 일상적인 의료 업무 일부를 처리해주었다. 병원의 다른 전문의들은 대부분 이 병동이 존재하는지조차 몰랐고 한 번도 찾아오지 않았다. 진료에 투입되지 않아서 다른 간호사들보다 자유 시간이 더 많았던 헌신적인 간호진이 병동 환자 대부분을 돌보았고, 돌봄의 수준은 담당 병동 간호사나 수간호사의 활력과 성격에 온전히 좌우되었다.

지속 관리 환자 80명 외에도, 나에게는 병원 본관과 피터스필드의 지역 병원에 입원 중인 급성 치료, 재활, 장기 치료가 필요한 환자들이 있었다. 일정표를 가득 채울 작정이었는지 우리는 지역 요양원에 지속 관리 병실을 열었다. 병실 수만 봐도 놀라웠다. 내가 당시 상황을 이야기하면 지금의 의사들은 오싹해하며 몸을 움츠린다. 저녁에는 방문 진료차 햄프셔 곳곳을 차로 돌아다녔다. 닷새에 한 번, 그리고 5주에 한 번 주말마다 병원에서 당직을 섰다. 몇몇 영웅적인 수련의들의 도움을 받았는데, 그들은 병원에서 사나흘에 한 번씩 밤을 보내고도 아무 일도 없었다는 듯이 다음 날 아침이면 주간 업무를 시작했다. 생각해보면 나는 의사로 일하는 동안 주말 근무 때문에 사실상 연차 휴가를 쓰지 못했다. 당시에는 대체 휴가나 근무 시간 제한이 없었으므로 그게 내 운명이라고 그냥 받아들였다. 그렇게 과다한 업무가 부과되던 역사적 맥락은 이제 대중의 의식에서 사라졌다. 더 비참하게도, 그런 맥락은 역사 연구에서도 사라졌다. 과거는 다른 나라다. 그곳 사람들은 다른 방식으로 일한다.

　　내가 하는 말이 옛날의 코미디 그룹 몬티 파이선의 어느 촌극에 나오는 대사처럼 들릴 것이다. 그 촌극에서는 요크셔 사람 네 명이 가난했던 옛 시절에 대해 투덜거리는데, 잠자리에 채 들기도 전에 일어나야 했으며 매를 맞고 고통에 시달렸다는 이야기를 늘어놓는다. 나는 제러미 벤담의 공리주의 원칙, 최대 다수의 최대 행복을 따랐다. 그리운 제러미 벤담이여. 자기 이름을 딴 선술집이 있으며 정원 장식으로 시신을 활용하는 방안에 대한 수필을 쓴 철학자라면 그 누구든 나에게는 괜찮다. 나에게는 괜찮지만 불행히도 법률과 영국 의학 협회 입장에서는 괜찮지가 않다. 그들은 공리주의적 접근법을 묵살하고 한 사람이라도 치료에 실패하면 의사의 자존심을 깔아뭉갠다. 모든 접시를 계속 돌리기 위해 애쓰는 의사는 "꺼져! 내 알 바 아니야"라고 말하며 광범위한 환자 집단에 미칠 영향은 무시한 채 자신이 맡은 환자 개인만을 훌륭하게 돌보는 의사보다 법적으로 훨씬 불리한 입장이다. 공리주의적 접근을 선택한 의사는 감사 인사를 받지 못하며 개인적으로 엄청난 위험 부담을 짊어진다.

피터스필드에 위치한 히스사이드 고등학교 교내에는 오래된 격리 병원이 있었다. 사과나무가 있었고 정원도 하나 딸려 있었다. 식사는 현장에서 조리되었고 크고 둥그런 브램리 사과는 파이 속으로 들어갔다. 상처에 붕대를 감을 때면 병동에 사는 고양이 두 마리가 환자의 침대로 뛰어 오르곤 했다. 둘은 고양이답게 가장 편안하게 느껴지는 곳에서 잠을 잤는데, 대개는 잠든 환자의 가슴 위였다. 모든 환자들은 매우 쇠약했고 대부분 치매를 앓았다. 고양이 진저가 쥐를 잡으면 병동 수간호사인 브렌다가 쥐를 구출해 판지 상자에 담고는 그 '조그맣고 미끈하고 몸을 웅크린 겁먹은 짐승스코틀랜드 시인 로버트 번스의 시 「생쥐에게」 중 일부 – 옮긴이'을 환자들에게 보여주었다. 어떤 환자들은 무서워했고 어떤 환자들은 그 가여운 동물의 처지를 슬퍼했다. 애완용 앵무새, 비가 오면 물이 새는 지붕, 병원 직원 자녀들을 위한 크리스마스 파티도 있었다. 다시 말해, 일상생활이 주는 모든 혼돈이 그곳에 있었다.

그곳에서 사망률 곡선의 바닥을 오르내리는 사람들은, 그들이 여전히 산 자의 땅에 있다는 사실을 원하건 원치 않건 어쩔 수 없이 깨달아야 했다. 브렌다는 환자들의 훌륭한 지지자로, 지나치게 많은 약을 먹지 않도록 환자들을 보호했다. 내가 환자의 침대 끄트머리에 서서 파킨슨 병 치료제인 레보도파를 처방하겠다는 생각을 밝히면 브렌다가 익살맞고도 놀란 표정을 지으며 "어려운 말인지, 어리석은 말인지!"라고 말하곤 했다. 환자는 웃음을 터뜨렸다. 복잡한 말을 늘어놓는 바보 같은 의사들이란! 그때의 병동 회진은 스탠드업 코미디였다.

나는 가끔 수련의들에게 의술이란 다른 어떤 실체, 더 큰 실체의 일부분이라고 말한다. 그들에게 그 실체가 무엇이겠느냐고 물으면, 보통은 과학이라고 말하는데 물론 사실이다. 나는 우리가 속한 다른 실체는 바로 쇼 비즈니스라고 넌지시 알려준다. 그렇다, 우리는 사람들이 우리의 진료와 수술을 통해 더 건강해질 수 있도록 여기에 있지만 이것은 이야기의 일부일 뿐이다. 모든 전문 지식은 '사람의 치유력'이 없으면 완전히 실패로 돌아간다. 무표정한 얼굴로 처방한 알약이 효과를 낼 수도 있지만 "이 약이 잘 듣더군요. 그러니 며칠 안에 좋아질 겁니다"라는 안심시키는 말과 함께 약을 처방하면 더 좋은 효과를 발휘할 것이다. 환자는 단조로운 목소리로 전달하는 조언이 아니라 조금이라도 열의가 느껴지고 자신감 있는 조언을 원한다.

의대에서 우리는 끔찍한 상황에 직면했을 때 환자가 두려워한다면, 예를 들어 복부 상처가 벌어져 창자가 밖으로 나오는 상황이라면, 마음속으로는 두려울지언정 침착한 표정으로 "걱정하지 마세요…… 제가 여기 있으니까요"라고 말해야 한다고 배웠다. 우리는 거울 앞에서 그 말을 연습해보라는 말을 들었다. 치료가 도움이 될 가능성이 낮을수록, 뮤지컬 배우 에설 머먼 같은 재능을 발휘해 더욱 강력하게 안도감을 주는 말을 건네야 한다. 에설 머먼이 목청껏 소리 높여 불렀던 대표곡을 여러분도 기억할 것이다. "쇼 비즈니스처럼 즐거운 일은 없어요. 내가 알기로는 없어요."

나는 운 좋게도 항생제 이전 시대를 겪은 나이 많은 내과 의사들과 함께 일해왔다. 한 의사는 전쟁 끝 무렵이었던 학부 시절에 어느 젊은이를 만나려고 옥스퍼드로 여행 갔던 때를 떠올렸다. 그 젊은이는 면도날 자국에 박테리아 감염 질환인 '단독'이 발생한 상태였다. 그 남자는 기적의 신약인 페니실린 덕분에 가까스로 죽음을 면했다. 유감스럽게도 쓸 수 있는 페니실린이 극소량이었기에 약은 곧 바닥났고 환자의 소변에서 페니실린을 회수하려는 의사들의 노력에도 불구하고 그 젊은이는 죽고 말았다.

다른 의사는 항생제 사용 이전 젊은이들의 흔한 질병이었던 폐렴에 처방된 치료법에 대해 말해주었다. 폐렴이 한쪽 폐엽까지 퍼져 극심한 열과 호흡 곤란을 초래하면 환자는 혈중 산소 수치를 유지하려고 애쓰느라 숨을 점점 더 빨리 쉬곤 한다. 호흡을 하려면 근육이 필요한데 결국 폐렴일 때 호흡이 안정되지 않으면 산소 고갈이 시작된다. 호흡 속도가 느려지고 산소 수치도 떨어진다. 이럴 경우 대개 환자는 죽는다.

어떤 환자들은 단지 운이 좋아서 또는 회복력, 이른바 '위기 해결력' 덕분에 살아남기도 한다. 의사는 회복의 순간이나 죽음의 순간에 나타나 가여운 환자의 생존 가능성을 절망적으로 묘사한다. 수분을 주입하면서 이것이 환자의 유일한 가망이라고 말할 것이다. 환자가 죽으면 관련된 모든 사람들은 의사가 최선을 다했다는 믿음으로 위로받았고, 환자가 그 위기를 넘기면 의사는 훌륭하다고 칭송받곤 했다. 어쩌면 쇼 비즈니스보다 더 심각한 기만일지 모른다.

일반 진료와 마찬가지로, 장기 치료 노인 의학 병동에서도 환자의 회복에 가장 큰 역할을 하는 것은 의료진의 성격이다. 심지어 심각한 치매를 앓는 환자들조차도 여전히 유머를 이해한다는 사실은 언제나 놀랍다. 언어를 모르는 석 달 된 아기도 배에 입을 대고 방귀 소리를 내면 웃음을 짓는데, 언어를 잃은 치매 환자가 수간호사의 익살 맞은 몸짓에 웃음을 터뜨리지 못할 이유가 없다. 수간호사 브렌다와 함께하는 2인조 팀에서 나는 에린 와이즈1941년부터 1984년까지 활동한 영국의 유명 2인조 코미디언 팀 '머컴과 와이즈'의 일원 – 옮긴이 쪽인 게 분명하다.

환자들의 문제에 무례할 정도로 과도하게 대처한 브렌다의 유익한 태도는 쇠약해져가는 많은 이들의 삶을 틀림없이 한층 향상해주었다. 한 남자가 일반 병원에서 장기 치료를 받은 뒤 앙상한 몰골로 우리 병동에 도착한 적이 있는데 그는 영양 공급용 위루관을 달고 있었다. 간호사들 중 그 영양 공급관에 대해 아는 사람이 아무도 없었고 관은 헐거워져 떨어져 나갔다. 브렌다는 그에게 입에서 입으로 음식을 전달해 먹였고 2주가 지나 내가 돌아왔을 때 환자는 훨씬 호전되어 있었다. 구식 간호법의 위력이었다. 브렌다는 남자 환자에게 맥주 한 병을 주곤 했고 흡연자들을 휠체어에 태운 채 정원으로 데려가 파이프 담배나 궐련을 피울 수 있도록 방화 담요로 덮어주었다.

노르망디 상륙작전 15주년 기념일에 병동은 연합군의 국기들로 가득했다. 브렌다는 윈스턴 처칠을 기리고자 홈부르크 중절모를 쓰고 가짜 담배를 흔들며 병동에 나타났다. 애국가를 불렀고 환자 가족들과 차와 케이크를 먹었다. 또 휠체어에 앉을 수 있는 환자들을 위해 베이싱스토크 운하로 떠나는 여행을 계획하기도 했다. 브렌다는 환자 중 한 명이 급사하기라도 하면 어떻게 해야 하느냐고 물었다. 나도 알 수 없어서 어쨌든 여행을 추진하라고 말했다. 다행히도 그 해결책을 시험해볼 필요는 없었다.

어느 여름날 저녁, 침대에서 벗어날 수 없는 남자 환자의 침대가 정원으로 옮겨졌다. 일이 바빴던 탓에 의료진은 이른 아침이 되어서야 그가 여전히 정원에 있다는 사실을 깨달았다. 이런 일이 종종 일어났다. 사고 보고서 형식이나 시리SIRI: Serious Incidents Requiring Investigation(조사가 필요한 심각한 사건) 체계, 그리고 아무리 작은 사건이라도 모두 가장 가까운 가족에게 고지되어야 한다는 '정직의 의무(때로는 이로 인해 의학에 대한 믿음까지 약화된다)'가 존재하지 않던 시절이었다. 의료진은 환자와 그 가족들을 아주 잘 알 수 있었다. 환자 가족들은 정원 손질을 도와주곤 했다. 어느 환자의 남편은 환자가 사망한 뒤에도 몇 달간 매일 병동을 찾아왔다. 그곳이 그의 세계가 되었고 의료진은 그의 가족이었다.

정맥 주사 항생제나 링거 주사도 없었다. 환자들은 독감 예방 주사를 맞지 않았다. 위대한 의사 윌리엄 오슬러가 '노인의 친구'라고 불렸던 폐렴은 겨울마다 마음껏 위세를 떨쳤다. 병원 본관으로 되돌아가는 환자가 거의 없는 상황에서 모든 질환은 우리 병동에서 관리되었다. 어떤 이들은 도착 후 며칠 혹은 몇 주 이내에 사망했고 어떤 이들은 몇 년 동안 살아남았다. 우리가 온갖 노력을 기울였는데도 병동의 사망률은 100퍼센트로 단단히 굳어졌고 달라질 거라고 기대하는 사람은 없었다.

어떤 환자들은 내 기억 속에 뚜렷이 새겨져 있다. 매리언은 꽤 유명한 피아니스트였다. 80대에 뇌졸중으로 쓰러져 오른손이 마비되었으며 다른 사람들이 그녀에게 하는 말은 알아듣는 것 같았지만 한 마디도 말하지 못했다. 유일한 가족인 여동생은 이틀에 한 번씩 찾아왔고 우리에게 매리언의 삶과 업적에 대해 들려주었다. 병동 회진 때면 성난 듯 쏘아보는 날카로운 눈이 나를 맞이하곤 했다. 매리언은 우울증을 앓았을까? 우리가 어떻게 알 수 있었겠는가? 말 못하는 환자들에게서 일반적으로 나타나는 우울증의 조짐 중 어느 것도 보이지 않았다. 그 조짐이란 침잠하기, 울기, 몸 흔들기, 식사 거부, 자신의 절망감을 전달할 수 없는 이들의 특징인 자해다. 우리는 모든 종류의 항우울제를 써보았지만 여전히 그 험한 눈빛이 나를, 언제나 정면으로 노려보았다. 짐작컨대 그녀는 자신에게 중요한 모든 것을 잃어서 화가 났을 것이다. 음악과 그것으로부터 흘러나오던 모든 것들을 잃었기에 말이다. 우리가 도울 수 있는 게 없었고 매리언은 결국 죽었다. 그녀가 평화롭게 죽었다며 나 자신을 속일 수는 없었다.

내가 돌보는 요양원 병실은 동부 햄프셔의 살기 좋은 지역과 그다지 살기 좋지 않은 지역에 두루 흩어져 있었다. 필리스는 립훅에 위치한 요양원에서 지냈는데, 그곳에 상주하며 마치 집주인인 양 총총거리며 돌아다니는 여우와 함께 한때는 웅장했던 정원 풍경을 즐겁게 바라보았다. 그녀는 많은 질환을 앓아서 허약했지만 그중 가장 눈에 띄는 것은 검은색 피부암인 악성 흑색종이었다. 나는 그토록 넓게 퍼진 암을 본 적이 없었다. 가슴과 복부의 피부 절반가량이 두껍고 검푸른 종양 덩어리였다. 임파선에도 암이 침투한 탓에 촉진을 해보면 바위처럼 울퉁불퉁하고 딱딱했다. 한 달이라는 시간이 지나는 동안 필리스는 더 쇠약해지고 앙상해져 갔다. 남편이 꾸준히 찾아왔고 나는 그를 아주 잘 알게 되었다.

어느 날 오후, 주간 회진을 돌고 있는데 필리스가 침대에서 몸을 일으키고 앉아 있는 모습을 발견했다. 쾌활해 보였고 심지어 음식까지 먹고 있었다. 그녀는 무척 들떠서 집으로 돌아가도 되느냐는 질문도 했다. 그러나 거대하고 검푸른 흑색종은 눈에 띄게 커진 상태였다. 필리스의 가족은 그녀가 훨씬 나아진 것 같다며 매우 기뻐했다. 나는 필리스를 격려하며 호전된 것을 축하한다고 말했다. 동료들과 나는 죽음이 얼마 남지 않은 시점에 새로운 활력이 솟아나는 이런 짧은 마법을 흔히 목격한다. 물론 초인적인 힘을 발휘하려면 오래 기다려야 한다. 결국에는 우리가 인간이라는 사실이 우리의 발목을 잡는다. 필리스는 이틀 뒤에 세상을 떠났다. 그 활력이 어디에서 왜 오는

지는 여전히 수수께끼다. 어쩌면 그것은 사랑하는 사람들에게 긍정적인 마지막 모습을 남기고 싶다는 무의식적인 열망일지도 모른다. 어쩌면 인간의 고집, 그러니까 죽음의 신에게 어서 임무를 수행하라고 질책하는 최후의 몸부림일지도 모른다.

환자를 돌볼 책임이 지역 사회의 지역 보건의들에게 넘겨지면서, 매리언과 필리스 같은 이들에 대한 지속적인 관리가 여러 의료 분야에서 사라졌다. 그러나 치료의 결과 및 질병의 자연사한 개인에게서 질병이 시작되어 회복하거나 사망함으로써 소멸하기까지의 과정 — 옮긴이를 직접 경험하지 않았는데, 어떻게 해당 분야의 전공의가 치료를 할지 말지 조언할 수 있겠는가? 너무 자주 일어나는 일이지만, 내과의와 외과의들이 치료를 시작하더라도 결과가 좋지 못할 경우 결국 환자는 그 병동을 떠나 다른 팀, 대개는 노인 의학 전문의의 보살핌을 받게 된다. 눈에서 멀어지면 마음에서도 멀어진다. 그들이 하는 일의 영향력에 대해 규칙적으로 일깨워주면 생각을 집중할 수 있을 것이다. 의사가 심각한 뇌졸중이나 다른 파괴적인 질병의 장기적인 영향을 받는 환자들을 몇 달, 몇 년 동안 돌보았다면, 그 의사는 질병의 급성기 때 목숨을 위협하는 합병증을 다루는 방법에 대해, 더 유리한 입장에서 환자와 그 가족들에게 지침을 제공할 수 있을 것이다. 내과의, 외과의들은 그저 '손만 씻고 가버려서는' 안 된다. 환자들은 자신이 내린 결정의 결과를 감수해야 할 것이며, 따라서 환자를 담당한 전문의들도 그래야 한다. 지속적 관리에 대한 내 경험은 이제는 병원 의사들에게 과거의 유물이 되어버렸지만, 나와 내 동년배 노인 의학 전문의들에게 장기 치료가 필요한 질환의 본질에 대해 특별한 통찰력을 선사한다.

우리는 무수한 질환을 보살펴왔다. 우리는 자동적으로 마지막 제너럴리스트, 즉 모든 분야에서 다재다능한 사람들이 되었다. 노인들에게는 심장 질환, 호흡기 질환, 내분비 질환이 있지만 무엇보다도 신경계 질환이 많았다. 노인 의학은 심장학의 20퍼센트, 흉부 질환의 20퍼센트, 위장 질환의 20퍼센트를 점유하는데 신경학은 95퍼센트가 노인 의학이다. 신경학은 흔하게 발생하되 복잡한 희귀병이 아닌 신경계 질환을 다룬다. 우리는 다양한 종류의 치매, 파킨슨 병, 뇌졸중 분야에서 자력으로 전문가가 되었다. 우리에게는 외래 진료소가 아닌 재활 병동과 주간 병동이 있었기에 간호사와 치료사, 그리고 약들을 투입할 수 있었다. 인체 기관 하나만 다루는 전문가들보다 아마도 우리가 더 총체적으로 환자를 돌보았다고 생각한다.

14. 빨간 자동차와 가정 방문

"난 내 차를 몰고 다니지. 재규어는 아니지만."

- 매드니스

    노인 돌봄이 전공 분야인 의사가 맞이하는 여러 양날의 검 중 하나는 '가정 방문'이다. 지역 보건의의 요청에 따라 전문의가 환자의 집에 방문하여 병든 노인과 가족 또는 간병인이 병원 외래 진료부까지 고단하게 찾아가지 않게끔 해준다. 현재 상태를 파악할 때 환자가 자신의 일상적인 세계에서 어떻게 대처하는지 보는 것보다 더 좋은 방법은 없으며, 이런 방문은 아직도 지역 사회 노인 의학의 중요한 부분이다.

    환자의 집에서 의사는 초대를 받은 손님이다. 관계에서 힘의 균형이 역전된다. 그렇다고 내가 이것저것 캐물을 수 없다는 뜻은 아니다. 장소가 안전하고 깨끗한가, 아니면 환자가 청결하지 못한 생활을 하고 있는가? 도움을 주는 가족과 이웃들이 있는가, 아니면 고립되어 외롭게 지내는가? 냉장고에 음식이 있는가, 아니면 차와 빵, 잼만 먹고 지내는가? 물론 지역 보건의는 이 기술의 달인이며 가정 방문이 흔하던 시절에는 오랜 세월에 걸쳐 환자들의 생활을 상세하고 생생하게 파악했다. 그들은 누군가가 갑자기 제 몸을 돌보지 못하게 되었는지 아니면 그냥 전처럼 지내고 있는지를 알 수 있는 이상적인 위치에 있다.

의사로 지내는 동안 나는 수많은 노인들의 가정생활을 접할 수 있었다. 사람들이 어떻게 지내는지 궁금하지 않다면 의사가 되는 것은 정말 아무 의미가 없다. 나는 은퇴한 고령의 농장 노동자가 골이 진 철판 지붕에 고인 물을 쓰며 바닥이 흙으로 된 작은 집에서 행복하게 사는 모습을 지켜보았다. 대저택에 사는 부유하고 나이 많은 여성을 방문하기도 했는데 그녀는 나에게 "아시겠지만, 선생님, 요즘에는 좋은 직원을 구하기가 너무 어려워요"라며 불평했다. 윌리엄 블레이크에 대해서만큼은 세계적 전문가인 사람을 방문한 적이 있는데 그 방문은 결국 내가 좋아하는 어느 시인과 화가에 대한 감격적인 대화로 끝났다. 나는 환자들의 집과 정원을 볼 수 있었고 벽에 걸린 예술 작품을 빤히 쳐다볼 수도 있었다("화가 월터 지커트의 작품인가요?" "오, 네, 선생님, 맞아요."). 부자와 빈자, 도시와 시골, 대저택과 고층 아파트, 인간의 모든 삶이 내 눈앞에 펼쳐졌다.

이 업무의 단점은 언제나처럼 병원에서 긴 하루를 보낸 뒤, 몇 시간 동안 어둠속, 빗속을 차로 돌아다니며 헤일링 아일랜드 같은 곳에서 캐러밴 주차장을 찾는 것이었다. 나는 성난 개들, 성난 치매 환자들과 맞닥뜨려야 했다. 노인들과 환자들을 검사하려고 침대 옆, 오줌이 흠뻑 밴 양탄자에 무릎을 꿇어야 했고 등에 생긴 곪은 궤양을 살피기 위해 그들의 몸을 굴리려고 애써야 했다. 어느 밤에는 맹인 부부가 사는 어두운 집을 돌아다니며 여기저기에 몸을 부딪혔다(전구가 하나도 없었지만, 그 집에 왜 전구가 필요하겠는가?).

이런 가정 방문은 '포괄적 노인 평가CGA: Comprehensive Geriatric Assessment'라는 것과 연계해 진행되는데, 이 검사를 위해 과거에 앓았던 질병, 약, 알레르기, 가족력, 직업, 사회적 배경을 포함해 환자가 겪는 문제의 모든 이력을 모은 자료가 필요하다. 그 이후에는 전반적인 외모, 심혈관계와 호흡기계, 복부와 관절, 신경계 검사, 인지 및 정서 평가가 포함된 전면적인 검사를 시행하고 혹시 모를 변실금이나 요실금의 원인을 찾아내기 위해 마지막으로 직장 검사까지 할 수도 있다. 포괄적 노인 평가는 전문의가 다른 검사와 엑스레이, 정밀 검사 없이도 현재 상태를 짐작할 수 있도록 유용한 정보를 제공한다. 출장 시간은 거의 변화 없이 90분 정도인데, 이는 옛날식 임상 의학이다. 그저 이야기를 나누고 신체검사를 철저히 하고 환자의 집안 환경을 관찰하며 그들이 어떻게 난관을 헤쳐 나가고 있는지를 살핀다. 혹은 더 현실적으로 말해, 그들이 어떻게 난관을 헤쳐 나가지 못하고 있는지를 살핀다.

좋은 지역 보건의는 환자의 기질과 기대치에 가장 적합한 전문의에게 환자를 맡길 것이다. 젊고 불안에 시달리고 건강에 집착하는 회사 간부에게는 온갖 노력을 기울일(아마 환자가 좀 더 불안해하더라도 그대로 둘 수 있는) 젊은 의사가 필요하다. 삶을 철학적으로 바라보며 소란스러운 상황을 피하고 싶어 하는 환자에게는 불확실성을 받아들일 수 있고 환자를 안심시킬 수 있는 전문의에게 맡기는 것이 이상적이다.

좋은 지역 보건의의 암묵적이지만 필수적인 또 다른 역할은 환자를 병원의 손아귀에서 보호하는 것이다. 요즘에는 누구든 병원에 들어선 순간, 조사, 병동 회진, 치료 등이 폭포수처럼 불가피하게 닥친다. 노인에게 병원은 위험한 장소로, 현기증과 넘어짐, 골절을 일으킬 수 있고 병원 내 감염이라는 추가 위험도 동반된다. 쇠약한 노인을 입원시키는 것은 아주 쉽지만, 퇴원은 많은 경우 아주 어려운 일이다. 환자가 죽어서 병원을 나가게 만드는 사건들이 심심치 않게 들려온다.

존은 전통적인 지역 보건의로, 피터스필드 근처 작은 지역 의원에서 일했다. 의학 공부를 하기 전에 케임브리지에서 영문학을 전공했고 의학이란 과학을 조금 곁들인 예술과 다름없다고 생각했다. 그는 해리스 트위드 재킷을 입고 제임스 헤리엇영국의 유명한 수의사 겸 작가-옮긴이 같은 분위기를 풍겼다. 존은 이제는 사라진 기술이지만 전문의들과 개인적인 친분을 쌓는 것을 중요하게 여겼는데, 우리는 가끔 퇴근 후에 만나 에일 맥주를 마시며 예술에 대해 얘기 했다. 그는 일주일에 한 번, 이비인후과 진료소에 가는 길에 우리의 지저분한 임시 간이 사무실까지 어슬렁어슬렁 찾아왔고 이비인후과에 가서는 선량한 주민들의 귓구멍에서 끈적끈적한 오물과 귀지를 제거했다.

그가 이렇게 우리 사무실을 방문하는 이유는 두 가지였다. 첫째는 우리 직원들 중 매력적이고 방글거리는 한 명에게 인사를 하기 위해서였다. 두 번째는 노인 의학 전문의의 가정 방문을 요청하기 위해서였는데 그런 방문은 지역 보건의가 요청할 때만 가능하기 때문이다. 존은 환자의 신상을 간단히 들려주곤 했는데, 이런 식이었다. "앤 부인은 다소 서글픈 99세의 독신 여성으로, 1930년대에 파리에서 음악을 공부하던 중에 프랑스인 음악 교사와 바람을 피운 적이 있지요. 어떤 부분에 문제가 생긴 것처럼 보이는데 그게 뭔지 딱 꼬집어낼 수가 없어요. 입원할 필요는 없는 것 같습니다. 앤 부인은 그냥 포기를 한 걸까요?" 나는 이 정보로 무장하고 며칠 뒤 저녁 시간에 앤 부인의 집을 잠깐 방문했다. 환자들은 전문의가 집으로 찾아오면 언제나 자신이 특별해진 듯한 느낌을 받는다. 사실 이런 방문은 진찰이 아니라 전반적인 치료 활동의 일부다. 나의 작고 빨간 자동차가 발휘하는 엄청난 플라시보 효과─의사가 효과 없는 가짜 약이나 꾸며낸 치료법을 제안했는데, 환자의 긍정적인 믿음으로 병세가 호전되는 현상─옮긴이다. 이들은 반드시 필요한 것으로 판명되지 않는 이상 일반적인 입원 절차 및 그에 수반되는 모든 지시 사항을 따르지 말라는 지역 보건의의 결정을 지지한다.

한번은 존이 나에게 앨버트를 방문해달라고 했는데 그는 혼자 사는 은퇴한 농장 노동자로 평생을 단순하게 살아온 사람이었다. 수십 년 동안 의사를 거의 만나지 않았고 그가 기억하는 한 병원 문 앞에서 얼쩡거린 적은 한번도 없었다. 자녀가 없었고 다른 사람들과 거의 어울리지 않았다. 이웃들은 그가 살이 빠지고 점점 허약해지는 것 같다며 걱정했다. 존은 앨버트의 집에서 그를 만났는데 그의 이력에는 비상벨을 울릴 만한 특이점이 거의 없었다. 빈혈, 간과 신장 질환, 당뇨, 갑상선 질환이 있는지 확인하려고 기초적인 혈액 검사를 했는데 모두 음성으로 드러났다. 그러나 뭔가 잘못된 것은 분명했다.

며칠 뒤에 나는 내 새빨간 자동차, 시트로엥 2CV를 타고 리스의 시골길을 터덜터덜 달리고 있었다. 내 자동차는 근사한 병원 전문의가 몰고 다닐 거라고 환자들이 기대할 만한 차는 아니었다. 1989년에 전문의로 임용되며 런던에서 햄프셔로 왔을 때 나 자신에게 준 선물이었다. 내가 처음으로 산 새 차였다. 그 믿음직한 준마를 타고 20만 킬로미터쯤 달렸으려나. 그 차는 13년 뒤에 마침내 세상을 떠났다. 나는 2CV를 운전하는 것이 병원 의사들을 향해 보내는 경례 같은 것이라고 생각하고 싶었다. 개인 진료를 하고 주말에는 보트를 타고 골프 클럽 회원권을 가진 훌륭한 그 의사들을 향한 경례 말이다. 실제로는 내가 원하는 가격대에서 선택지가 많지 않았다. 내가 전문의로 일을 시작했을 때 우리 부부에게는 대출금과 어린아이 둘이 있었고 아내는 일을 하지 않았으며, 그 차는 전 세계 기독교 국가의 차 중에서 가장 저렴한 차였다. 그리고 나는 전 세계에서 자동차에 대한 집착이 가장 약한 남자였다. 그냥 나에게는 자동차를 좋아하는 유전자가 없다. 제러미 클라크슨BBC의 자동차 전문 방송 '탑 기어'의 예전 진행자이자 자동차 칼럼니스트—옮긴이은 나를 싫어했을 텐데 그게 위로가 좀 되는 것 같다.

앨버트의 작은 집은 의식주랄 것이 거의 없이 아주 단순했다. 존의 묘사에 따르면 앨버트는 '1950년대 농업 박람회에 출연해도 이상하지 않을 옷차림을 한 자그마한 남자'였다. 나는 늘 그렇듯 그에게 직업에 대해 물었다. 옛 웨스트민스터 병원 시절에 의대생인 내가 엘리스 교수님에게 환자의 병력을 보고하며 환자의 직업을 언급하지 않으면, 그 위대한 남자는 내 짧은 흰색 가운의 옷깃을 거머쥐고는 상징적인 의미에서 내 사타구니를 무릎으로 쳤다. 의사는 환자가 하는 일을 통해 석면증 같은 직업병뿐만 아니라 많은 것을 알아낼 수 있다. 말하자면, 고등법원 판사와 벽돌공은 아주 다른 삶을 살았을 것이며 아마 노망이 나더라도 아주 다른 경로를 지날 것이다.

앨버트의 이야기에서 두드러지는 것은 없었다. 통증이나 직장 출혈 및 다른 불길한 증상이 보이지 않았다. 그는 발을 끌며 삐걱거리는 침대로 향했고 나는 그를 머리에서 발끝까지 꼼꼼히 검사했다. 환자들이 노인 의학 전문의에게, 그런 철저한 검사를 받아본 적이 없다고 말할 때가 많다. 심장병 전문의는 관상 동맥용 도관이 있고 위장병 전문의에게는 내시경이 있으며 호흡기 전문 의사에게는 광학 섬유 기관지경이 있다. 슬프게도 노인 의학 전문의에게는 노인병 관찰 기구가 없고 그 친근한 '포괄적 노인 평가'라는 게 있을 뿐이다. 물론 의사의 머리를 활용하는 능력이 있다. 신체검사에서 비정상으로 여겨지는 사항은 없었다……. 아니, 있었던가?

그의 목에서 어딘가 부어오른 곳이 있다고 느껴졌다. 다시 촉진을 해보았다. 아마 비대해진 림프절인 것 같았다. 림프절이 붓는 이유는 감염에서부터 암에 이르기까지 수없이 많다. 이것은 딱딱한 느낌이었는데 대개 나쁜 신호였다. 내 가방에 유리 슬라이드 몇 개와 주사기, 바늘, 고정액이 든 작은 플라스틱 병이 있었다. 나는 앨버트의 허락을 받고 바늘을 림프절 속으로 찔러 넣어 살짝 돌린 다음 주사기로 빨아들여 약간의 혈흔이 묻은 세포를 채취했다. 주사기의 내용물을 유리 슬라이드 두 개에 내뿜어 하나는 공기로 말리고 다른 하나는 고정액으로 덮었다. 각 슬라이드에는 조직이 몇 방울씩밖에 없었다. 아직 문제가 무엇인지는 확실하지 않지만 현미경으로 슬라이드를 살펴볼 거라고 그에게 말했다. 나는 차를 마시라는 권유를 거절했다. 컵들은 의심스러울 만큼 깨끗했다.

병원으로 돌아와 현미경으로 세포를 관찰하는 병리학과인 세포학에 해당되는 검사 신청서를 작성하고 유리 슬라이드와 함께 실험실로 보냈다. 실험실에서는 고도로 숙련된 기술자 수십 명이 하루 종일 자궁 경관 도말 및 다른 표본에 있는 수천 가지 정상 세포 속에서 단 하나의 암세포를 찾는다. 그들은 병원 구내 번호를 갖지 못했다는 사실 때문에 약간 짜증을 부리기도 했지만 당시는 1990년대 초였고 세상이 좀 더 너그러운 시절이었다.

일주일 뒤에 결과가 나왔다. 선암종이었다. 이 암은 흔히 내장에서 시작된다. 암은 이미 전이된 상태였다. 나는 존에게 전화를 걸어 결과를 알려주고 앞으로 어떻게 할지 그에게 맡겼다. 존은 앨버트에게 암이 있으며 수술로 치료할 수 없다고 전했다. 앨버트는 집에서 상태가 악화되었고 결국 피터스필드의 간이 병원에 입원했다. 지역 보건의가 돌보는 병실과 노인 의학 전문의가 돌보는 병실이 모두 있는 곳이었다. 그는 자신이 살던 지역에서 간호를 받으며 편안하게 지내다 평화롭게 죽었다. 사망 진단서에는 사망 원인이 '원발 부위 불명 암기원을 알 수 없는 종양-옮긴이'인 전이성 선암종이라고 기록되었다.

만약 2020년인 지금 앨버트가 암이 의심되는 상황에서 진료를 받으려 대기 중이고 여러 병원을 비교하며 치료 결과와 실적표를 검토해야 한다면, 그가 겪은 '환자로서의 여정'은 매우 달랐을 것이다. 아마 그는 포츠머스의 대형 일반 병원에 입원했을 텐데 그곳에는 1,000개가 넘는 병상이 있다. 그는 흉부와 복부, 골반 CT 검사를 받았을 것이다. 상부 위장관과 어쩌면 결장까지 내시경으로 검사했을 것이다. 조직 검사로 진단을 확정하고 근원지를 확정했을 것이며, 아마 수술은 받지 않았겠지만 나이가 그의 절반 정도인 환자도 견뎌내기 힘든 화학 요법과 방사선 요법을 받았을 것이다. 결국 그는 그 병으로 죽거나, 그 과정 중에 걸린 병원 내 감염 때문에 죽었을 것이다. 엄청난 고생을 했을 것이다. 그의 생명을 연장하는 것이 가치 있는 일이었을까? 글쎄, 누가 알겠는가? 앨버트는 시스템에 의해 죽은 것일까 아니면 그것으로부터 보호받은 것일까?

요즘은 흔히 간과되는 의료 윤리 개념이 하나 있는데, 의학적 조사와 치료는 환자가 살아온 삶을 반영하고 거기에 적합해야 한다는 것이다. 자동차가 드물던 시대의 사람이 최첨단 과학 기술의 무시무시한 능력을 받아들여야만 할까? 환자는 자신이 받을 조사와 치료에 동의해야 한다. 그런데 무엇이 그들을 기다리고 있는지 제대로 이해하는 사람이 얼마나 될까? 사람들은 의사를 굉장히 신뢰하는데 노인들이 특히 더 그렇다. 의사 입장에서는 표준적인 치료 경로를 따라가는 것이 훨씬 수월할 때가 많다. 그 경로에서 벗어날 때 가능해지는 모든 결과와 선택지를 설명하는 것보다는 말이다. 의사의 의도가 선량했더라도 그것만으로 이런 행동을 정당화할 수는 없다.

몇 년 전에 아마존 우림지에서 폐렴에 걸린 어린아이를 런던으로 데려와 치료하고 골수 이식을 해주자는 언론 캠페인을 보고, 나는 서글픈 마음이 들었다. 그것이 그 아이에게 얼마나 충격적인 경험일지 생각해보라. 설령 이식이 성공할지언정 항거부반응제를 추적 관찰할 수 있을까? 아이는 과연 자신의 가족과 공동체로 돌아갈 수 있을까? 치료할 수 있다고 해서 반드시 치료해줘야 하는 것은 아니다.

지침은 지침일 뿐, 규약이 아니다. 환자는 로봇이 아니라 개별적 인간이다. 치료 계획을 세울 때 한 개인이 살아온 삶의 맥락이 무시될 때가 많다. 의사에 대해 옛날식의 존경심을 품은 노인들은 현대의학의 월권행위에 특히 취약하다. 의학적 조언에 도전하는 것은 생각할 수도 없는 일일 것이다. 건강에 거의 혹은 아예 도움이 되지 않고, 어쩌면 무척 해로울 수 있는데도, 걸핏하면 그들은 자신이 대체로 이해할 수 없는 기술을 수동적으로 받아들인다. 나는 병원이 모두를 위한 장소라고는 생각하지 않는다.

15.   어머니

"죽음이 없다면 모든 탄생은 비극일 것이다."

- 머레이 엔킨

어머니는 1930년에 더블린의 로툰다 병원에서 태어났다. 더블린 사람이라는 사실에 자부심이 강했고 아마도 그 자부심이 너무 과도했던 탓에 화려한 도시의 생활 방식을 따라 살며, 시골에 있는 부모님을 화나게 했다. 어머니는 당시 아일랜드에서는 매우 드물게도 외동이었다. 외할아버지 잭은 아일랜드 어사이 출신의 간판장이었다. 매력적이고 재치 있는 사람이었지만 그 시대 대부분의 사람들처럼 교육받을 기회가 거의 없었다. 외할아버지의 어머니는 문맹이었는데, 능력만큼 성취하지 못했다는 좌절감이 외할아버지의 약점에 큰 원인을 제공한 것이 분명했다. 아일랜드인들이 '지독한 갈증'이라고 부르는 것이 외할아버지에게도 있었다. 그는 선술집을 그냥 지나치질 못했다.

외할머니 몰리는 에지워스타운에서 태어났고 형제가 열 명이었다. 1차 세계대전 동안 런던의 스트랜드 팰리스 호텔에서 접시닦이 하녀로 지냈는데 이 경험 때문에 자신이 '돈 있는 것들'이라고 부르는 사람들을 평생 불신하게 되었다. 외할머니는 똑똑하고 완고했으며 얼마 안 되는 가정 수입을 잘 관리했다. 가족들은 단칸방에 살았고 그래서 내 어머니 모라는 방 귀퉁이에 있는 자신의 작은 침대에서 부모님의 말다툼 소리를 억지로 들어야 했다. 어머니가 평생 시달린 지긋지긋한 불안의 근본 원인이 바로 이 경험 때문이 아니었을까 싶다. 어머니는 조국 아일랜드를 걱정하기도 했다. 사소한 걱정거리만 있어도 "그럼 그렇지, 기도하느라 내 무릎이 다 닳을 지경이에요"라고 말했다.

어머니는 어렸을 때 밝은 아이였고 학교에서는 언어에 두각을 나타내 게일어 시험에서 1등을 차지했다. 그러나 고등 교육에서는 배제되었고 어쩔 수 없이 열네 살에 학교를 떠나야 했다. 당시 도시의 모든 아이들처럼 어머니는 거리에서 놀고 평범한 장난을 치며 대부분의 시간을 밖에서 보냈다. 동네 주민이 죽으면 동네 아이들이 그 집의 문을 두드리고는 "머피 부인을 위해 기도를 드리러 왔어요"라고 말했다고 어머니는 이야기해주었다. 아이들은 고인 옆에 무릎을 꿇고 성모송가톨릭교에서 성모 마리아에게 바치는 기도-옮긴이을 몇 구절 읊었다. 이렇게 천사 같은 행동을 선보인 까닭은 비스킷 몇 조각과 차 한 잔을 먹을 수 있었기 때문이다. 아일랜드 노동자 계급에게 죽음은 삶의 일상적인 부분이었고 그때만 해도 어린아이들이었던 어머니나 어머니의 친구들에게 그리 신비스러운 일이 아니었다.

세계 대공황으로 일자리를 얻기 어려워졌지만 전쟁은 예기치 않은 축복을 내려주었다. 늘 영국을 증오했던 외할아버지는 아일랜드 공화국군IRA 활동 때문에 잠시 감옥에 갇혔다. 전쟁이 끝난 뒤에 런던으로 갔는데, 그곳에는 히틀러의 폭탄으로 파괴된 도시를 재건하느라 구할 수 있는 일자리가 많았다.

폭격을 받은 지역에서 일할 수 있었고, 머리를 댈 수만 있으면 어디에서든 잠을 잤다. 갑자기 영국인이 '위대한 사람들'로 여겨졌고, 외할머니는 어머니를 데리고 서둘러 집을 떠나 외할아버지와 합류했다. 그렇게 그들은 남부 런던 클래펌에 정착했다. 어머니는 사람들이 자신의 고향에 관심을 보인다는 사실을 알고서 난생처음 특별해진 기분을 느꼈다.

집은 여전히 방이 두 개뿐인, 클래펌과 원즈워스 공유지 사이에 위치한 채텀 가의 다가구 주택이었다. 외할아버지는 건축업계에서 계속 일했지만 사업적인 머리는 없었다. 외할머니는 영국 국방부에서 청소부 자리를 구했고 돈 한 푼이라도 아꼈다. 드라마 〈코로네이션 스트리트Coronation Street〉에 등장하는 힐다 오그든처럼 찻잎 점을 봐주며 수입을 보충했다. 모은 돈으로 집을 사서 방에 세를 놓기도 했다. 아연 목욕통이 갈고리에 걸려 벽에 매달렸고 외할머니가 요리를 하던, 아니 더 정확히 말하자면 가스레인지 위에 프라이팬을 올려두고 모든 것을 넣어 볶던 그 부엌이 기억난다.

어머니는 타자수로 일하고 있을 때 공유지 근처 가톨릭교회의 청년 클럽에서 아버지를 만났다. 아버지는 상선의 선원이었고 한 번에 6개월에서 1년 정도를 바다에서 보내곤 했다. 짐작컨대 두 분이 결혼 전에 함께 보낸 시간은 고작 몇 주 정도였겠지만, 그 시절 대부분의 사람들은 그런 식으로 결혼했다. 두 사람이 결혼하게 되자 아버지는 육지로 돌아와 당시에는 큰돈이었던, 가까스로 모은 600파운드로 위즐리 가 19번지에 침실이 셋 딸린 작은 집의 계약금을 낼 수 있었다. 집값은 2,000파운드가 좀 안 되었다. 1954년에 누나 루이즈가 태어났고 나는 2년 뒤에 태어났다. 아쉽게도 그곳에는 아직 파란 명판*영국에서 역사적인 건물이나 유명인이 살았거나 일했던 건물을 기념하기 위해 붙이는 파랗고 동그란 명판-옮긴이이 걸리지 않았다.

어머니와 아버지는 생활 수준을 차츰 향상시키며 그 전후 시기가 선사하는 이익을 거둬들였다. 내가 일곱 살때 우리는 서리에 위치한 침실 다섯 개짜리 전원주택으로 이사했는데 집값이 무려 7,000파운드였다. 외할아버지는 충격을 받았다. 그런 거액을 빌리다니! 그 뒤로 가족들은 쭉 여기에 살고 있다. 1967년에 내 여동생 에마가 태어나며 가족이 완성되었다. 당시는 한 해가 지날 때마다 사회적으로나 경제적으로나 사람들의 상황이 더 나아지는 것처럼 보이는 시절이었다. 60년대와 70년대가 왔다가 갔다. 어머니는 손님맞이를 시작했고 부모님은 디너파티를 열고 와인을 마셨다. 어머니는 카레를 만들 향신료를 사러 서부 런던의 사우솔로 차를 몰고 가곤 했다. 방송대학에서 영문학 학위를 땄고, 마침내 아주 오랜 시간 강한 열등감의 근원이었던 교육 장벽을 극복했다. 아버지는 메노르카 섬에 작은 별장을 하나 샀고 어머니, 아버지, 여동생은 1년에 두 번씩 그곳으로 휴가를 가곤 했다. 아버지는 10대 때 처음 일했던 바로 그 회사의 운송부에서 계속 근무했다. 사람들이 평생을 한 회사에 남아서 일하던 시절이었다.

내가 어머니의 변화를 눈치 채기 시작한 것은 아마 1990년대였을 것이다. 어머니는 늘 약간 신경질적이었고 가끔, 특히 아침에 해가 뜨자마자 나를 야단쳤다. 공감을 표현하는 횟수가 줄어든 것 같았고 언제나 약간 기분이 언짢아 보였다. 어머니는 고집 센 노인처럼 굴기 시작했다. 나이 많은 부인들처럼 머리를 틀어 올렸다. 아버지는 언제나 그랬듯이 흥겨운 방식으로 자기 나름대로 할 일을 계속 했다. 나는 어머니와 어머니의 행동에 대해 누나와 여동생과 함께 끝없이 이야기를 주고받았다. 어머니는 우울증이었을까? 이상한 행동을 하고 있는 것은 분명했다. 캐나다에 있는 누나를 방문했을 때, 어머니는 미국 달러와 캐나다 달러가 다르다는 사실을 인식하지 못했다. 가끔 정신을 딴 데 팔았고 손자들에게 툭 하면 심술을 부렸다. 사위와 며느리에게 약간 상처가 되는 말도 툭툭 내뱉곤 했다. 신체에 일어나는 증상으로 걱정하는 시간이 계속 늘어났고 사소한 통증과 괴로움만 있어도 극적인 상황이 연출되었다.

어머니는 60대 초반에 넘어져 대퇴골 경부가 골절되었다. 재활이 느렸고 제대로 걷는 능력을 되찾지 못했다. 우리를 만나러 오곤 했지만 산책을 나가지는 않았다. 점점 강해지는 종교적 열정을 불태우듯이 〈이스트엔더스EastEnders 1985년부터 지금까지 영국 BBC에서 방영 중인 드라마 – 옮긴이〉, 〈네이버스Neighbours〉, 〈코로네이션 스트리트 Coronation Street〉 같은 드라마를 일주일에 몇 시간씩 보기 시작했다. 몇 년 전만 해도 톨스토이를 읽던 분이었다. 부모님의 금혼식 저녁 식사 때 어머니는 아버지가 말하는 동안 잔인하게 아버지의 말을 막았다. "닥쳐요, 딕! 당장!"

그러다 2000년대 후반에 어머니는 기억을 못 하기 시작했다. 처음에는 거의 감지할 수 없는 정도였지만 서서히 그 사실은 분명해졌다. 어머니를 데리고 지역 보건의에게 갔지만 혈압을 측정하고 스타틴콜레스테롤 생성을 억제하는 약-옮긴이을 처방해줄 뿐이었다. 결국 우리는 신경과 전문의를 찾아갔고 어머니는 뇌 MRI 검사를 받았다. 치매가 진행된 것으로 드러났는데 알츠하이머병과 혈관성 치매가 혼합된 형태인 듯했다. 이 모든 사항은 오래전에 지역 보건의가 진단할 수 있었던 것이다.

요즘은 알츠하이머병과 파킨슨병 같은 여러 신경 퇴행성 질환의 사전 진단 시기에 대한 관심이 점점 증대되고 있다. 아마 진단이 내려지기 10년 전부터 미묘한 성격 변화와 후각 감퇴나 수면 장애 같은 다른 증상이 나타날 것이다. 나는 후각이 점점 나빠지고 있고 가끔은 자다가 소리를 지르며 발작을 일으킨다. 더 우울할 때는 신경 질환을 앓게 될 수도 있는 미래를 두려운 마음으로 내다보며 어떻게 대비해야 할까 생각한다. 더 먹고 마실까, 아니면 운동을 시작할까?

어머니는 그 뒤로 10년 동안 점점 약해졌다. 치매에 걸린 부모나 배우자를 돌본 사람들에게는 매우 친숙한 여정일 것이다. 우울한 사건이 끝없이 이어지고 외래 진료소를 줄기차게 방문해야 한다. 이제는 여러 분야의 전문가들로 구성된 소규모 조직이 치매의 길잡이가 되어준다. 전문 간호사, 정신과 의사, 사회 복지사, 간병인들이다. 지나온 경로를 장기적으로 예측할 수 있으며 이 경로에는 서서히 약해지는 이동성, 변실금과 요실금, 넘어짐, 끝없는 위급 전화, 구급대원 방문 등이 포함된다. 이것을 감독하는 것은 지역 보건의의 몫인데, 지역 보건의는 심장 마비로 인한 사망을 방지할 스타틴, 독감 예방 접종 및 다른 예방적 치료를 분별없이 처방한다. 수입을 창출해주는 '품질 성과 체제QOF: Quality Outcome Framework'의 기준에 지역 보건의가 맹목적으로 집착하면 불가피하게 이런 모순이 발생한다.

우리는 오랫동안 집에서 힘겹게 노력했다. 아버지는 가끔 어머니에게 화를 내곤 했다. 보람 없는 사랑이었다. 침대는 아래층으로 내려오고 이내 병원 침대로 대체된다. 다음에는 실내용 변기가 필요하다. 그 다음에는 간병인이 환자를 씻기고 들어 올려 변기에 앉힌다. 바쁜 하루를 보낸 뒤 서리까지 80여 킬로미터를 운전해서 갔더니 어머니가 변기에 끼어 있던 때가 기억난다. 우리는 간신히 어머니를 일으켜 세웠다. 나는 어머니의 엉덩이에 묻은 변을 닦아내며 내가 아기였을 때 어머니가 내 엉덩이를 얼마나 많이 닦아주었겠느냐고, 내가 어머니에게 똑같이 해줄 날이 올 줄 어머니는 상상도 하지 못했을 거라고 말했다. 어머니는 뒤틀린 미소를 지었다.

정신이 명료하던 시절에 어머니는 자신이 늙을 거라는, 특히 '분별력을 잃을' 거라는 생각을 언제나 싫어했다. 독실한 가톨릭 신자였음에도 안락사에 찬성했다. 아들이 화장실에 데려다줘야 하는 모욕을 겪을 줄 미리 알았다면 어머니는 무슨 생각을 했을까? 우리 모두가 그렇듯이, 끔찍하게 여겼을 것이며 실제로도 그랬을 것이다. 어머니와 아버지는 두 분 다 죽음이 두렵지 않으며 쇠약하고 의존적인 상태에 이른다는 건 생각하기도 싫다고 고백했지만, 그 고백은 사실 그 럴듯하게 포장해 내뱉은 말에 불과했다. 내 생각에 우리 부모님은 병을 오래 앓으며 노년을 보내는 삶이 정말 어떤 것인지를 제대로 직면한 적은 없었다. 부모님은 죽음을, 아니 더 정확히는 죽어가는 사람들을 많이 보지 못했다. 부모님은 예전 세대가 그랬듯이 비교적 짧게 병을 앓다가 이 세상을 떠났다. 외할아버지는 루게릭병에 금세 굴복했고 외할머니는 아마도 대장암 때문에 몇 달간 차츰 쇠약해지다가 세상을 떠났는데, 이는 틀림없이 그 프라이팬으로 조리한 음식을 먹고 살았기 때문일 것이다.

아버지의 어머니인 조시 할머니는 심장병으로 갑자기 돌아가셨고 아버지의 의붓아버지인 조지는 전이된 대장암으로 세상을 떠났다. 우리가 어렸을 때 세인트 토머스 병원에 입원한 그분을 방문한 적이 있는데 그때 할아버지의 피부가 왜 샛노란지 묻지 말라는 신신당부가 있었다. 내 부모님의 은퇴 생활에는 나이 많은 부모에 대한 걱정이 없었다. 사실상 내 동년배들과 친구들, 동료들, 이웃들은 나와 비슷한 입장으로, 장기간의 치매와 노쇠로 돌봄이 필요한 부모님과 친척에 대한 책임이 증대되는 중이다. 예전과 다른 점이 있다면 이런 의무가 오래 지속되는 데다 어떤 이들은 확대 가족은 물론이고 부모와 친인척까지 모두 돌봐야 하기 때문에 그 기간이 수십 년에 이를지도 모른다. 30년 전에, 그런 돌봄을 책임지는 기간은 몇 달 정도였고 길어봤자 1년이었다. 우리는 인류 역사상 처음으로 장수와 장기간의 질병과 인구수가 결합된 지금과 같은 상황을 맞닥뜨렸다. 오늘날 젊은 사람들이 나이 많은 친척들을 제대로 돌보지 않는다는 주장은 지나치게 단순화된 의견이다. 내 개인적, 직업적 삶에서 본 바에 따르면 절대 그렇지 않다.

어머니 이야기의 끝은 너무 뻔하다. 우리는 집에서 어머니를 제대로 보살필 수 없었고 치매 환자들을 위한 양로원으로 모셨다. 나는 일주일에 두 번씩 아버지를 양로원으로 모셔 갔고 우리는 한 시간 정도 어머니 곁에 앉아 있곤 했다. 아버지는 그 시간을 대단히 즐거워했다. 평생 사랑한 이를 만나게 되었기 때문만이 아니라 배려가 넘치는 직원이 호들갑을 떨며 아버지를 치켜세웠기 때문이었다. 그러나 어머니는 조금씩 사라져갔다. 결국 우리를 알아보지 못했다. 양로원 급식 메뉴가 음식에 대한 근원적 기억을 자극했는지 어머니는 끝없이 음식을 먹었다. 이동성은 훨씬 감퇴되었다. 처음에는 의자 신세였다가 오래지 않아 침대 신세가 되었다. 우리가 방문하면, 방황 중이던 다양한 치매 환자들이 방해하기 일쑤였는데 그들은 어머니의 방에 들어와서 여기가 속옷 매장이 맞느냐고 묻거나 그와 비슷하게 터무니없는 질문을 던졌다. 괴상한 비명이나 공격적인 돌발 행동도 있었는데, 쾨쾨한 양탄자의 곰팡내와 희미한 대소변 냄새가 이 모든 광경을 감쌌다. 여러분이 이 세계를 아직 알지 못하더라도 결국 알게될 것이다. 나는 어머니의 기록지에 독감 예방 접종을 하지 말아달라고 요청 사항을 적어야 했는데, 가족 모두 원했기 때문이다. 그 요청 탓에 양로원 직원으로부터 걱정 어린 전화가 몇 통 걸려왔다.

어느 일요일에 어머니는 입을 다물지 못했다. 입을 다물 수 없으면 음식을 삼킬 수가 없다. 우연히도 양로원의 나이 많은 아일랜드인 신부가 옆방에 있는 은퇴한 성직자를 만나러 왔다가 어머니에게 들렀다. "아! 더블린의 재클린 케네디로군." 그러고는 어머니 곁에 서서 죽음에 대해 말했다('그것은 신비로운 일이다. 우리는 저 너머에 뭔가가 있다는 약속을 받았지만, 그게 무엇인지는 모른다' 등). 어머니는 그 이야기를 들었을까? 신부님은 어머니에게 성수를 바르고 기도를 드렸다. "성부와 성자, 성령의 이름으로"라는 말로 기도를 마무리했을 때 어머니는 약하지만 분명히 십자가 모양으로 성호를 그었다. 나는 끝이 멀지 않았음을 알았다. 어머니는 신부님의 말에 귀를 기울이는 듯했다. 누나와 동생은 몇 달 동안 어머니에게 이제 그만 떠나도 된다고 말해왔지만 어머니는 그 말을 결코 듣지 않았다.

그다음 주에 어머니는 악화되었고 분명 고통스러워했다. 우리는 어머니를 병원에 보내서는 안 된다고 주장했다. 누구든 응급실에 도착하면 골든타임이 지나기 전에 패혈증으로 인한 사망 방지 조치나 시행 중인 새로운 관리 체계가 곧바로 작동될 것이고 그러면 멈출 수 없게 된다. 방문 간호사가 찾아와 우리를 도와주었다. 우리가 진정제 사용을 반대하지 않는다고 분명히 밝혔는데도 나는 어머니의 지역 보건의로부터 전화를 받았다. 그저 강력한 진통제 사용에 대해 우리 가족이 걱정하지 않는다는 점을 확인하기 위한 전화였다. 의사는 죽음을 앞당겼다는 비난을 받을지도 모른다는 두려움 때문에 무기력해진다. 금요일 점심 시간에 어머니는 고통스러워했고 모르핀 주사를 맞았다. 그날 밤 10시 어머니는 세상을 떠났다. 장담하는데 이런 상황에서 가족들은 적어도 큰 소리로 비명을 지른다.

어머니의 장례식에서 자녀가 모두 연단에 올라 이야기를 했다. 나는 더블린에 와서 '매춘부prostitute'가 된 아일랜드 시골 소녀에 대해 어머니가 하던 농담을 말했다. 그 소녀의 어머니는 딸의 말을 잘못 알아듣고, 딸이 '개신교도protestant'가 되었다는 생각에 충격을 받고 기절했다. 누나는 모성과 페미니즘에 대해 이야기했다. 여동생은 열심히 기도하는 어머니를 보았다고 말했다. 손녀 에믈린이 희귀한 종류의 간질로 심각하게 아플 때였다. 어머니는 하느님과 협상 중이었다. 손녀 대신 자기를 데려가 달라고 말이다. 아이가 살아남으면 남은 평생 매일 묵주 기도를 드리겠다고 했다. 에믈린은 살아남았고 어머니는 협상 내용 중 자기 몫을 충실히 실천했다. 나는 교회를 둘러보다가 회중의 절반이 울고 있는 모습을 보았다. 친척들과 양로원의 간병인들, 그리고 엄마를 만난 적 없는 누나의 집주인까지도 울고 있었다. 물론 그들은 고인을 위해 울고 있는 게 아니었다. 이제는 이 세상에 없는 이들이 살아 있을 때, 그들에게 말과 행동으로 표현해주었더라면 좋았을 그 모든 것 때문에 울고 있었다.

장례식이 끝난 뒤에 나는 누나에게 왜 우리는 울지 않았을까, 하고 물었다. "우는 건 똥 싸는 것과 비슷해. 혼자 있을 때 하는 게 최고야"라고 누나가 장난스럽게 말했다. 하지만 사실 우리가 울지 않은 이유는 어머니가 오래전에 이미 죽었기 때문이었다.

우리는 삶과 죽음을 양자택일로 생각한다. 살거나 아니면 죽거나, 둘 중 하나라고 말이다. 그러나 사실 그것은 일종의 스펙트럼이다. 나이를 먹으며 이 연속체의 한쪽 끝에 있는 죽음을 향해 서서히 이동한다. 전통적으로 우리는 심장 박동이 멈추고 호흡이 그치면 죽음이라고 진단한다. 그러나 머리카락은 주인의 죽음을 인식하지 못하고 하루 정도 계속 자라기도 한다. 우리의 장기는 점진적으로 쇠약해지지만 그 장기도 우리의 전부는 아니다. 치매에 걸린 사람은 모든 기억과 통찰력과 감정과 더불어 서서히 죽어간다. 기억이 없으면 우리는 아무것도 아니다. 망자란 우리 사이를 돌아다니지 않는 사람이라기보다는, 주로 보이지 않게 장기 보호시설에 앉아 있는, 기억에서 지워져간 사람들을 뜻한다.

16. 이러지도 저러지도

"새로운 날의 얇은 얼음 위에서 스케이트를 타며."
- 제스로 툴

노인 간호의 역사는 유사 이래 모든 빈민들의 역사와 비슷하다. 한마디로 암울하다. 영국의 철학자 토머스 홉스는 삶이란 고독하고 가난하고 불쾌하고 잔인하고 짧은 것이라고 묘사했다. 노인들에게 삶은 그 모든 특징을 더 오래 견디는 것일 뿐이다. 노인들에게 황금시대란 결코 존재하지 않는다.

중세에는 수도원과 수녀원에서 약간의 간호 서비스를 제공했다. 16세기 후반에 시행한 구빈법의 목표는 비참한 처지에 있는 사람들을 구빈원으로 보내는 것이었다. 각 교구는 아주 기초적인 수준일지라도 일종의 간호 서비스를 제공할 의무가 있었다. 나이 많고 병약한 정신 이상자들을 위해 정신 병원이 세워졌다. 1834년의 신구빈법으로 더 많은 구빈원이 지어졌다. 앞에서 말했듯이 1980년대에 내가 처음 노인 의학 전공의로 일했던 곳은 첼시에 위치한 세인트 스티븐 병원으로, 이전에는 '세인트 조지 구빈원 연합'이었다(규모가 더 큰 구빈원에는 협회라는 이름이 붙었다). 빈민들은 자격 있는 빈민과 자격 없는 빈민으로 분류되었다. 대부분의 빈민은 도덕성이 없다고 여겨졌다.

런던 웨스트엔드의 부자들이 빈민들의 비참한 상황을 관찰하려고 이스트엔드를 방문하는 것은 드문 일이 아니었다. 거들먹거리는 상류층을 위한 일종의 관광이었다. 구빈원은 20세기까지 살아남았다.

노인 간호 및 치료와 관련된 역사적 의학 자료가 조금 있기는 하지만 1940년대까지는 탄탄한 연구가 거의 이루어지지 않았다. 19세기 프랑스의 위대한 신경학자 장 마르텡 샤르코는 노인을 전문적으로 다루는 의학 분야가 필요하다고 주장했고 '노인 의학'이라는 용어는 1834년 미국의 내과의인 조지 데이가 자신의 책 『고령의 질병 Diseases of Advanced Life』에서 처음 만들어냈다.

노인을 전문으로 하는 의학 분야의 발달은 주로 노인 의학의 어머니 마저리 워런(1897-1960)의 선구자적인 업적에서 시작된다. 1935년에 그녀는 런던의 웨스트 미들섹스 병원에서 내과의로 일하던 중에 인근 구빈 병원에 거주하는 환자 714명을 인계받았다. 모든 내과의에게 이런 환자들이 있었지만 그들은 그 환자들을 절대 만나지 않았고 간호사들에게만 일을 맡겨두었다. 그러나 마저리 워런은 이 구빈 병원을 영국 최초의 노인병 병동으로 바꿨다. 그녀는 모든 환자를 검사했고 몇 년 이내에 병상의 수를 240개로 줄였으며 매출을 세 배로 늘렸다.

노인들은 당연히 진단과 치료, 무엇보다 재활을 받아야 했다. 핵심은 팀워크였다. 의사, 간호사, 물리 치료사, 작업 치료사, 언어 치료사가 모두 협력하는 종합적인 관리가 필요했던 것이다. 마저리 워런은 노인 의학을 주제로 많은 논문을 썼으며 덕분에 이 분야는

1950년대에 NHS에 의해 전공으로 인정받게 되었다. 현재는 영국의 내과 중 가장 규모가 큰 전공 분야다.

이것은 의사들에게 자신이 탄 높은 말에서 내려와 다른 의사들의 전문 지식을 따르라고 요구하는 엄청난 변화였다. 옛 선임 의사들 중에 마저리 워런을 개인적으로 아는 사람들이 있는데 그들이 기억하기로 그녀는 지붕 없는 스포츠카를 타고 궐련을 피우면서 여기저기 돌아다니곤 했다. 1960년, 독일에서 열리는 학회에 가던 중 프랑스에서 자동차 사고로 세상을 떠났다.

의대에서 우리는 질병이 어떤 양상으로 나타나는지를 배웠다. 예를 들어 복막염은 극심한 고통을 유발했다. 환자는 창백해지고 땀을 흘릴 것이며 촉진을 해보면 복부가 단단할 것이다. 복부를 천천히 눌렀다가 갑자기 손을 떼면 환자는 아파서 비명을 지를 것이다. 이것이 반동통이다. 초보 수련의 시절에 그런 모습을 많이 보았다. 심장마비는 흔히 왼쪽 팔을 따라 퍼지는 끔찍하고 강렬한 흉부 통증과 함께 나타난다. 이번에도 가여운 환자들은 불안해하고 창백해지며 땀을 흘릴 것이다. 이런 사례가 젊은 실습생 때 받는 기본 훈련이었다. 의학 교과서에서는 각각의 질병을 따로 설명했고 의학적 질환이 두세 개씩 혼합되어 나타난다고 생각하지 않았다.

젊은이들, 그리고 그렇게 젊지는 않지만 그렇게 늙지도 않은 이들이라면, 병의 징후와 신체적 증상이 이렇게 '고전적인' 방식으로 발현하는 것이 사실 정상이다. 그러나 환자의 나이가 많을수록 그들의 병력과 신체적 증상이 교과서의 설명에 딱 들어맞는 경우가 적다는 사실을 알게 되었다. 대부분의 초고령 환자들은 그 빌어먹을 의학 교과서를 읽어보지 않은 모양이었다. 노인 의학이 등장하는 순간이 바로 이 때다.

나는 학창 시절 수학을 무척 잘했고 문제를 말로 설명하는 것보다는 시각적 형태로 보는 것을 좋아했다. 겹쳐진 세 개의 원으로 구성된 단순한 벤다이어그램으로 이 상황을 나타낼 수 있다. 각 원은 노인이 겪는 문제의 종류로, 노화, 질병, 빈곤을 하나씩 대표한다.

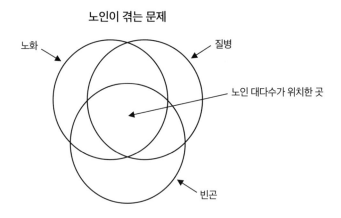

노인이 겪는 문제

벤다이어그램에서 원은 완전히 겹치지 않지만 노년 인구의 대부분은 세 가지 원이 모두 겹치는 곳에 해당된다. 이런 문제는 한 개인의 건강을 악화시키고 자신의 집에서 지낼 수 있는 능력에 영향을 미치며 실제로 여타 삶의 다른 측면에 영향을 미칠 수도 있다.

질병 문제를 보면, 나이가 들면서 생리학적 기능이나 장기 기능은 향상되지 않는다. 20세의 병과 90세의 병이 다른 점은 나타나는 질병의 개수다. 초고령자에게 질병은 정말이지 엄청난 부담이다. 80대와 90대에 이르면 질병 목록이 환자의 진료 기록부 한 페이지를 가득 채울 수도 있다. 한 사람의 기록지 윗부분부터 아래까지 난청, 백내장, 허약한 치아, 얼굴에 생기는 작은 피부암, 손과 무릎과 골반에 생기는 관절염, 고혈압, 제2형 당뇨병, 폐쇄성 기도 질환, 대장 게실과 소장 게실, 전립선 비대증(작은 암까지 추가), 약간의 혈관성 치매가 죽 나열되는 것은 드문 일이 아니다. 이 게임의 이름은 복합 병리학이다.

이러한 질병은 전형적인 증상을 동반하지 않을지도 모른다. 심장 마비를 앓는 노인들은 흔히 가슴 통증이 없다. 이례적인 일이지만, 노인들의 경우에는 해당 질병의 일반적인 증상보다는 주로 '노인병의 거인들', 즉 넘어짐, 의식 장애, 실금, 점진적 체력 감퇴 같은 증상을 보인다. 노인 병동에 입원한 대다수의 노인들은 그런 증상 중 한 가지 때문에 입원한 적이 있다. 의사는 환자를 총체적으로 검사해야 하며 그렇지 않으면 놓치는 부분이 생긴다. 이때 손쉬운 해결책은 없다. 사전 편집에 대해 새뮤얼 존슨 박사가 내린 정의를 바꿔 인용하자면, "의사란 단조롭고 고된 일을 꾸준히 하는 피곤한 사람이다.존슨은 자신이 편찬한 영어 사전에서 '사전 편찬자'를 '단조롭고 고된 일을 꾸준히 하는 무해한 사람'이라고 정의했다-옮긴이"

장기 부전 및 다른 문제를 일으키는 복합적인 요인들을 가리키는 의학 용어를 '병인'이라고 하는데, 노인들에게도 종합적인 병인이 있다. 젊은 사람에게 신장병이 생기면 일반적으로는 신장에서 혈액 여과 작용을 담당하는 사구체에 발생한 파괴적인 염증, 즉 사구체신염 같은 단일한 질병 때문이다. 나이가 아주 많은 사람에게 신장병이 생기면, 별개의 여러 질병이 진행된 탓일 가능성이 크다. 신장병 말기인 보통의 남성 노인은 신혈관 질환(신장으로 들어가는 동맥이 좁아진 상태), 고혈압과 당뇨로 인한 네프론 손상, 신장 사구체염 및 전립선 비대로 인한 소변 유출을 겪고 있을 가능성이 높다. 치료법으로 한 가지 약물이나 수술이 제시되지는 않을 것이다. 다른 장기 부전도 상황은 마찬가지다. 노인의 심장병은 동맥 협착증, 심장판막 경화와 석회화, 심장의 전기 전도 경로 손상으로 인한 비정상적 박동, 만성 고혈압으로 인한 심근 비대, 그리고 장수를 누리는 이 위대한 유인원에게 닥칠 수 있는 다른 여러 질병들이 결합된 결과일 것이다.

약 80퍼센트의 사례에서 임상의는 병력 파악이 끝날 무렵이면 어떤 진단을 내려야 하는지 잘 알게 된다. 진찰을 하고 나면 이 확률은 90퍼센트로 상승할 수도 있다. 진찰로도 수수께끼가 풀리지 않을 경우, 혈액 검사와 정밀 검사 등 다른 검사가 진단을 확정하는 데 도움이 될 것이며, 가끔은 진단명을 정확히 짚어주기도 한다. 그러나 검사는 처음 예상처럼 진단의 만병통치약은 아니다. A라는 질병을 밝혀내기 위해 Y라는 검사를 하는 것으로 충분하다면, 그래서 A라는 질병이 있는 모든 사람들이 Y검사에서 양성(진짜 양성)을 나타내고 그 질병이 없는 사람은 Y검사에서 음성(진짜 음성)을 나타낸다면 얼마나 좋겠는가. 서글프게도 일반 검사와 정밀 검사는 믿을 만한 다음의 벤다이어그램이 증명하듯이 이런 식으로 작용하지 않는다.

민감도와 특이도

Y검사에서
음성인 사람들

Y검사에서
양성인 사람들

A질병이 없는
사람들

A질병이 있는
사람들

진짜
양성

가짜 양성

가짜 음성

진짜 음성

모든 임상의가 그렇듯 모든 검사도 불완전하다. Y검사에서 양성
인 어떤 환자들에게는 A질병이 없을 것이다(가짜 양성). 어떤 사람들
은 A질병이 있는데도 Y검사에서 음성이 나올 것이다(가짜 음성). 검
사의 민감도란 목표 대상인 질병을 얼마나 잘 찾아내는지를 나타내
는 지표(진짜 양성의 비율)다. 검사의 특이도란 결과가 음성일 경우,
검사 대상에게 그 질병이 없다는 것을 얼마나 잘 보여주는지를 나타
내는 지표(진짜 음성의 비율)다. 어떤 검사도 100퍼센트의 민감도와
100퍼센트의 특이도를 나타내지 않으며 그 둘은 언제나 상호보완적
이다.

이 점이 노인에게 특히 중요한 이유는 무엇일까? 의학 기록상
의 증상이나 진찰 결과, 실험실 검사로 민감도와 특이도를 파악하는
데 노인의 경우에는 이 수치가 낮게 나온다. 가령 폐렴에 걸린 노인
이 흉부 엑스레이 검사를 받을 경우 보통 때는 눈에 보이던 감염이,
비대해진 심장에 가려지거나 척추골이 내려앉은 심한 척추 측만 때

문에 보이지 않는 것이다. 폐렴이 발견되지 않아서, 환자는 목숨을 구해줄 항생제를 투여받지 못할 수 있다. 반대로, 환자의 폐에 오래된 흉터들이 있어 실제로는 감염이 존재하지 않는데 폐렴으로 해석될 수도 있다. 환자가 겪는 호흡 곤란의 진짜 원인은 따로 있는데(예를 들어 폐에 혈전이 생겼다든지) 아무 쓸모 없는 부적절한 항생제를 투여받기도 한다. 이는 진단을 늦추고 환자를 세균성 설사 같은 항생제 부작용의 위험에 처하게 만든다. 민감도와 특이도가 하락하면 제대로 된 진단을 내리기가 그만큼 더 어려워진다.

그래서 노인은 젊은 사람보다 정확한 진단을 받지 못하거나 잘못된 진단에 따른 과잉 치료를 받게 될 가능성이 높다. 임상의는 검사에 의존하다가 막다른 골목으로 이끌릴 수 있고 사소하고 의미 없는 결과가 더 많은 검사와 불필요한 치료를 재촉해 가여운 환자는 걱정에 휩싸일 수도 있다. 의학에는 'VOMIT'라는 약어가 있는데 '현대 영상 기술의 피해자Victim Of Modern Imaging Technology'라는 뜻으로, 평범한 사람인데 가짜 양성이라는 결과를 받고 결국은 현대 의술로 만신창이가 되는 이들을 일컫는 용어다.

새로운 검사만이 과잉 조사와 과잉 치료를 초래하는 것은 아니다. 새로운 질병이 딜레마를 야기하기도 한다. 흔히 나타나는 어떤 증상의 원인이, 드물지만 치료 가능성이 있는 것이라면 그 원인을 찾아내기 위해 어디까지 조사해야 하는가, 하는 딜레마다. 의사들은 근본적으로 기묘하지만 멋진 것들에 끌린다. 평생 단 한 번 걸릴까 말까 한 질병들로 가득한 사례 발표, 뇌 속의 기생충, 멈추지 않는 오르

가슴을 유발하는 음핵 신경의 신경 장애 등. 일을 계속 흥미롭게 만드는 것은 바로 그런 특징들이다.

동료 노인 의학 전문의의 사례 발표회에 참석한 적이 있는데 흥미로운 동시에 심장이 철렁 내려앉기도 했다. 80대 남자가 다소 괴상하면서도 성적으로 부적절한 행동을 보이기 시작한 사례였다. 은퇴한 교구 목사가 여자들을 성적으로 희롱한다면 치매라고, 예전에 나를 가르치던 전문의가 말했던 기억이 났다. 이 사례의 요점은 환자에게 변연계 뇌염이 있었다는 점이다. 이는 비교적 최근에 알려진 질병인데 급속한 기억 상실과 퇴보된 행동을 유발한다. 변연계는 뇌 깊숙한 곳에 있는 세포핵 집단으로 기억, 식욕, 성행위 및 좀 더 뿌리 깊은 여러 감정을 관장한다. 뇌염은 바이러스 때문에 발생하기도 하는 뇌 감염이지만 원인을 찾을 수 없을 때가 많다. 변연계 뇌염의 경우 인체 어딘가에 있는 종양 때문에 분비된 항체가 감염의 원인일지도 모르지만 대개는 종양이 존재하지 않는다. 종양을 찾아내서 제거하면 뇌염을 없애거나 중단시킬 수 있을 것이다. 그러나 뇌 CT 검사는 정상일 수 있으며 그렇다면 변연계 뇌염의 미세한 이상을 밝혀내기 위해 MRI를 찍어야 할지도 모른다. 항체는 혈장 분리 반출법채혈 후 혈장을 교환해 병을 치료하는 방법으로 혈장에 항체와 같이 유해한 물질이 함유된 경우에 쓰인다—옮긴이이라고 불리는 복잡한 고가의 수술로 제거할 수 있다. 항체를 확인하기 위한 혈액 검사는 아주 소수의 연구 실험실에서만 이루어지며 비용이 많이 든다.

이 사례 발표회에서 소개된 환자는 혈장 분리 반출법에 잘 반응했고 그의 치료는 진단 치료 의학의 승리였다. 내 심장이 철렁했던 이유는 똑똑한 전공의들이 치매에 걸린 모든 환자에게 변연계 뇌염 진단을 내릴 날이 올 것임을 예상하지 않을 수 없었기 때문이다. 최근 수치에 따르면, 영국의 치매 환자는 80만 명에 이른다. 그 모든 환자를 정밀 검사하려면 MR 스캐너 200대가 일 년 동안 매일, 하루 온종일 돌아가야 할 것이다.

바로 '수확체감의 법칙'이다. 희귀하지만 치료 가능한 질환을 하나 찾아내려고 환자 1,000명을 조사하면, 과잉 조사를 받고 걱정하는 환자 999명이라는 부수적 피해가 발생할 것이다. 진단을 받고 치료된 환자 한 명 덕분에, 담당 의사는 환자를 돕고자 모든 방법을 끈기 있게 탐색한 영웅이 될 것이다. 반대로 과잉 조사로 피해를 입은 환자들과 필요 자원이 다른 곳으로 가버린 탓에 관리받고 치료받을 기회를 빼앗긴 환자들은 거의 드러나지 않을 것이다. 나는 환자에게 파브리병이 있는지 확인하기 위한 검사를 신청했다고 우리 병원의 총무과장에게 말한 적이 있었다. 파브리병은 젊은 사람들이 겪는 뇌졸중의 희귀한 유전적 원인이다. 나는 효소 치료가 필요하며 그 비용이 1년에 20만 파운드라고 덧붙였다. 총무과장의 얼굴에서 눈에 띌 만큼 핏기가 싹 가시는 것이 보였다.

18세기 비국교도 목사 토머스 베이즈의 이름을 딴 '베이즈 정리'라는 이론이 있다. 조건을 미리 아는 상황에서 어떤 일이 일어날 확률을 수치로 나타낼 때 쓰인다. 의학은 물론 여타 여러 과학과 철학 영역에도 지대한 영향을 미치는 이론이다. 법률의 의사 결정 영역에서도 영향을 미칠 수 있다. 이 이론은 우리가 답해야 하는 질문에 수학적 수치를 제공한다. 가령 흉부 엑스레이 검사를 했을 때 폐렴이 양성 반응을 보이는 비율을 안다면, 해당 검사를 받고 폐렴 양성 결과를 나타낸 환자의 폐렴 발병 확률을 계산할 수 있다. 환자가 고열이 난다면 폐렴이 발생했을 확률은 얼마인가, 같은 추가 질문에도 이 결과를 적용할 수 있다. 조금씩 모인 모든 임상 정보를 방정식에 반영하면 의사가 환자에게 발병했을지 모를 질환을 모두 파악하는 데 도움이 된다. 복잡한 수학 공식을 조정해 민감도와 특이도를 구하는 데 사용할 수도 있다.

물론 의사들은 모든 환자에 대해 이 모든 확률과 진짜 양성 비율을 계산하지는 않는다. 그러나 진단을 제시하려고 애쓰는 과정에서 직감적으로 환자의 병력과 검사에 나타난 양성 항목과 음성 항목의 수치, 양성 검사와 음성 검사의 수치를 근거로 그런 확률을 가늠하는 것이다.

그러나 베이즈 정리식 진단의 핵심은 노인 환자의 경우에 진단의 정확성이 사라진다는 점이며, 따라서 고령자에게서는 불확실성이 훨씬 더 높아진다는 사실을 받아들여야 한다. 우리는 둘 다 가질 수 없다. 심각한 질병을 모두 찾아낼 수는 있지만 그렇게 하면 어쩔 수 없이 어떤 사람들에게는 그들이 실제로는 걸리지 않았을지도 모르는 병에 시달리고 있다고 딱지를 붙이게 된다. 반대로 우리가 사람들에게 특정 질병이 있다는 잘못된 딱지를 붙이지 않았다는 사실을 확신할 수는 있겠지만 그 탓에 실제로 그 병을 앓는 많은 사람들을 놓칠

지도 모른다. 베이즈 정리와 의학의 관계는 하이젠베르크의 불확정성 원리와 물리학, 양자역학의 관계와도 통한다. 그렇긴 해도, 나는 물리학자가 입자의 위치와 그 가속도를 정확하게 예측하지 못했다는 이유로 고소되었다는 이야기는 아직까지 들어본 적이 없다.

의사와 환자, 의료 서비스 운영자들이 불확실성을 바라보는 방식에는 근본적인 변화가 필요하다. 과잉 조사, 과잉 치료로 이어지는, 그리고 궁극적으로 환자에게 해를 끼치고 귀중한 자원을 낭비하게 만드는 불확실성을 받아들일 능력이 우리에게는 없다. 검사를 너무 많이 하면 가능성 있는 진단의 수가 너무 많아지고 임상의의 관심은 대다수 환자들의 증상을 유발한 진짜 원인이 아니라 다른 곳으로 향하게 된다.

17. 아버지

"약광층에, 미지의 땅 그 바깥 경계에."

- 닥터 존

내 아버지 딕은 1927년 파리의 어느 수녀원에서 태어났다. 이스트엔드에 사는 가톨릭교도 소녀들이 혼외 임신을 하게 되면 수치를 면하려고 그곳을 찾는다는 단순한 이유 때문이었다. 아버지의 아버지, 즉 내 친할아버지는 이스트엔드의 유대인 재단사였다. 엄격한 유대인 가족이 진정한 로맨스와 결혼을 금지했는지, 아니면 비유대인 소녀와의 하룻밤 불장난으로 아버지가 태어났는지는 결코 화제에 오른 적이 없고 앞으로도 알려지지 않을 것이다. 나의 친할머니 조시는 갓난아기를 입양시키려고 아기와 함께 런던으로 돌아왔다. 출생 기록으로 말하자면, 글쎄, 수녀님들의 작품이 분명하다.

그 시절에 입양은 아무렇게나 진행되었다. 조시는 용케도 아기의 양어머니를 따라갔고 그레이트 웨스턴 운하 근처의 해로우 가에 위치한 그녀의 집에 이르러 자신이 '이모'이니 '딕'을 만나게 해달라고 설득했다. 예나 지금이나 진짜 이모나 삼촌뿐만 아니라 친구 혹은 먼 친척을 비롯한 그 누구라도 삼촌, 이모가 될 수 있었던 모양이다. 딕의 첫 몇 년은 사우스엔드로 휴가를 가고 1930년대 런던 아이들이

그랬듯이 거리를 자유롭게 다니는 등 행복하고 안락했다. 머리가 고
불거리는 귀여운 아이였던 딕은 동네 선술집에서 '디키 디도'라는 별
명을 얻었는데 그곳에서 젊은 남녀의 중개인 역할을 맡아 메시지를
전해주면서 몇 페니씩 벌었다. 그는 언제나 현금을 조금 더 벌려고
노력했다.

  양어머니인 플로는 딕이 여덟 살일 때 유방암으로 세상을 떠났
고 양아버지 앨프는 재혼했다. 새 어머니에게는 딕보다 나이가 많은
딸이 둘 있었는데 그녀는 딕이 달갑지 않다는 내색을 뚜렷이 드러냈
으며 딕을 방치하기 시작했다. 딕은 거리에서 많은 시간을 보냈다.
조시의 여동생인 마리와 그녀의 남편 해리가 낌새를 채고 조시의 막
냇동생인 이다의 아들 맥스와 함께 딕을 데려왔다. 그들은 클래펌에
위치한 카일 가의 임대 주택에서 살았다. 맥스와 딕은 학교에 갔고
매일 점심을 먹으러 집에 들렀다. 마리는 언제나 푸딩을 만들어 커스
터드 소스와 함께 내놓았다. 해리는 클래펌의 벤 거리에 있는 우체
국에서 일하는 명랑한 남자였고, 소년들을 데리고 나가 크리켓을 하
곤 했다. 그는 두 소년에게 그 누구보다 아버지에 가장 가까운 존재
였다. 그 무렵 조시는 조지와 결혼을 해서 딕의 이부동생인 조이스를
낳은 뒤였다.

  2차 세계대전 중에 딕과 맥스, 조이스는 콘월로 피난을 갔다. 론
세스턴 근처의 에글로스케리라는 작은 마을에 도착했을 때, 그들은
교회 현관에서 같은 처지인 피난민들과 함께 줄을 선 채 지역 주민들
의 선택을 기다렸다. 예쁘고 어린 소녀였던 조이스는 가장 먼저 어느

친절한 가족에게 뽑혀 갔고 두 소년은 가장 나중에 농부에게 선택되었는데 그는 공짜 노동력을 추가로 구하고 싶은 게 분명했다. 수많은 도시 아이들에게, 이것은 처음 맛보는 시골 생활이었다. 내 생각에 아버지는 그곳에서 행복했을 것이다. 닭을 죽이고 말과 쟁기 다루는 법을 배웠다. 아버지는 어려서부터 늘 수완 좋은 사업가 기질이 있었고 자전거로 생선을 배달해주고 두더지를 잡아 가죽을 벗겨 여성용 두더지 가죽 장갑에 쓸 생가죽을 공급하며 돈을 좀 벌었다고 했다.

런던으로 돌아가는 기차에서, 이다가 딕에게 출생에 얽힌 사연과 '조시 이모'가 사실은 어머니임을 알려주었다. 결국 조시와 조지는 딕을 공식적으로 입양했다. 이것으로 아버지는 다른 곳에 입양되었다가 나중에 생모에 의해 재입양된 몇 안 되는 아이들 중 한 명이 된 셈이었다. 이 모든 이야기가 마치 찰스 디킨스의 소설처럼 들리는데 가족 대대로 내려온 흑백 사진들은 정말이지 다른 세상의 증거였다. 거리의 부랑아, 손풍금 연주자, 무너져가는 집, 누더기 같은 옷, 60대에 접어든 어른 30명.

열다섯 살 때 아버지는 견습생이 되기를 거부하고 상선 선원이 되는 훈련을 받으러 해양 학교에 가겠다고 고집했다. 열여섯 살에 첫 배에 합류했고 곧 북대서양 수송 선단에 승선했으며 그곳에서 독일 어뢰에 가라앉는 배들을 목격했다. 다른 많은 젊은이들처럼 아버지도 어느새 세계사의 혼돈에 휘말려 들었던 것이다. 그리고 역시 다른 많은 이들처럼 아버지는 자신의 경험에 대해 거의 입을 열지 않았다. 아버지는 전쟁이 끝난 뒤에 유조선에서 일했고 인도가 영국으로부터 분할 독립하며 일어난 대학살을 두 눈으로 보았다. 독립적이고 자립심이 강한 성격은 불안한 어린 시절이 분명 그 원인이었다. 장기간 머문 안정적인 가정이 없기는 했지만 아버지의 유년기는 근본적으로 불행하지는 않았다. 언제나 가족 중 누군가가 그를 지켜주었다.

아버지는 1952년에 어머니와 결혼한 뒤 육지에 정착했고 메이페어에 있는 석유 회사의 선적 사무소에서 일하기 시작했다. 그 일을 무척 좋아했다. 중개상을 상대하고 석유를 거래하고 가격과 계약서를 두고 협상했다. 아버지가 클래펌에서 살 수 있었던 작은 집은 해리와 마리 부부의 집 건너편에 있었고 이다, 몰리, 잭, 조시, 조지 및 대가족을 구성하는 다른 모든 '이모'와 '삼촌'들의 집에서 1킬로미터쯤 떨어진 곳이었다. 심지어 내 미래의 아내도, 우리가 만나기 25년 전이긴 했지만 그 공유지의 다른 쪽에서 살고 있었다.

우리가 서리에 있는 훨씬 큰 집으로 이사했을 때 나는 일곱 살이었고 아버지는 교외에서 거주하는 통근자가 되어 아침 7시 56분 기차를 타고 출발해 6시 정각 뉴스와 저녁 식사에 늦지 않도록 오후 5시 45분에 돌아왔다. 회사를 위해 41년 동안 근무한 뒤 퇴직 연금과 목돈을 받으며 58세의 나이로 은퇴했다. 메노르카 섬의 별장 외에, 아버지는 런던 남동쪽에 집을 하나 사두었는데 주말마다 그 집을 손질하며 사춘기를 맞이한 우리를 피했다. 여러 면에서 전통적이었던 아버지는 남자가 자동차나 건물 같은 것을 다루며 일하는 동안 자녀를 키우는 것이 여자의 몫이라고 믿었다. 어느 크리스마스에 대화가 시들해져 우리는 '우리 서로 남녀가 바뀐다면 무엇을 하고 싶은가?'

라는 게임을 했다. 흥미로운 사실을 알려주는 활동이었다. 내 아내는 전투기 조종사가 되어 이슬람 국가에 폭탄을 떨어뜨리고 싶다고 했고 동생 에마는 제러미 클라크슨처럼 스포츠카를 몰고 담배를 피우는 자신의 모습을 상상했다. 아버지는 잠시 생각한 뒤에 엄마 같은 여자, 그러니까 지나치게 캐묻거나 참견하지 않고 남자가 자기 할 일을 계속 하게 해주는 여자가 되고 싶다고 단언했다. 간단히 말해 아버지는 그런 사람이었다.

아버지는 도덕적인 생활로 죽음을 속일 수 있다고 믿었다. 정말로 담배를 피운 적이 없으며 나는 아버지가 술에 취하거나 가볍게 취기가 도는 모습조차 보지 못했다. 레드와인 한 병을 마시는 데 일주일이 걸리곤 했다. 아버지는 와인 한 잔을 즐겨 마셨지만 그것은 거의 약으로 여겼다. 운동도 규칙적으로 했는데 80대 후반에 이르러서도 마찬가지였다. 매일 실내용 자전거를 탔고 일주일에 한 번씩 햄튼에 있는 야외 수영장에서 수영을 했다. 수리 작업 중에 중고 냉장고를 계단 위로 나르다가 가슴 통증에 대한 공포가 생긴 뒤로 40대에 들어서는 지방이 많은 음식을 포기했다. 협심증은 줄었지만 근육은 더 많이 찢어졌다. 업무상 점심을 먹어야 할 때는 샐러드를 골랐고 몇 년 동안 술을 아예 끊어서, 가족 식사 때는 무알코올 와인을 곁들였는데 내 생각에는 오르가슴이 없는 섹스와도 같았다. 새우에는 콜레스테롤이 있었고, 그래서 달걀과 마찬가지로 금지되었다. 하느님과 약속이라도 한 사람 같았다. 영생을 얻기 위해, 새로운 금욕주의 계약을 맺었다고나 할까.

누구든 그런 계약을 할 수 있다면 그건 바로 아버지일 것이다. 아버지는 모든 것에 낙관적이었고 하느님을 믿었으며, 이 두 가지 모두 늘어나는 수명과 관련된 전망이었다. 아버지는 나이가 들면서 노화와 암을 막아준다는 모든 유사 과학 치료법에 속아 넘어갔다. 언론 광고에서 새로운 치료법을 보기만 하면 사족을 못 썼다. 토스트 위에 계피, 톱야자, 에키나시아, 비타민에다 갖가지 것들을 뿌렸다. 과학적인 의료에 대해서는 회의적이었고 인체가 어떻게 작동하는지에 대해 자신만의 이상한 이론을 발전시켰다. '인체의 천연 방어력'을 굳게 믿었다. 전립선이 비대해져서 지역 보건의가 직장 검사를 했을 때 아버지는 나에게 자신의 직장이 검사하는 의사의 손가락을 밀어내려 애쓰는 것을 느낄 수 있었다고 했다. "인체의 천연 방어력이지"라고 아버지는 뿌듯하게 말했다. 직장 근육이 대변을 보관하기 위해서가 아니라 이질적인 물질의 유입을 막기 위해 진화했다는 새로운 진화 이론을 만들어냈던 것이다.

그러나 건강한, 아니면 뭐랄까, 엄격한 생활 방식을 고수하는 품위 있는 사람들이 질병 없이 장수하게 된다는, 하느님과의 이 도덕적 계약에는 빈틈이 있었다. 하느님은 그 약속을 인정하지 않았던 것이다. 다른 모든 사람들이 겪었듯이 그 불쾌한 상황이 결국 아버지에게도 일어났다. 허브를 우려낸 물과 새롭고 입증되지 않은 열 치료 요법도 소용없이, 아버지는 전립선을 제거해야 했다. 대퇴골 경부 골절로 10년에서 20년에 걸쳐 수술을 두 번 받아야 했다. 아버지는 NHS를 의심하며 그들이 돈이 덜 들어가는 치료법을 시도한다고 생각했다. 그래서 메노르카 섬의 민간 병원이 아버지의 첫 골반 수술에 실패한 뒤, 독일의 어느 정형외과 교수에게 연락했는데(아버지는 인터넷 초기 사용자였다) 그 의사는 골반 수술을 한다고 아버지의 몸을 '밀어 넣고는 조이지 않을' 사람이었다. 결국 어느 국가적 전문의가 NHS 지역 골반 센터에서 아버지의 골반을 교정해주었다.

아버지는 의료 문제에 대해 내 조언을 구하곤 했지만 그 조언을 반드시 받아들이지는 않았다. 구두 깔창이 필요한 기형적인 발을 고쳐보겠다고 골프 동료가 추천한 특별한 발병 전문가를 만나기 위해 눈보라 속에서 웨스트 컨트리까지 먼 길을 가고야 말았다. (나는 기형적인 발에 쓰이는 깔창에 대해 내 아내가 공동 집필한 학술지 「더 풋The Foot」에 게재된 논문을 아버지에게 드렸지만, 아무 소용이 없었다.) 아버지는 늘 어떤 병과 관련해서건 '이 나라 최고의 의사'를 조사해서 찾아낼 수 있다고 생각했다. 결국 민간 부문에서 자기 홍보를 가장 잘한 의사가 거기에 해당될 터였다. 아버지에게 최고의 의사란 늘 가장 큰 개인 병원을 가지고 최고의 수입을 올리는 사람들이었다. 아버지는 왜 그렇게 생각했을까? 아마 그렇게 생각해야 자신에게 약간의 통제력이 생긴다고 느꼈기 때문일 것이다. 아버지는 언제나 개인적인 성공과 그 성공에서 얻을 수 있는 과시적 요소에 감동을 받았다. 자신감과 야망을 좋아했다. 자기 자신의 가치를 아주 잘 알고 있었다. 70대 중반에 아버지는 글을 쓰기 시작했고, 새천년이 다가와 예수의 재림으로 구원받는 세상에 대한 짧은 책을 완성했다. 그 책은 낙관주의로 가득했고 평화와 사랑이 넘치는 용감하고 새로운 세상을 예견했다. 아버지는 찾아낼 수 있는 모든 출판 에이전트 및 할리우드에까지 원고를 보냈다. 결국 그 책은 저자가 보조금을 낸 형태로 출간되어 시내 중심가 우체국에서 '우리 지역 저자의 책'으로 팔렸다. 1년 뒤, 여객기 두 대가 뉴욕 쌍둥이 빌딩에 충돌했다.

세월이 흐르면서 나는 아버지의 모든 병에 부득불 깊이 관여하게 되었다. 아버지는 엄청나게 많은 음식을 먹는데도 몸이 야위어 뼈와 가죽만 남았다. 노쇠한 치매 환자들이 음식을 실컷 먹는데도 살이 빠지게 만드는 그 불가사의한 물질이 무엇인지 제약회사가 알아내 병에 넣고 판다면 떼돈을 벌 수 있을 것이다. 후반기 몇 년 동안 나는 영국 남동부의 다양한 외과, 내과, 정신의학과에 친숙해졌다. 많은 시간을 들여 지역 보건의 진료, 안과, 노년 정신의학과, 보청기 진료, MRI 검사, 검안사, 치과, 노인병 검사 등 필요한 곳에 아버지를 모시고 다녔다. 아버지와 같은 질병을 앓는 노인들이 이용할 수 있는 방대한 서비스를 직접 볼 수 있었다. 방문 간호사(다리 궤양, 요실금과 변실금 관리), 치매 환자를 위한 자원 봉사자들, 지역 사회 정신과 간호사(편집 망상 담당), 지역 사회 수간호사, 심부전 전문 간호사(심방세동과 허혈성 심장 질환 담당), 저시력 서비스(백내장과 나이 관련 시력 감퇴 관리), 물리 치료사(관절염과 골다공증 관리), 작업 치료사, 사회 복지사 및 나는 잊어버렸지만 이외에도 분명 수많은 사람들이 있다. 장기 부전이 발생할 때마다 헌신적인 전문가팀이 아버지가 삶의 질을 유지하고 항상 자립심을 유지할 수 있도록 도와주었다.

틈틈이 의료 기관을 찾아다니는 동안 아버지의 친구들과 옛 동료들의 장례식이 이어졌다. 이제 나에게는 런던 남서부와 서리의 수많은 화장터가 하나같이 친숙하다. 아버지는 동년배들이 결과는 생각지도 않고 그렇게 죽어버린다는 사실에 매번 놀라는 것 같았다. 비참하게도 80대 후반에 꺾이다니. 크리스마스 때마다 아버지는 자신이 갖고 있는 명부에서 명함을 몇 장 더 없앴고 큰 주소록에 적힌 주소에 가위표를 쳤다.

결국 아버지가 어머니를 집에서 돌보는 것을 포기하고 어머니가 양로원에 들어갔을 때, 낡아빠진 그 건물을 주기적으로 방문하는 것은 이후 몇 년 동안 아버지의 삶에서 가장 흥미로운 부분이 될 터였다. 그때쯤 아마 아버지도 치매가 진행되고 있었을 것이다. 확실히 귀가 거의 멀었고 시각도 상당히 손상되었다. 대화는 해럴드 핀터 2005년에 노벨문학상을 수상한 영국의 극작가-옮긴이 아니면 앨런 베넷익살스럽고 예리한 문체로 유명한 영국의 극작가 겸 소설가-옮긴이의 작품처럼 기묘했는데 뜬금없이 나타나 뜬금없는 말로 참견하고는 뜬금없는 대답을 듣는 양로원의 다른 거주자들과 대화를 나눌 때면 특히 그랬다. 약광층 바닷속에서 빛이 도달할 수 있는 가장 깊은 층으로, 빛이 있으나 광량이 부족해 광합성이 불가능하다. 경계가 불분명한 상태를 빗댄 표현으로도 쓰인다-옮긴이에서 보내는 삶이었다.

아버지가 신의 은총을 잃은 것은 희비극이기는 하지만 어쨌든 희극이었다. 나이가 들고 치매에 걸리면, 사람들은 예전 자신의 캐리커처사람이나 사물을 우스꽝스럽게 풍자한 글이나 그림-옮긴이가 되는 것 같다. 개성이 왜곡되고 과장된다. 의사를 만나러 가는 길은 계획을 세우고 옷을 골라 입고 자동차로 이동하고 터덜터덜 걸어가는 등, 하루 중 가장 많은 시간을 차지한다. 병원 1층으로 내려가 다리를 앞좌석에 집어넣고 보청기가 사운드트랙처럼 끊임없이 들려주는 윙윙, 쉭쉭 소리에 귀를 기울이기까지 10분이 걸린다. 예외 없이, 아버지는 자신의 이름이 불리는 순간 화장실에 가고 싶어 했다. 그러면 또 30분이 지나갔다. 아버지는 화장실 바닥을 엉망으로 만들었고 바지가 오줌으로 축축해지곤 했다.

의료진의 인내심은 놀라웠다. 간호사들은 안과용 기구로 아버지의 백내장을 검사하려고 긴 시간을 소비했지만 아버지는 귀가 먹은 데다 심각한 척주 후만증(등과 허리가 굽는 증상)까지 있어서 아버지의 머리를 그 도구에 맞추는 것은 사실상 불가능했다. 결국 아버지는 얼굴을 수평으로 유지하기 위해 두 다리를 공중에 든 자세에서 국소 마취 상태로 백내장을 제거했다. 나는 아버지의 귀에 대고 외과 의사와 마취과 의사의 지시 사항을 큰 소리로 알려줘야 했으며 아버지가 잘못 알아듣고 수술 중에 몸을 일으킬까봐 몹시 걱정했다.

90세의 나이에 이 수술이 아버지의 시력에 도움이 될 가능성은 어느 정도였을까? 황반변성 때문에 망막이 심각하게 손상된 상태였다. 예상했던 대로, 시력이 향상되지는 않았다. 그렇더라도 아버지는 다른 쪽 눈도 수술하라는 권유를 받아들였다.

우리는 왜 이 세상에서 남은 시간이 거의 없는 사람들에게 사실상 성공할 확률이 없는 수술을 하고 있을까? 아버지는 백내장 수술을 강경하게 고집했지만 의미 있는 이득을 얻을 가능성이 조금이라도 있는지 파악할 능력은 거의 없었다. 이제 외과 의사나 다른 의사는 환자의 수술을 거부할 수 없는 모양이다. 비용과 이해득실을 저울질하고 판단을 내리려 애쓰는 것보다는 그냥 수술을 하는 편이 더 쉽다. 선택은 환자의 몫인데, 환자들 중 그 문제에 대해 합리적인 결정을 내릴 만한 입장에 있는 사람은 극소수다. 한 개인이 평생 지출하는 의료비 중 대부분이 인생의 마지막 여섯 달 동안 쓰인다. 이것은 자율성의 부정적 측면이다. 결국 아버지는 두 번째 백내장 수술을 받지 않았다. 차례가 돌아왔을 무렵에 아버지는 사전 동의가 불가능한 상태였다. 아버지는 그 점에 대해 과대망상을 보였고 내가 다양한 가상의 인물들과 모의해 아버지가 수술을 거부하게 만들었다고 의심했다.

아버지는 자신이 만든 세계 속에서 살고 있었다. 우리는 일상생활의 모든 면을 도와줄 입주 간병인을 고용한 상태였다. 치매에 걸린 아버지는 머릿속에서 자신을 잡으러 온 피터 발리콘이라는 인물을 창조해냈다. 이 공상은 제임스 본드 수준으로 확장되었다. 피터 발리콘은 스코틀랜드의 대저택에 살았고 그곳에서 수많은 손님들이 참석하는 파티를 주최했다. 아버지보다 열 살 더 많았지만 전용 비행기를 타고 다녔고 곡예비행을 매우 즐겼다. 이 악당은 아버지의 돈을 추적하기 위해 아버지를 감시할 사람들을 20명 고용했다. 아이들과 심지어는 나이 많은 여자들도 있었다. 그들은 아버지 집 바닥에 커다란 구멍을 여러 개 뚫었고 아버지가 움직일 때마다 그 구멍에서 얼굴을 불쑥 내밀어 감시하곤 했다. 정원에는 전기 울타리가 있었다. 피터 발리콘이 8월 8일 자정 무렵에 자신을 죽이려 암살자를 고용한 적도 있다고, 아버지는 주장했다.

아버지는 그 공상으로 불안해지는 않았다. 아버지의 뇌는 자신이 세상의 중심이 된 복잡한 공상으로 틈새를 메웠다. 이런 증상을 샤를 보네 증후군이라고 부르는데, 자신의 조부에게서 그 현상을 발견한 뒤 그 질환을 처음으로 서술한 18세기 자연주의자 겸 철학자의 이름을 그대로 붙인 것이다. 몇 년 전에 아버지는 이 환각이 사실이 아님을 인식하고 있었다. 커튼이 폭포로 보였을 때, 무슨 일이 벌어지고 있는지를 합리적으로 판단할 수 있었다. 시간이 지나고 치매가 진행되면서 점차 그런 분별력을 잃었고 아버지의 세계는 갈수록 기이해졌다. 우리는 아버지가 피터 발리콘이라는 사람을 알고 지냈는지 무척 궁금해서 아버지의 옛 직장 동료 한 사람과 간신히 연락을 취했는데, 그는 피터 발리콘이 중개인이었고 아버지가 주장하는 대로 열 살 더 많았으며 수십 년 전에 죽었다는 사실을 알려주었다. 왜 이 과거의 사람이 나타나 아버지의 뇌리를 맴도는지는 모를 일이다. 이것은 사실과 공상, 그리고 치매라는 세상의 뒤틀린 논리가 뒤섞인 혼합물이다.

하느님과의 모든 계약이 그렇듯, 이 모든 것도 결국에는 무너져 내렸다. 아버지가 침대에서 떨어지는 바람에 구급 대원이 한 시간 동안 골절과 감염 여부를 확인하고 아버지를 다시 침대로 올려주곤 했다. 8일 동안 그런 추락이 네 차례 일어나자, 나는 아버지가 병원에 입원해야 한다는 사실을 받아들여야 했다. 우리는 언제나 그런 상황을 피할 수 있기를 바랐다. 아버지에게 급성 환자 병실은 필요 없었다. 아버지는 '고도로 쇠약'하다고 노인 의학 전공의가 나에게 말했고 그 문제로 언쟁하고 싶지 않았다. 어떤 치료도, 조사도 필요하지 않았다. 아버지의 상황을 평가한 결과, NHS 기금으로 요양원에서 간호를 받을 자격이 있는 것으로 판명되었다. 이것은 그 자체로 작은 기적이다. NHS 기금을 받기 위해서는 덜컹거리는 구급차를 20분만 타도 사망할 만큼 쇠약해야 한다. 아버지는 '신속한 처치 요망' 환자로 여겨졌고 나는 일주일 동안 런던과 서리의 다양한 요양 병원을 찾아다녔다. 결국 우리는 아버지의 집 근처에서 한 군데를 발견했다. 아버지는 그곳으로 이송되었고 이틀 뒤에 세상을 떠났다. 구급차로 인한 죽음이었다.

나는 괴로워하는 간병인으로부터 전화를 받았는데, 아버지가 점심 식사 이후에 침대에서 사망한 채 발견되었다고 알려주었다. 음식을 먹는 동안 몇 차례 기침을 했고 그들은 아버지가 질식했나 싶어 두려워한 것 같았다. 나는 다 괜찮다고, 그들을 비난하지 않는다고 안심시켰다. 다음 날, 지역 보건의와도 이 문제를 논의했는데 결국 그는 검시관에게 시신을 보낼 필요가 없다는 데 동의했다.

치매나 다른 신경 변성 질환의 마지막 단계는 똑같다. 환자는 침대 신세가 되고, 움직이지 못하며 대소변 실금이 나타나고 음식을 삼킬 수 없게 된다. 검시관의 사후 검시와 사인 규명 절차를 진행하는 사례가 줄어들고 있다. 노인 중에서도 가장 쇠약한 이들을 돌보는 사람들은 환자가 추락하거나 질식할까 봐 끊임없이 걱정하며 지낸다. 아버지의 경우에는 '어떻게 죽었을까'보다 '어떻게 그토록 오래 살아남았을까'가 더 중요한 질문이었다.

아기일 때 우리의 세상은 아주 작다. 우리는 먹고, 마시고, 오줌과 똥을 싼다. 몇몇 얼굴들이 나타나고 그 얼굴들은 우리에게 이런저런 일을 해준다. 우리는 불편하면 울고 보챈다. 불편하지 않을 때는 잠을 자거나 팔다리를 꼼지락거리며 그러다 결국 웃음을 짓는다. 시간이 지나며 우리의 세계가 커진다. 다양한 얼굴과 다양한 소리를 인식한다. 보고 느끼는 것을 이해하기 시작한다. 세계는 우리의 방을 벗어나 거리로, 다른 집들로 이동한다. 우리는 의미 있는 소리를 내기 시작하고 다른 사람들이 내는 소리에도 의미가 깃들기 시작한다. 오리와 고양이 같은 다른 동물들이 우리의 마음을 사로잡는다. 우리는 주체적으로 몸을 움직이기 시작한다. 걷고 넘어진다. 통증을 경험하고 아픔을 느낀다. 우리는 유아용 변기에, 그 다음에는 화장실 변기에 쉬를 하고 응가를 하는 법을 익힌다. 음식이 맛있게 느껴지기 시작한다. 다른 사람들과 생물들에 대해 애정을 느끼기 시작한다. 세계는 점점 크기가 커지고 다양해진다. 우리는 캐러밴을 타고 해변에 가서 물속에 발가락을 담근다. 그런 다음 모래로 성을 만들고 무너뜨리길 반복한다. 아이스크림이 맛있다고 느끼고 아이스크림 윗부분이 모래 위에 떨어지면 울음을 터뜨린다. 회전목마에서 빨간 자동차에 앉는 것은 아이들이 경험할 수 있는 가장 신나는 순간이다. 몸의 주요 부위를 은밀히 만지면, 아주 특이한 방식으로 기분이 좋아진다. 우리는 내가 아는 것을 아직 모르는 아이들이 있음을 눈치 챈다.

그러다가 학교에 가고 다른 아이들이 아주 많다는 사실을 깨달는다. 자기 자신을 포함해, 살아 있는 존재는 모두 죽는다는 사실을 알게 된다. 밤이면 침대에 누워 우주의 크기와 우주가 어떻게 영원히 지속되는지 생각한다. 몇 년 이내에는 2계 미분방정식을 풀면서 사회에 대해, 그 불공정함에 대해 걱정하고 있을 것이다. 남자아이라면 성기에서 느껴지는 이상한 감각이 깨어 있는 시간을 지배한다. 술에 취하고, 술 두 가지를 섞어 마시면서 다시는 느끼지 못할 강렬한 황홀함을 접한다. 대학에 가고 휴가나 출장으로 세계의 다른 곳들을 돌아다닐 수도 있다. 이제 세상은 아주 큰 장소이며 우리가 아는 사람들은 아주 많다. 우리는 어깨를 짓누르는 세상의 무게를 느낀다. 아이들, 직업, 소득세, 주택 담보 대출이 생긴다.

머지않아, 세상이 다시 줄어들기 시작한다. 갑자기 죽는다면 그럴 일은 없겠지만, 충분히 오래 산다면 온전하고 풍요로운 삶이 서서히 쇠퇴하기 시작하고 냉혹하게 앞으로 나아가다가 어느새 우리는 양로원 부활절 파티를 위해 커다란 종이에 큼직한 노란색 종이 병아리를 붙이려 애쓰고 있을(아마도 실패할) 것이다. 우리에게는 지나간 삶, 크나큰 성공과 엄청난 불행에 대한 기억이 거의 없을 것이다. 우리는 우리 자신의 평행 우주 속에서만 살며 자녀와 손자 손녀들의 걱정이나 문제를 인식하지 못할 것이다. 아기처럼 우리의 삶은 먹고 똥오줌을 싸고 잠을 자는 행위로 이루어진다. 이제는 몸이 크니 누군가 몸을 들어 실내용 변기에 앉혀줘야 한다. 아기였을 때는 적어도 작고 성장 중이었지만, 이제는 몸이 크고 쇠퇴하는 중이다.

양로원이나 요양원에 있다면, 극단적인 기분이 존재하지 않는 환경에서 지내게 될 것이다. 비로 인해 몸이 젖거나 추위 또는 눈부시게 작열하는 태양을 경험하는 일은 거의 허용되지 않을 것이다. 모든 자연스러운 불편함, 실생활을 살아갈 때 느껴지는 불편함으로부터 보호받을 것이다. 지나친 것은 아무것도 없을 것이다. 술에 취하는 일도 없을 것이다. 성욕도 없다. 버려질 일도 없다. 이곳은 약광층이다.

이 상태에서 우리는 겨울마다 독감 예방 주사를 맞고 심장 마비를 예방할 스타틴을 투여받을 것이다. 우리가 이해하지도, 복용에 동의하지도 않은 여러 약을 말이다. 지역 보건의의 근무 시간 외에 돌발 상황이 발생하면, 우리는 한밤중에 재빨리 응급실로 옮겨질 것이고, 응급실에서는 NHS의 뛰어난 실력자들이 패혈증으로 사망하지 않도록 골든타임 안에 조치를 취할 준비를 마친 채 우리를 돌보려고 기다리고 있을 것이다. 우리는 빠르게 흐르는 강물 속을 떠다니는 나뭇잎과도 같다. 무슨 일이 벌어지고 있는지, 그 이유가 무엇인지 알지 못한다. 우리는 전적으로 무기력하다. 아니, 정말 그럴까?

18. 의사들은 어떻게 죽는가

"나뭇잎들이 조용히 땅으로 떨어지고 있네."

- 앤터니 앤 더 존슨스

1904년에 위대한 러시아 극작가이자 의사인 안톤 체호프가 독일의 온천 휴양지 바덴바일러에 갔다. 그는 폐결핵을 앓았는데 얼마 전부터 쇠약해지고 있었다. 아내 올가의 회상에 따르면 그가 갑자기 침대에서 몸을 일으켜 자신이 죽어가고 있다고 말했다고 한다. 의사가 왔을 때, 그는 심장 기능을 되돌리는 강심제를 주사한 뒤 샴페인을 달라고 했다. 죽어가는 동료 의사에게 샴페인을 주는 것이 의사들의 전통이었다. 체호프는 샴페인 잔을 받았고 웃음 띤 얼굴로 그 잔을 비우며 이렇게 말했다. "오랜만에 마시는 샴페인이군." 그러고 나서 자리에 누운 다음, 세상을 떠났다.

의학에서 자명한 윤리 원칙이 있으니 의사는 자기 자신이나 자신이 사랑하는 사람들이 받아들일 수 없는 방식으로 환자를 대해서는 안 된다는 것이다. 의사들에게 그들의 환자들과 똑같은 방식으로 죽기를 원하느냐고 묻는다면 흥미로운 훈련이 될 것이다. 나는 어떤 대답이 나올지 알 것 같다. 노인 의학 전문의로서 거의 30년을 보내며, 나는 수십 명의 동료 의사들을 치료했고 그중 많은 이들이 죽었다. 그들은 대부분 지속 관리 병동이나 뇌졸중 병동에서 죽었다. 처음에 나는 염려하는 마음으로, 언제나 최대한 예의 바르게 행동하고, 가능한 조사와 치료의 범위를 모두 논의해야 한다고 생각했다. 이 환자들의 실제 태도는 완전히 달랐다. 언제나 현실적인 기대만 품고 있었는데 요컨대 기대치가 낮다는 뜻이었다. 평생 임상 진료에 종사하다 보면 달성 가능한 목표에 대한 장밋빛 전망이 사라진다. 의료진의 가족들도 언제나 결과에 대해 비슷하게 생각했다. 소생 시도 포기 결정을 환자나 환자 가족들과 상세히 논의하는 경우는 드물었는데, 흔히 의사가 소생술을 좋아하지 않을 거라고 여기기 때문이었다. 진행 중인 치료에 대해 계획을 세울 때는, 폐렴처럼 생명을 위협할 수 있는 합병증이 발생한다면 그 상황에 개입하지 말라고 분명하게 조언했다.

내가 의사로 임용되던 1980년대 후반에 폴은 외과 수석 전문의였다. 그는 흡연하는 모습을 공개적으로 선보이던 마지막 의사들 중 하나였다. 당시에 직원 매점 옆에는 상습 흡연자들이 애용하는, 고약한 악취가 풍기는 방이 하나 있었다. 폴은 오후 수술 시간 전에 병원 운반 담당자들, 의료 서비스 지원팀들과 함께 그 방에 앉아 담배를 피우곤 했다. 10년 동안 행복한 퇴직 생활을 하던 중에 그의 생활 방식이 대규모 대뇌출혈이라는 형태로 그의 발목을 잡았다. 우리가 잘 아는 사람이나 함께 일했던 사람의 고통을 목격하는 것은 늘 더 힘겨운 일이다.

뇌졸중 발병 며칠 뒤에 그의 가족은 폴의 '생전 유언장'을 꺼냈다. 이 서류는 누군가가 병에 걸려 자기 자신을 위한 결정을 할 수 없게 될 경우에 대비해 자신이 어떤 치료를 허용할지, 혹은 허용하지 않을지를 명료한 정신일 때 작성해둔 계획서다. 생전 유언장은 형식이 다양한데 그중 가장 당혹스러운 것은 '존엄한 죽음(예전에는 '자발적 안락사 협회'라고 불렸다)'이라는 웹사이트를 통해 온라인으로 열람할 수 있는 형태다. 생전 유언장에서는 안락사나 조력 자살의료진의 도움을 받아 자신의 목숨을 끊는 행위-옮긴이을 요청할 수 없는데, 둘 다 현재 영국에서는 불법이다. 나는 환자로부터 '검은 알약'을 달라는 부탁을 받은 적이 두 번 있다. 의사들이 환자의 요청에 따라 줄 수 있는 치명적인 알약이 있다는 생각은 그야말로 근거 없는 믿음이다.

생전 유언장은 의료진에게 지침을 제공할 수 있다. 내 부모님은 두 분 다 생전 유언장을 썼지만 장기화된 치매와 쇠약함 때문에 정말로 도움이 되지는 않았다. 부모님의 서류에는 생명을 위협하는 중대한 질병이라는 언급은 있었지만 치매나 노화 진행에 따른 점진적 쇠퇴는 언급하지 않았다. 생전 유언장(혹은 사전 결정이나 지시)은 환자의 서명과 작성 날짜, 증인이 필요하며 죽음을 앞둔 때와 죽음 자체에 대해 선호하는 내용을 명기해야 한다. 생전 진술, 즉 소망 진술은 약간 다르다. 두 종류의 서류 모두 법적 정당성이 있지만 생전 진술에는 증인이 필요 없다. 이 서류에는 정신적 능력을 상실할 경우 어떤 삶을 살고 싶은지를 상세히 기술한다. 어떤 종류의 음악을 듣고 싶은지, 무엇을 먹고 마시고 입고 싶은지, 어떤 유형의 간호를 선호하는지 등을 적으면 된다. 요양원에서 기본으로 제공하는 선택 사항은 대개 달콤한 홍차, 텔레비전 드라마, 편안한 음악, 냉동 생선살 튀김이다. 내 경고를 잘 들어두길 바란다.

폴의 생전 유언장은 일종의 의식의 흐름에 따라 쓰였고 이따금씩 나를 웃게 했다. 그는 자신이 사랑했던 개 몇 마리의 죽음을 이야기하면서, 그 개들이 고통에서 벗어나서 정말 다행이라고 말했다. '우리는 왜 사랑하는 동물들이 죽게 내버려둘 수 없는가?'라고 썼다. 물론 의사로서 자신이 '안락사를 당할' 수 없음을 아주 잘 알았지만 말이다. 뒤이어 그는 브로드스테어즈의 요양원에서 세상을 떠난 종조할머니가 겪은 곤경을 묘사했다. 서류는 횡설수설이었고 법률과 관련된 내용은 아예 없었지만 그럼에도 그를 돌보는 데 관련된 모든 이들에게 자신의 의견을 분명히 밝혔다. 그는 뇌졸중 발생 이후 몇 주가 지나서 죽었고 연명 치료는 없었다.

더 젊은 환자들에게는 상황이 더 어려울 수 있다. 50대 후반인 지역 보건의인 라메시는 기저 질환이 없었고 건강에 약간 광적으로 신경 썼다. 도보 여행으로 보낸 휴가에서 막 돌아왔을 때 심각한 뇌졸중이 발생했다. 음식을 삼키지 못했고 몸 한쪽이 마비되었다. 그는 비위관을 통한 영양 공급에 물리적으로 저항했다. 그의 가족은 괴로워했지만, 훗날 장애로 이어질 질병이 생기면 치료를 원치 않는다던 그의 소망을 존중해달라고 우리에게 말했다. 쇠약해져가는 그의 모습을 지켜보는 것은 힘든 일이었다. 특히 그는 뇌졸중 외에는 건강한 편이었고 심각한 장애를 겪더라도 분명 살아남았을 것이기 때문이었다. 폴처럼 라메시도 몇 주 뒤에 세상을 떠났다.

우리 부서와 소속 의료진은 모든 면에서 감시를 받는다. 의료 기관을 위한 국가적 데이터베이스인 '닥터 포스터'가 우리에게 사망률과 성과에 대한 비교 자료를 제공한다. 과거에 나는 '뇌졸중 관리 국가 감사 프로그램SSNAP'으로부터 출혈성 뇌졸중 같은 일부 영역에서 우리 부서의 사망률이 높고 우리가 '특이값'으로 분류될 것이라는 경고를 받았다. 이런 경고는 고위 간부들 사이에 엄청난 공포를 초래한다. 평판이 손상되는 것은 어느 병원이건 가장 두려워하는 상황이다. 이 일이 일어났을 때 우리는 문제의 그 기간 동안 발생한 모든 사망 기록을 살펴보았는데 뚜렷한 의료적 오류나 간호의 부족함을 확실히 찾지는 못했다. 우연히 특정 기간에 일반적으로 예상되는 수준보다 더 심각한 뇌졸중이 발생할 때가 있다. 이 모든 자료는 곧바로 공개된다. 단점은 기삿거리가 부족한 기자들에게 즉각 괴담을 제공한다는 점이다.

삶의 질에 더 큰 관심을 기울여야 할 때 우리는 현대 의료 서비스의 사망률에 집착한다. 하나는 수치로 나타내기 아주 쉽고 다른 하나는 사실상 불가능하다. 죽음이 반드시 형편없는 결과는 아니라는 점을 받아들일 때까지, 우리는 영원히 사망률 비교로 우리 자신을 고문할 것이다. 통계는 모든 변수를 고려할 수 없다. 영국에서 가장 좋은 지역에 사는 사람들과 가장 열악한 지역에 사는 사람들 사이에는 건강 수명이 거의 20년 정도 차이가 난다. 공공 보건 전문가들은 왜 그런 차이가 발생하는지 파악하고자 갖은 노력을 기울인다. 사실 이런 다양성의 70퍼센트는 흡연이 원인이라고 여겨져왔다. 사망률은 정책

입안자들의 손아귀뿐만 아니라 개개인의 손에도 달려 있는 것이다.

가을마다 나는 다음 해 봄이 올 때까지 마지막이 될 수영을 하러 대담하게 바다로 가는데, 그때마다 특이하고도 일시적인 우울함을 느낀다. 물은 극도로 차갑고 10월의 구름은 납빛이다. 약간의 존엄성을 유지한 채 수영복을 갈아입으려 애쓰며 딱딱한 조약돌 위를 고통스럽게 깡충거릴 때, 어쩌면 이 순간이 내 평생 마지막 수영일지도 모른다는 생각이 머리를 스친다. 자전거를 타고 집으로 돌아오며, 나는 아일랜드 켈트족 특유의 우울함을 만끽한다. 분명 모든 것에는 마지막 때가 있다. 그때가 다가오면 나는 그것이 마지막이라는 사실을 알까, 아니면 다행히도 이런 분별력을 발휘하지 않고 그 순간을 맞이할까? 식당에서 음식을 먹거나 선술집에 갈 때에도 마지막 순간이 있을 것이다. 섹스를 하거나 정원을 걷는 마지막 순간, 아내에게 말을 하거나 자녀들과 의미 있는 대화를 나누는 마지막 순간, 내가 도움 없이 발톱을 자르는 마지막 순간, 음식 한 입을 삼키는 마지막 순간, 숨을 들이마시는 마지막 순간이 있으리라.

19. 생전 진술서와 생전 유언장

> *"늙어서 음침하게 시들다 사라지느니 차라리 어떤 찬란한 열정으로 가득할 때 과감히 저 다른 세상으로 넘어가는 편이 나을 것이다."*
>
> - 제임스 조이스

수십 년이 넘도록 자연이 현대 의학의 도움과 지원을 받아 노인에게 퍼부을 수 있는 수많은 고통과 모욕을 목격해왔기에, 나의 생전 진술서와 생전 유언장(또는 가끔 부르듯이 사전 진술과 사전 지시)을 작성해봐야겠다는 생각이 들었다. 따라서 다음은 내가 스스로 결정을 내릴 수 없는 정신적 상태에 이를 경우, 내가 처한 그 미래에 대한 바람을 처음으로 표현해본 내용이다.

데이비드 재럿의 생전 진술서

지친 오두막, 소모된 길, 기진맥진한 자, 나 데이비드 재럿은 내가 정신이 건강한 사람임을 선언하며 혹시 내가 육체적으로나 정신적으로 나 자신을 돌볼 수 없게 될 경우, 내 돌봄에 관해 선호하는 사항을 진술한다. 나로 인해 소동이 벌어지지 않기를 원하며 내 자녀들이나 손자 손녀들의 삶에, 조금이라도 의미 있는 방식으로 나를 돌봐야 한다는 부담이 생기기를 기대하지도 않고 바라지도 않는다. 이울어가는 나의 삶보다 그들의 삶이 우선이다. 나는 가능한 오래

내 집에 머물고 싶지만 혹시 시설의 돌봄이 필요하게 된다면 그것을 과도하게 연장하는 조치를 취해서는 안 된다(생전 유언장 참조). 나는 차나 커피에 설탕을 넣지 않는다. 언제나 한 번에 술 두 가지를 즐겨 마셨으며 이에 반하는 의학적 조언이 있더라도 죽을 때까지 계속 그렇게 하고 싶다. 나는 음악을 즐기며 애장 CD 중에서도 더 좋아하는 모음집이 있으니 1970년대 프로그 록이면 대개 적당하다. 내가 평생 들었던, 그게 아니어도 어쨌든 발매 이후 쭉 들었으며 결코 질리지 않을 것 같은 음반과 좋아하는 곡 목록은 다음과 같다.

- 예스의 「가장자리에 더 가까이Close to the Edge」
- 캡틴 비프하트의 〈트라우트 마스크 레플리카Trout Mask Replica〉
- 록시 뮤직의 초기 앨범
- 밴 모리슨의 〈애스트럴 위크스Astral Weeks〉
- 소프트 머신의 〈3집〉와 〈7집〉
- 헨리 카우의 〈배움의 찬양In Praise of Learning〉과 〈콘서트Concerts〉의 3면에 수록된 「오슬로Oslo」
- 마일스 데이비스의 「세 가지 감정Three Little Feelings」
- 나를 진정시킬 때는 마일스 데이비스의 〈카인드 오브 블루Kind of Blue〉를, 나를 깨울 때는 프로디지의 〈더 팻 오브 더 랜드The Fat of the Land〉를 추천함
- 피터 월록이 영어로 번안한 노래도 무척 좋아함

내가 반복해서 즐겨 보는 영화가 있으니, 기분 전환이 필요할 땐 〈대부〉나 〈대부 2〉, 데이비드 린치 감독의 영화라면 뭐든 좋지만 특히 〈블루 벨벳〉이나 〈멀홀랜드 드라이브〉, 알랭 레네 감독의 〈신의 섭리 Providence〉, 또는 희극 집단 몬티 파이선이 제작한 〈몬티 파이선의 '브라이언의 일생'〉을 보여주길 바란다. 내가 이 영화들을 즐겁게 보지 못하면 심각한 치매라고 결론을 내려도 된다(생전 유언장 참조).

나는 거의 모든 음식을 먹지만 축일과 국경일에 굴 한두 개와 차가운 샤블리 와인 한 잔 또는 두 잔을 먹는다고 해서 큰일이 나지는 않을 것이다. 가끔은 바다를 보며 바람과 파도의 비말을 보고 싶다. 내가 감기에 걸릴까 봐 걱정하지는 말 것. 그것도 이 경험의 일부다.

제발 화가 존 컨스터블의 〈건초마차〉 복제품을 내 방에 걸지 말 것. 그의 유화 소품은 아주 멋지지만 큰 그림들은 지루하다. 조르조 데 키리코의 〈거리의 신비와 우수〉나 살바도르 달리의 〈빵 바구니-치욕보다 죽음Basket of Bread-Rather Death Than Shame〉 같은 그림이나 에드워드 호퍼의 작품 중 〈밤을 지새우는 사람들〉을 제외한 도시 야경 그림이면 좋겠다.

내가 죽으면 화장해주기를 바란다. 장례식 음악은 에디와 핀바 퍼리의 「워털루 평원The Plains of Waterloo」, 더 포그즈의 「소호의 비 오는 밤A Rainy Night in Soho」, 스탠리 브라더스의 「에인절 밴드Angel Band」로 해주고, 내 관(부디 저렴한 판지로 해주길)을 운구할 때는 헨리 카우의 「장엄한 음악Solemn Music」, 가족들과 친구들이 떠날 때는 찰스 빌리어스 스탠포드 경이 작곡하고 캐슬린 패리어가 부른

「상쾌한 날A Soft Day」을 들려주어야 한다. 자선 기부는 동물들과 관련된 것이어야 하지만 사람들과 관련된 구호금을 보내길 원한다면 무신론 때문에 종교를 포기한 사람들을 후원하는 '신앙에서 불신앙으로'를 선택하겠다. 음식 제공은 모두가 '훌륭한 송별회'였다고 동의할 정도로 푸짐해야 한다. 내 유골은 두 군데로 나눠 담아서 반은 헤일링 아일랜드의 바다에 뿌리고 나머지 반은 소호 거리 곳곳에 흩뿌려주길 바란다.

서명 ....
날짜 ....

데이비드 재럿의 생전 유언장

허물어져가는 집, 쭈글쭈글한 길, 노쇠한 바다인 나 데이비드 재럿은 멀쩡한 정신으로, 내가 정신적으로 그리고/또는 신체적으로 병약해질 경우를 대비해 내가 바라는 내용을 분명히 밝힌다. 나는 적어도 60년의 건강한 삶을 누렸고 이에 감사한다. 나는 늘 삶이 생기 넘치는 것이라고 믿었다. 정신적으로나 육체적으로 세상을 즐기지 못하고 목숨만 붙어 있는 삶은 나에게 아무런 매력이 없다. 나는 고통에 의미가 있다거나 삶에 의미를 부여한다고 믿지 않는다. 이를 위해, 나는 내 삶의 마지막 시기가 나 자신과 내가 사랑하는 사람들의 유익을 위해 어떻게 관리되기를 바라는지 간단히 설명하겠다.

만일 나에게 치매가 생긴다면, 혈압 치료나 콜레스테롤 수치를 낮추는 약, 심부전이나 당뇨 또는 노인에게 흔한 다른 질병을 위한 증상 예방약 등 어떤 구명 치료나 1차 또는 2차 예방 약물도 원하지 않는다. 나는 독감 예방 주사나 폐렴 예방 접종을 원하지 않는다. 나에게 폐렴이 생기면 항생제는 쓰지 말고 산소와 마취제 같은 증상 조절 약물을 쓰길 바란다. 심장 마비나 뇌졸중이 발생하면 중재 치료나 수술, 연명용 약물은 원하지 않는다. 음식을 삼킬 수 없으면 정맥 주사나 비위관 및 다른 방법으로 물과 영양을 공급받기를 원하지 않는다. 괴로워하는 증상이 나타나면 일시적으로 완화해주는 정도여야 한다. 피부염이나 방광염처럼 고통을 유발하지만 생명을 위협하지 않는 감염은 고통을 완화하는 치료를 시행하면 된다.

암 치료는 생명 연장보다는 고통 경감에 초점을 맞춰야 한다. 정신이 건강한 지금, 나는 방사선 치료 한 번과 표준적인 화학 요법 한 번을 받을 의향이 있지만, 암이 재발할 경우에는 화학 요법이나 방사선 치료를 다시 받고 싶지 않다. 골수 이식이나 면역 요법은 정말로 원하지 않는다.

끝이 눈에 보이면 나는 모르핀을 넉넉히 투여받고 싶다. 최후의 날이 가까워져 올 때 내가 음식 때문에 질식하거나 폐색전이 생기더라도 의사나 간호사들을 몰아세우지 않기를 바란다. 우리는 거미줄처럼 복잡하게 얽힌 자연의 일부이며, 내가 사라질 때 우주가 내 작은 존재에 무심한 채로 그 광대하고 무의미한 행렬을 계속 이어나갈 것이라는 사실이 스스로에게 위로가 된다.

나는 내게서 어느 정도의 삶을 빼앗고 있을까? 1년? 2년? 몇 달? 그것은 신의 소관이다. 인간이 인식하는 많은 것들은 몇 초, 몇 분, 몇 시간처럼 시계로 정확히 측정할 수 있다. 정신 물리학에 '베버의 법칙'이라는 가설이 있는데, 이 가설은 우리가 자극의 변화를 감지하는 정도는 최초 자극의 강도에 비례한다고 설명한다. 예를 들어 한 손에는 무게가 50g인 추를 들고 다른 손에는 60g인 추를 들고 있다면 어느 것이 더 무거운지 알 수 있다. 그러나 200g인 추와 210g인 추를 들고 같은 실험을 한다면, 분명한 차이를 감지하기란 어렵다. 비슷하게, 상자 안에 점이 10개 찍힌 그림과 점이 20개 찍힌 그림을 비교해보면 점이 20개 찍힌 상자에 더 많은 점이 들어 있다는 사실을 쉽게 알 수 있다. 각각 점 100개와 110개가 찍힌 상자를 구별하는 것은 쉽지 않다. 두 예시에서 상자에 찍힌 점의 차이는 똑같이 10개지만 뇌는 '자극'의 세기가 더 큰 경우에는 차이를 잘 인식하지 못한다.

이 현상이 많은 생리학 체계에서 발견되는데, 약의 용량과 인체 반응 사이의 관계, 또는 자극의 강도와 자극을 받은 신경이 나타내는 전기 활동과의 관계가 그런 경우다. 정말 일리 있는 말이다. 조용한 방에서 귓속말을 하면 침묵에 비해서는 소리가 난 것이므로 그 귓속

말을 들을 수 있지만, 시끄러운 소리로 가득한 방에서는 그 귓속말을 들을 수가 없다.

이 이야기는 어디로 이어지는가? 베버의 법칙은 긴 시간이 경과할 때 우리가 그것을 인식하는 방식에도 적용된다. 어릴 때는 크리스마스와 다음 크리스마스 사이의 1년이 영겁의 시간처럼 느껴졌다. 그리고 실제로 그랬다. 다섯 살 아이와 여섯 살 아이가 살아온 기간에는 인생의 5분의 1, 즉 20퍼센트라는 차이가 있다. 그러나 80세 노인과 81세 노인의 차이는 삶의 80분의 1이다. 1퍼센트를 조금 넘는 정도다. 해가 지날 때마다 생일이 무섭도록 가속화된 속도로 왔다 가는 것처럼 느껴지는 이유가 바로 이것이다.

연장된 삶을 끊임없이 추구하는 처치나 약물로 노년에 얻게 되는 시간은 더 젊은 세대가 인식하는 것보다 훨씬 짧게 느껴진다. 이 삶을 지탱하기 위해 필요한 자원은 나이에 상관없이 똑같다. 삶의 불꽃은 젊을 때 눈부시게 타오른다. 서글프게도 노망이 나면, 그것은 허약하게 색색거리는 불꽃이 되어 바람 한 점만 불어도 꺼질 수 있다.

따라서 나이가 아주 많은 노인에게는 잃어버린 시간이 며칠이나 몇 주, 몇 달, 심지어 몇 년에 이르더라도 그 시간이 베틀의 북처럼 휙 지나간다는 것이 내 주장이다. 이 역시 '수확체감의 법칙'이다. 투입되는 요소는 엄청나지만 알아볼 수 있는 수확이 거의 없다. 대부분의 노인들은 추가로 얻은 날들을 움직이지도 못하고 귀가 멀고 앞이 잘 안 보이고 정신적으로 혼란스러운 상태에서 괴롭게 보낼 것이며, 그 시간은 한 사람의 생애에서 가장 소중한 시간은 아닐 것이다.

20.　　뇌졸중에 관한 대화

"그는 잔혹한 내용을 친절하게도 전달하더라."
- 에이미 와인하우스

　　나쁜 소식을 전하는 것은 지금은 다른 의사소통 기술과 함께 모든 의과대학에서 가르치는 기술이다. 지혜를 바탕으로 수십 년에 걸쳐 연마해야 하는 기술을 정말 배울 수 있느냐, 하는 것은 다른 문제지만 내 생각에 몇몇 기본 원리를 머릿속에 심어둘 필요는 있다. 내가 초보 수련의 시절엔 그런 가르침을 받지 않았다. 환자들에게 암이나 인생이 바뀔 만한 다른 질병이 있다고 말할 때 정말이지 형편없었다. 나는 "조직 검사 결과 편평상피암이 보입니다"라는 표현을 썼다. 마치 대부분의 환자들이 그게 뭔지 알 수 있다는 듯이 말이다. 변명을 하자면 나는 고작 20대 초반이었고 인간이 겪는 상황에 대해 거의 이해하지 못했다. 보통은 현명하게도 나보다 경험이 많은 의료진이 그 역할을 맡았다. 간호사들은 사람들과 이야기 나누는 실력이 나보다 훨씬 월등해 보였다. 그들은 의사들처럼 잘난 체하지 않았고 쉬운 말을 썼다.

　　어느 나이 지긋한 여성 환자의 골절된 손목에 깁스를 해주던 때가 기억난다. "물이 들어간 석고 반죽 때문에 발열 반응이 일어나 뜨거워질 겁니다"라고 내가 말했다.

그때 주임 간호사가 불쑥 끼어들었다. "석고가 열을 붙잡고 있어서 뜨끈한 느낌이 들 거예요. 데일 일은 없으니 걱정 마세요."

"오오! 고마워요, 간호사님." 그녀가 웃음 지었다.

나는 어리석기 짝이 없었다. 그러나 세월이 지나면서 좀 더 잘 알게 되었다. 내가 존경하는 전문의들이 어떻게 의사소통을 하는지, 그러니까 효과가 좋아 보이는 몸짓과 언어적 표현법을 관찰하곤 했다. 반복적인 배움을 통해 조금씩 나만의 방식을 만들어갔다. 의사소통을 할 때는 환자를 친절하게 대해야 하지만 동시에 나에게도 자연스럽고 편안하게 느껴지는 방식이어야 한다. 나는 스킨십으로 애정을 드러내는 성격이 아니라서 가족과 병동 간호사들에게 놀림을 받곤 한다. 동료 의사 중 한 명은 우리 병동 수간호사에게 포옹과 입맞춤으로 인사한다. 수간호사는 좋아하지만 나는 그런 성격이 아니다.

뇌졸중 병동에서 일하다 보면 나름대로의 문제점이 있다. 암이나 운동신경 질환의 경우 질병은 대개 서서히 영향을 미치면서 환자와 사랑하는 사람들에게 그 운명을 받아들이는 법을 배울 시간, 그리고 아마도 죽음을 생각하고 의논할 시간을 준다. 뇌졸중은 병명에서 알 수 있듯이ㅡ영어로 뇌졸중을 뜻하는 단어 'stroke'에는 '타격'이나 '일격'이라는 뜻이 있다ㅡ옮긴이 갑자기 공격한다. 16세기 문서에 적혀 있는 대로 '신의 손이 가한 일격'이다. 좀 전까지 담소를 나누고 집에서 빈둥거리던 사람이 다음 순간 몸이 마비되고 앞을 제대로 보지 못한다. 뇌졸중이 미치는 영향은 환자와 가족들이 보기에는 교통사고를 당한 것과도 같다. 환자가 말을 하지 못하거나 다른 사람의 말을 이해하지 못한다는 사실, 또는 활기가 너무 없어 의미 있는 대화를 하지 못한다는 사실은 이중의 타격이다.

모든 뇌졸중이 엄청난 손상을 입히는 것은 아니다. 어떤 것은 비교적 가볍고 장애를 초래하지 않을 수도 있다. 허혈성 뇌졸중(뇌경색)을 임상적으로 편리하게 분류하는 방법이 있다. 뇌 속으로 피가 들어간 탓이 아니라 동맥을 막은 혈전 때문에 발생한 뇌졸중이다. 이 뇌졸중은 전체전방순환 뇌경색TACI, 부분전방순환 뇌경색PACI, 후방순환 뇌경색POCI, 열공성 뇌경색LACI으로 분류된다. 이 분류법 덕분에 우리는 뇌 CT부터 찍지 않고도, 예상되는 결과에 대해 유용한 정보를 얻을 수 있다.

TACI는 대개 큰 혈전(색전)으로 유발되는데, 이 혈전은 주로 심장에서 생긴 다음 떨어져 나와 혈류 속을 돌아다니다가(색전에 의한 폐색) 뇌 속의 큰 동맥을 막는다. 환자는 쓰러지며 몸 한쪽에 심각한 마비가 생긴다. 혈전이 뇌 왼쪽에 생기면 몸의 오른쪽이 마비되며 반대 경우도 마찬가지다. 또 반맹이 발생하는데 이는 한쪽 시야는 보이지 않게 된다는 뜻이다. 왼쪽에 발생한 혈전은 환자의 오른쪽 시야를 차단하며 반대 경우도 마찬가지다. 왼쪽에 생긴 혈전은 언어 중추를 손상하므로 환자의 입 밖으로 나오는 말은 무질서하고 의미가 없다. 환자들은 다른 사람의 말을 알아들을 수 없으며 말로 단순한 의사소통만 시도해도 당혹스러운 표정을 짓는다. 뇌의 오른쪽이 손상되면 언어 능력은 보존되지만 몸 왼쪽의 감각과 촉각 인지 기능이 심각하게 손상된다. 가끔은 몸의 왼쪽 부분이 실제로 존재한다는 사실을 뇌가 부인하는 탓에, 침대에 놓인 자신의 왼쪽 팔을 다른 사람의 팔이라고 착각하기도 한다.

이 경우 뇌 손상은 심각한 수준이다. 예전에는 환자의 60퍼센트가 1년 안에 사망했고 4퍼센트만이 집에 돌아가 생활할 수 있었다. 집에서 자립적으로 생활한 것은 아니며 배우자나 자녀의 보살핌을 받아야 했다. 나머지 사람들은 여러 시설의 보호를 받았는데 대개는 요양원이었다. 새로운 혈전 용해 치료와 혈전 절제술(기계적 혈전 회수)은 뇌졸중 관리에 혁명을 일으켰다. 이런 치료가 실패하거나 이를 사용할 수 없을 때는 생존율이 상당히 암울해진다.

구급차와 정밀 검사, 혈액 검사, 정맥 링거 등 다급한 입원이라는 극적인 사건을 겪은 뒤, 환자와 가족들은 정신적 충격을 입고 멍해진다. 환자가 병동에 도착하고 간호사들이 도뇨관을 비롯한 모든 관과 산소마스크와 다른 장비들을 깔끔하게 정돈하면, 나는 환자의 가족을 만나야 한다. 잘못된 정보와 불안으로 상황을 왜곡해서 받아들이기 전에 처음부터 가족들과 이야기를 나누는 것이 좋다. 그럴 때 나는 늘 수련의와 간호사를 한 명씩 데리고 가려고 노력한다. 직접 관찰하지 않으면 수련의가 달리 어떤 방법으로 의사소통 기술을 연마할 수 있겠는가? 가끔은 병동 끝에 딸린 이 작은 보호자 대기실이 이 도시 주민들로 꽉 찬 것처럼 느껴진다. 모든 보호자 대기실은 늘 병원 설계도에 뒤늦게 덧붙이기만 한 장소처럼 보인다. 마치 건축가가 인간의 삶에서 가장 충격적인 대화는 비좁고 창문 없는 공간에서 일어나는 게 적절하다고 생각한 것만 같다.

　몇 가지 기본 원칙은 다음과 같다. 모든 사람은 자리에 앉아야 한다. 우뚝 서 있는 사람이 있어서는 안 된다. 우리가 원하는 것은 위협이 아니라 대화다. 의사는 작은 커피 테이블이나 바닥에 앉기도 할 것이다. 물리적으로 다른 사람들보다 아래에 있으면 그 사람은 통제적이라거나 오만하다거나 불시에 공격할 거라는 인상을 풍기지 않는다. 고통스러워하는 사람들과 대화를 나눌 때는 기이한 불협화음이 발생할 수 있다. 그들은 자신이 예측한 내용에 근거해, 의사가 하는 말에서 완전히 다른 부분을 중요하게 인식할지도 모른다.

　모든 사람들이 앉으면 나는 나와 의료진들을 소개하고 보호자들에게도 자기소개를 부탁한다. 그런 다음에 당시 상황을 묻는다. 구급대원과 응급실로부터 이미 들어서 알고 있지만 가족들이 직접 이야기하게 해주는 것이 중요하다. "그 일이 일어나기 전에 어머니는 어떠셨습니까?" 환자가 뇌졸중 발생 이전에 어떤 세계에서 살았는지 아는 것은 매우 중요하다. 요양원에 사는 쇠약한 치매 환자였는가, 아니면 지역 볼링장의 핵심 인물이었는가? 활동적인 생활을 했는가, 아니면 제한된 범위 안에서만 지냈는가? 그다음에 나는 뇌졸중의 특성과 그 영향을 설명하고 뇌 정밀 검사 사진을 보여준다. 어떤 사람들은 손상의 정도를 보고 싶어 한다. 그러면 상황이 더 현실로 다가온다. 나는 희박한 생존율과 심각한 장애 가능성에 대해 말한다. 100명 중 60명이 1년 안에 사망한다는 것을 알고 있지만 이 단계에서는 통계를 언급하며 어떤 환자이건 결코 결과를 예측할 수 없다고 덧붙인다. 이후 며칠이 아주 중요할 것임을 강조한다.

나는 환자가 음식을 삼킬 수 없어서 코를 통해 위에 넣는 관으로 음식을 공급할 거라고 말한다. 충격적인 뇌졸중 발생 이후에 마땅히 권장하는 지침이 있는데 연명 치료에 대한 논의를 고려하기 전, 환자의 상태가 나아지는지를 알아보기 위해 환자에게 며칠 동안 적극적인 치료를 시행하는 것이다. 나는 이런 상황에 처한 가족들에게 심박 정지가 발생하면 심폐 소생술을 원하는지 절대 묻지 않는다. 성공할 가능성이 없다고 해도 그들은 분명 원한다고 대답할 것이다. 나는 극심한 뇌졸중 때문에 심장이 갑자기 멈춘다면 전기 충격이 효과가 없을 거라고 설명한다. 나는 우리가 할 수 있는 모든 일을 할 것이며 폐렴 같은 다른 모든 합병증을 치료할 것이라고 강조한다. 고맙게도 의료를 시행할 때 우리는 가족들의 요청이 있으면 무익한 치료를 의무적으로 제공하지 않아도 된다.

이제 나는 가족들과 그들의 기대치를 분별할 수 있다. 가끔 그들은 합심하여 어머니가 아주 활동적인 핵심 인물이었고 어떤 식으로든 장애가 생기는 걸 싫어할 거라고 말한다. "어머니는 언제나 '내가 식물인간이 되면 그냥 떠나게 내버려둬라'라고 말씀하셨어요." 나에게는 반가운 소리인데, 환자의 상태가 악화할 경우 심한 가족 갈등을 겪지 않고 완화 치료를 고려할 수 있다는 이야기이기 때문이다. 이 단계에서 나는 이렇게 질문할 것이다. "어머니께서 자신의 의사 결정 능력을 빼앗는 극심한 질병이 발생할 경우 어떤 치료를 원하시는지, 어떤 내용이건 말씀하신 적이 있습니까? 혹시 말씀하셨다면 이제는 저희에게 알려주셔야 합니다. 가족 여러분이나 의사, 간호사들뿐만 아니라 어머니에게도 알맞은 처치를 하고 싶습니다." 그런 다음에 이렇게 덧붙인다. "지금 결정하실 필요는 없지만 가족끼리 모였을 때 자세히 이야기를 나누고 알려주십시오."

나는 질문이 있는지 물어보고 이해되지 않는 부분이 있으면 의료진에게 말하기만 하면 된다고 가족들에게 확실히 알려준다. 질문에 대응하고 나면, 나는 우리가 논의한 이야기를 간단히 요약한다. 옛 선배가 나에게 "앞으로 말할 내용을 환자 가족들에게 알려줘. 그다음에는 자세한 내용을 말해주고, 그다음에는 이미 말했던 내용을 다시 알려줘"라고 말해준 적이 있기 때문이다. 나는 몹시도 괴로워하는 가족들의 손을 부드럽게 어루만지려 노력할 것이다. 이런 몸짓은 사무라이처럼 감정을 통제하는 나 같은 사람에게는 쉬운 일이 아니지만, 연구 결과 이런 사소한 몸짓이 환자 가족들에게는 이 만남을 인간적인 것으로 느끼게 해준다고 한다. 이때쯤이면 모두가 진이 빠지고, 차 한 잔을 제안하며 논의가 마무리된다. 내가 차를 만들면 누구도 내가 신처럼 행동하는 오만한 의사라고 비난하지 못한다.

뇌졸중은 버스와도 같다. 하루에 한 대도 지나가지 않을 수도 있고 열 대가 지나갈 수도 있다. 나는 이런 대화를 연달아 나눈 적이 있었는데, 한 가족은 울먹였고 다른 가족은 불안한 기색을 보였다. 의사가 나쁜 소식을 전하는 이런 대화에는 신기한 불균형이 존재한다. 환자와 가족들에게는 분수령과도 같은 순간이며 평생 몇 번으로 그치겠지만 의사들은 이런 순간을 하루에도 여러 차례 경험하기도 한다.

21. 놓아주기

"싸움은 끝났어, 진 사람도 이긴 사람도 없이."

- 위시본 애시

죽음과 관련된 암울한 통계가 많지만 머릿속 가장 은밀한 지하 감옥으로 추방된 죽음은 아이를 먼저 보낸 부모와 관련이 있다. 부모들 중 5분의 1이 자녀 중 한 명이 먼저 죽는 모습을 본다. 그 자녀는 성인일 수도 있고 장년일 수도 있지만, 똑같이 파괴적인 영향을 미친다. 외래 환자 진료실에서 노인 환자의 병력을 살펴보면 드러나지 않는 마음의 병이 발견될 때가 많다. 그런 환자들은 마치 삶의 온도 조절 장치에서 눈금이 한두 단계 내려가기라도 한 듯, 거의 감지할 수 없는 서글픈 분위기를 풍긴다. 때로는 잠깐 침묵하다가 자신이 현재 얼마나 많은 것을 가지고 있는지가 아니라 예전에 얼마나 많은 것을 가지고 있었는지를 이야기하는데, 수십 년이 지났는데도 자연 법칙에 어긋나는 그 부당한 처사를 마음으로 받아들일 수 없다는 듯한 모습이다.

무분별한 사고로 죽는 젊은이들이 있어서(그놈의 남성 호르몬, 테스토스테론 때문이다) 남성 수명 곡선은 10대 후반쯤 일시적으로 곤두박질친다. 암과 자살이 입히는 피해는 확실히 예측 가능하다. 이것이 통계가 작용하는 방식이다. 나이가 아주 많은 사람들은 손자 손녀, 심지어는 증손자와 증손녀의 죽음까지도 감내해야 하는 경우가 있다. 증상이 굉장히 모호한 다혈증을 호소하며 찾아온 나이 지긋한 여성 환자가 기억나는데, 도무지 말이 안 되는 상황이었다. 나는 그 환자의 말을 끊지 않고 들어주었다. 마침내 내가 가족에 대해 물었을 때, 잠깐 망설임이 스쳐 지나갔다. 그러고 나서 모든 이야기가 쏟아져 나왔다. 그녀의 세 살 난 손녀가 휴가 때 외국에 사는 가족을 만나러 갔다가 해변에서 해파리를 밟았다고 했다. 아이는 몇 분도 안 되어 죽었다. 그런 비극적인 상황에서는 누구도 위로의 말을 건넬 수가 없다. 다행히도 대부분의 사람들은 비교적 크게 걱정할 일이 없고 여전히 인생과 세상에 대해 배울 것이 많은 나이대의 자녀가 있다. 너무 많은 것을 경험하게 되면, 우리는 자신이 부모라는 사실을 생각만 해도 멈칫거릴 만큼 두려움에 휩싸이게 될 것이다.

피터는 그가 만난 모든 사람들의 사랑을 받았다. 다운증후군을 가진 사람들에게는 그들을 아주 쉽게 사랑하게 만드는 뭔가가 있다. 내 생각에는 그들이 냉소적이거나 그릇된 의도에 오염되지 않은 순수하고 천진난만한 마음으로 사랑을 주기 때문인 것 같다. 무조건적이며 아이처럼 순수한 사랑 말이다. 물론 화를 내거나 좌절할 수도 있지만 내가 알기로 그들은 결코 악의를 품지 않는다. 피터의 어머니 팸은 평생을 아들에게 헌신했다. 교육과 건강 등 아들의 삶 전반에 걸친 차별과 맞서 싸웠다. 피터의 아버지와는 수십 년 전에 이혼했다. 장애 아동에 대한 헌신은 어떤 관계든 엄청난 압박감을 줄 수 있다. 다운증후군을 가진 많은 사람들처럼, 피터에게는 장애뿐만 아니라 심각한 신체적 질병도 있었다. 피터는 선천성 심장 질환을 안고 태어났고 어릴 때 심장 교정 수술을 받아야 했다. 시간이 지나면서 신부전이 나타났고 결국 신장 투석을 시작해야 했다.

내가 피터를 처음 만났을 때 그는 마흔다섯 살이었다. 기운이 넘쳤고 우직한 성격에 노골적인 팬 부대가 매일 문병을 왔으며 학습 장애가 있는 여자 친구, 즉 '약혼자'도 있었다. 그는 심장 손상으로 입원했는데 이 심장 손상이 심방의 미세한 떨림으로 맥박이 불규칙해지는 심방세동으로 이어진 데다 뇌색전을 초래한 큰 혈전까지 생겨 언어 능력과 몸 오른쪽 근력과 시력을 잃은 상태였다. 사실 내가 의사로 진료를 시작해서 전문의가 될 때까지, 60세가 넘는 환자에게는 투석을 하지 않았고 학습 장애가 있는 성인에게는 현재 '투석'이라고 불리는 '신대체요법'을 고려하지 않았다. 고맙게도 사회와 의료계가 발전했고 노인들과 학습 장애인들에게는 현실적으로 달성할 수 있는 범위 안에서 치료를 받을 동등한 권리가 있다. 이 변화는 사회적 태도 변화 때문만이 아니라 재정 지원이 증가한 덕분이기도 하다.

피터는 비참한 상태였다. 의사소통이 너무 어려워 물리 요법이 불가능했다. 시간이 지났지만 전혀 개선되지 않았다. 흉부 감염이 도처에서 발생했고 우리는 최선을 다해 치료했다. 일주일에 세 번 혈액 투석이 시행되었다. 아침과 점심, 저녁에 팸은 아들의 병상을 지켰고 카드와 선물을 실은 배달 트럭이 매일 도착했다. 팸은 언제나 그랬듯이 활기차게 그 병동에서 피터를 위해 싸웠다. 그러나 피터는 고통에 시달리고 있었다.

말을 하지 못하는 사람의 통증이나 고통이 어느 정도인지 측정하기란 매우 어려운 일이지만 수의학에서 알 수 있듯이 몸짓과 얼굴 표정, 호흡 패턴과 낑낑거리는 소리가 고통을 나타낸다. 우리는 모두 죽어가는 존재의 신체적 고통을 알고 있다. 암이 뼈를 약화시키는 중이거나 신경을 침범하고 있다면, 통증이 불가피하다. 통증이 발달한 이유는 우리의 신체가 손상되지 않도록 보호해주기 위해서다. 우리는 타오르는 불꽃에서 재빨리 손가락을 뗀다. 일단 조직이 손상되면 그것을 복구할 능력이 우리에게 없다. 잔인하지만 사실이다.

호흡 곤란으로 고통이 유발되기도 하는데, 이는 육체적 통증만큼이나 끔찍할 수 있다. 나는 환자의 가족들에게 이 점을 설명할 때 평범한 일상에서 일어나는, 우리에게 친숙한 상황에 빗대려고 애쓴다. "버스를 잡으려고 힘차게 달린 다음에 숨을 충분히 들이쉴 수 없을 때의 그 끔찍한 느낌을 생각해보세요. 그 느낌이 몇 시간 동안 지속된다고 상상해보세요." 다른 큰 고통은 '실존적 고통'이다. 이것은 파리의 카페에 앉아 담배를 피우며 철학에 대해 이야기를 나누는 고통이 아니다. 이것은 심연을 빤히 들여다봐야 하는 고통이다. 내 삶이 끝날 것임을 아는 고통, 평생 믿어왔던 것들에 의심이 생기는 고통이다. 그 실존적 안개에서 빛이 배어나온다. 우리 모두 뇌 속에 엔도르핀 수용체가 있어서, 자극을 받으면 통증과 숨이 막히는 느낌을 차단해준다. 모르핀 같은 마취제도 불안을 덜어주며 도취 상태를 유도할 수 있다. 그리스 신화에 등장하는 모르페우스는 꿈의 신이었다.

병동 의료진은 피터의 가련한 상태에 대처하는 방법을 점점 더 걱정했다. 우리는 정말로 피터를 돕고 있는가, 아니면 그의 고통을 연장할 뿐인가? 삶의 마지막을 다루는 법에 대한 영국의학협회의 지침은 의료진과 가족 사이에 의견 차이가 있는지 이야기를 나누라는 것이다. 우리는 결국 피터의 치료와 관련된 사람들이 모두 모이도록 가까스로 자리를 만들었다. 모든 치료 분야에서 각각의 사례를 제시할 대표를 보내야 했다. 이 말은 의사들과 간호사들, 언어 치료사, 물리 치료사, 작업 치료사들이 모여야 한다는 뜻이었다.

이런 회의는 나름의 문제를 초래할 수 있다. 의사들이 주도할 위험이 있는데 그렇게 되면 의료진 전체에 큰 해를 끼칠 수 있다. 모두에게 동등한 발언권이 있어야 한다. 피터의 '전사 엄마warrior mum'는 물론 아버지도 그 자리에 있었지만, 피터의 치료에 있어서 관련 임상의가 모든 면을 논의해야 한다는 뜻은, 불가피하지만 의사의 수가 많아진다는 의미였다. 이는 팸의 입장에서는 병원과 NHS가 대거 결집해 대담한 어머니 한 명에 맞서는 상황으로 해석되기 십상이었다. 그래서 우리는 참석할 수 없는 피터를 대신해 피터의 이익을 옹호해줄 변호사, 즉 병원과 아무 관계가 없는 독자적인 인물의 참석을 제안했다.

무슨 일이 일어나든, 법정으로 가는 것보다는 나았다. 법률 제도는 본질상 대립적이다. 소송 사건은 전투처럼 조직된다. 문명화된 전투이기는 하지만 말이다. 한쪽이 일어서서 다른 쪽을 모욕하고 신빙성을 떨어뜨린다. 한쪽이 이기지만 둘 다 지는 셈이다. 의료계는 애매한 영역이며 무수한 합의가 이루어진다. 중요한 결정이 완전히 명

쾌하게 내려지는 때는 거의 없다. 상황이 그렇게 단순하다면 이런 결정을 내릴 때 임상적 알고리즘에 따르기만 하면 되었을 것이다. 삶이란 게 그렇지가 않다. 나는 사랑하는 사람의 고통을 연장할 뿐인 헛된 치료를 고집하는 가족들에게 분노를 느낄 때가 거의 없다. 모두가 환자에게 가장 좋은 것을 원하며 가족들이 제시하는 의견은, 내가 보기에는 특이하고 무분별할지라도, 선의에서 비롯된 진심 어린 믿음이다. 나는 그들의 의견이 어떤 용광로에서 주조되었는지 알 수 없다. 아마도 죄책감이나 종교적 신념, 빈약한 교육, 폭력적인 과거 같은 용광로가 아닐까? 누가 알 것이며, 우리가 누구이기에 감히 판단하겠는가?

우리는 모두 커다란 방에 앉아 있었다. 병원 총무가 기록을 담당했다. 처음부터 어색한 침묵이 감돌았고 나는 모두에게 참석해줘서 고맙다는 말로 회의를 개시했다. 피터의 상태와 우리가 현재 처한 상황을 간단히 요약해 들려주었다. 우리 모두 단 한 가지, 즉 앞으로 피터를 위해 어떤 방법이 가장 좋을 것인지를 결정하고자 이 자리에 모였다는 점을 다시 한 번 분명히 밝혔다. 회의는 한 시간 동안 지속되었다. 솔직하게 말해서, 그런 회의가 한 시간 이상 지속되면 모두가 지쳐서 합의에 도달할 가능성이 줄어든다. 팸은 아들의 삶과 노력, 시련에 대해 상세히 말했다. 우리는 귀를 기울였다. 우리가 한 일은 그뿐이었다. 이어서 각 분야 전문가가 자신이 맡은 부분을 이야기했다.

팸의 눈에서 눈물이 떨어졌다. 사랑하는 아들에게 끝이 찾아오고 있다는 사실을 그녀는 서서히 깨닫고 있었다. 마침내, 투석을 지속하지 말자는 합의에 이르렀을 때 방 안에는 더 이상 긴장감이 남아 있지 않았다. 피터가 음식을 받아들일 수 있다면 입을 통해 음식을 공급하기로 했다. 항생제를 투여하지 않을 것이고 통증 관리를 우선으로 삼기로 했다. 피터는 안락한 상태를 유지하게 될 터였다.

이 회의를 위해 많은 것을 신중하게 준비해야 했고 그렇다 해도 상황은 철저히 잘못될 수도 있었다. 그러나 우리는 올바른 결정에 도달했다. 평온하고 고통 없는 죽음은 성공적인 수술만큼이나 성공적인 결과다. 피터는 며칠 뒤에 어머니와 아버지 곁에서 평화롭게 죽음을 맞이했다.

이따금씩 적절한 행동이라고 생각될 때면 나는 위로의 말을 몇 마디 적은 편지를 유족들에게 보낸다. 이런 내용이다. '이제 고통은 끝났습니다. 그는 편안합니다. 그가 병과 싸우는 마지막 시기에 제가 그를 돌볼 기회를 갖게 되어 감사한 마음입니다.' 단순하지만 진심에서 우러난 이야기다.

22.   변화하는 간병 풍경

"고개 돌려 낯선 사람을 봐."

- 데이비드 보위

      첼시에 있는 옛 세인트 스티븐 병원에서 수련의로 일할 때, 나에게는 빌을 돌보는 즐거움이 있었다. 그는 나이가 아주 많고 이가 없고 치매를 앓는 런던 사람이었는데, 침대에 앉아 쾌활한 억양으로 '빌어먹을 죽음 위를 굴러가네'라는 구절을 종일 반복했다. 수련의인 우리는 그가 멋지다고 생각했고 연예계로 직업을 옮긴 선배 전공의 한 명은 그를 무척 능숙하게 흉내 냈다. 빌은 간호진의 도움으로 물과 음식을 먹었지만 의사인 우리는 아무것도 하지 않았다. 정말이지 우리가 할 수 있는 일은 아무것도 없었다. 어느 날 아침, 병실에 들어갔다가 그가 하룻밤 사이에 세상을 떠났음을 알게 되었다. 돌아보면 그는 우울증을 앓았던 것일지도 모른다. 다만 당시에는 노인을 위한 전문 정신의학 진료가 없었다. 어쩌면 우리들 대부분은 사실 그가 되뇌던 말이 일리가 있다고 생각했는지도 모르겠다.

      2018년에 NHS는 창립 70주년을 기념했다. 60년하고도 10년이었다. 이는 성서에서 말하는 인간의 자연적인 수명이다. 70세인 사람들은 모두 스스로를 점검하고 감사를 표하며 미래를 바라봐야 한다.

창립 당시 쓰인 NHS 기금은 국내총생산GDP의 3.5퍼센트에 불과했는데, 2017년에 쓰인 7.3퍼센트에 비하면 훨씬 적은 수치다. 인구가 4,900만 명에서 6,700만 명으로 증가한 탓에 간호사의 수는 다섯 배 가까이 증가했고 의사는 열 배 가까이 증가했다. 주요 사망 원인도 달라졌다. 1948년에는 영국 인구 스무 명 중 한 명이 폐결핵으로 죽었다. 이제 그런 죽음은 정말로 아주 드물다. 심장병과 뇌졸중으로 인한 사망률은 거의 반으로 줄었는데, 이는 공공 보건 정책의 효과에 대한 중요한 증거다. 그러나 여전히 사람들은 어떤 원인으로 죽는다. 암 사망률은 거의 두 배로 늘어났고 노망('정치적 올바름'을 논하기 이전 시대에 쓰였던 말)과 치매로 인한 사망은 네 배 가까이 증가했다. 이제 사람들은 영국에서 가장 사랑받는 기관이 창립되기 이전보다 13년을 더 산다. 랍비 줄리아 뉴버거가 영국에서 국가적 종교에 가장 가까운 것이라고 묘사한 기관NHS를 가리킴−옮긴이 말이다.

이 모든 것에는 돈이 들어간다. 영국은 1990년대까지 다른 서방 국가와 선진국에 비해 의료 서비스 기금이 몹시 빈약했는데 90년대의 대규모 투자 덕분에 더 민감하게 대응하는 의료 서비스의 새 시대가 열렸다. 국제적으로 우리가 건강 계획에 쓰는 GDP의 비율은 노르웨이와 이탈리아의 중간 수준이다. 유일한 특이값은 미국으로, GDP의 16퍼센트나 되는 막대한 재정을 보건 비용으로 소비한다.

2018년 초에 사우스 웨일스의 학구적인 지역 보건의인 줄리언 튜더−하트가 죽었다. 그는 마지막 남은 1930년대 공산주의자였으며 영국공산당의 깃발 아래에서 수차례 하원 의원으로 입후보했다. 물론 당선되지는 않았다. 그러나 그의 연구는 우리에게 위대한 유산 한 가지를 남겨주었다. '의료의 반비례 법칙'이다. 좋은 의료 서비스를 이용할 수 있는 확률은 주민들의 필요와 반비례하는 경향을 나타낸다. 의료 서비스가 시장의 힘에 노출되면 이 반비례 법칙이 더 높은 수준으로 적용되며 시장의 영향이 감소하는 곳에서는 낮은 수준으로 적용된다는 사실을 발견했다.

의료 서비스가 완벽하고 시민들의 품행이 바른 이상적인 사회라면 환자들은 자신에게 정확히 필요한 것을 요구하고 제공받을 것이다. 원하는 것과 필요한 것과 공급된 것을 나타낸 벤다이어그램을 그리면 세 가지 원은 거의 완벽하게 겹칠 것이다.

이상적인 사회가 아니라면 서로 포개지는 이 원들은 소비지상주의, (의료 전문가와 환자 양측의) 무지, 매출 강박 같은 수많은 힘에 의해 서로 멀어진다.

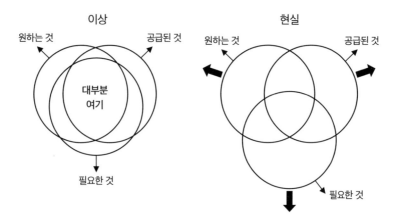

의료 서비스

긴장성 두통을 앓는 어느 부자가 진통제 여러 알을 먹고도 마음이 놓이지 않아 뇌 정밀 검사를 요구하고 요추 천자 검사도 받는 것은 종종 일어나는 일이다. 기금이 넘쳐나지 않는 보건 서비스에도 장점이 약간 있다.

2013년에 독자적 단체인 연방재단이 가장 부유한 11개국의 보건 서비스를 살펴본 보고서를 발표했다. 품질(환자 중심, 비용, 안전, 협동, 효능 등의 요인), 적시성, 1인당 지출액, 효율성, 평등을 포함한 많은 항목을 평가하고 최고에서 최악까지 나라별 순위를 매겼다. 최고의 보건 서비스를 제공하는 나라는 평등성 항목에서 가장 뛰어났던 곳으로, 가장 취약한 환자들이 부자들과 차별 없이 보건 서비스를 이용할 수 있었다. 당연한 일이다. 그렇다면 영국은 이 성적표에서 어디쯤 위치할까? 1위! 1위다! 훌륭하다! 2위는 스위스, 3위는 스웨덴, 4위는 오스트레일리아, 그리고 네덜란드와 독일이 공동 5위, 뉴질랜드와 노르웨이가 공동 7위, 프랑스가 9위, 캐나다가 10위, 그리고 세계에서 의료비가 가장 비싼 나라 미국이 바닥을 달리며 11위를 차지했다. NHS는 유럽 연합의 평균보다 40퍼센트가 적은 병상으로 1위를 획득했고 이는 환자 1인당 침대 수로 따지면 독일의 3분의 1밖에 안 되는 수준이다.

왜 이 보고서가 대중적인 언론을 통해 널리 알려지지 않았는지 모르겠지만, NHS에 대한 좋은 뉴스가 있어도 대개 의료 서비스가 개별적으로 실패한 사례에 대한 보도가 그 자리를 대신한다. NHS에서 보낸 여러 해 동안 나는 환자 관리가 형편없거나 환자와 완전히 무감각하게 의사소통하는 경우를 본 적이 있다. 보긴 보았으나 그런 사례는 극히 드물었다. 관리가 형편없는 경우는 십중팔구 의료진이 과중한 업무에 녹초가 된, 숙련되지 않은 의료진이거나 돌리고 있던 접시들을 모두 떨어뜨리기 시작할 만큼 한계 이상으로 바쁜 상황이었다. 나는 대개 훌륭한 간호와 이타적이고 일관된 태도로 자신이 맡은 것보다 더 많은 일을 하는 의료진을 보았다. 무엇보다도 압도적인 친절을 보았다.

언론이 부정적인 보도를 하는 이유를 더 냉소적으로 생각해보면 특정 당파의 언론이 남몰래 NHS에 반하는 정책을 추진하고 있기 때문이다. NHS는 현재 공격을 받고 있다. 더 단순한 의료 서비스가 대개는 미국에 있는 민간 의료 회사에 팔리거나 리처드 브랜슨처럼 외국에 납세하는 해외 기업인들에 의해 운영되고 있다. 대다수의 시민들에게 분명 효과가 없고 비용 부담이 너무 큰 미국의 의료 체계를 우리가 의료 서비스의 모범으로 삼고 싶어 한다면 논리적으로 말이 안 된다. 사실 이런 결정은 논리에 근거하지 않고 시장의 힘을 맹목적으로 신뢰하는 이념을 토대로 이루어진다. 최근에 영국을 공식 방문한 도널드 트럼프는 아무렇지도 않게 앞으로의 무역 협상에서 NHS를 고려하겠다고 말했다. 의료 서비스가 시장의 힘에 종속된다면 수입이 중간 수준인 미국 국민 대다수는 틀림없이 절반의 비용으로 제공되는 포괄적인 의료 서비스의 진가를 알게 될 것이다. 무역은 양방향으로 영향을 미친다.

내가 의사 면허를 취득한 40년 전에, 병원에는 병상이 굉장히 많았다. 1980년대 후반 이후로 NHS 병상의 수는 30만 개에서 15만 개로 하락한다. 입원 기간도 대폭 줄었다. 일주일 이상 입원 치료가 필요했던 많은 수술이 이제는 입원 없이 가능하다. 여러 면에서 엄청난 변화다. 의료 서비스 초창기에, 나이 많고 쇠약한 환자들은 거대한 병원에서 지냈는데 그 건물은 대개 예전의 구빈원이었다. 내가 노인 의학 전공의로 일하던 1980년대 후반에 세인트 메리 애버츠 병원의 장기 치료 병동은 흉물스러웠다. 사생활이나 품위가 거의 존재하지 않는, 시끄럽고 악취 가득한 넓은 병동 하나에서 환자 40명이 생활했다. 젊은 우리의 열정이 꺾이지 않도록 선배 의사들이 우리가 보지 못하게 그들을 숨긴다는 느낌이 들었다.

1982년에는 근본적인 부분에서 어떤 변화가 일어났다. 보건부와 사회 복지부가 합병하며 보건 사회 복지부가 탄생했다. 바로 DHSS(Department of Health and Social Security)다. 확실히, 입에 착 달라붙는 명칭이었다. 지방 자치단체는 요양원과 양로원이 있는 구역에 투자할 수 있게 되었다. 지출 상한선은 없었다. 오래된 빅토리아식 건물인 지속 관리 나이팅게일 병동이 비워지기 시작했고 병원들은 매각되었는데 대부분이 주택 단지 조성을 위해서였다. 누가 지속적인 NHS의 관리를 받을 자격이 있는지 결정하는 기준이 명확히 규정되지 않았고 지역 노인병 전문의들이 결정을 내렸다. 사회 복지 사업 지출액이 불가피하게 급증했다.

1990년대에는 병원 신탁이 형성되었고 신탁 단체에 의해 의료 서비스에 수수료가 붙었다(쉬운 말로 하자면 의료 서비스를 '돈 주고 샀다'). 장기 간병을 받기 위한 NHS 보조금은 아주 복잡하고 예측 불가능한 어려움을 겪는 사람들만 이용할 수 있다. 다른 환자들은 보조금 신청용 자산 조사를 받아야 하며 양로원에서 받는 대부분의 간병 서비스에 비용을 지불해야 한다. 부자에게는 문제가 되지 않는다. 극빈층은 지방 자치단체로부터 간병 비용을 지원받는다. 그 밖의 다른 사람들, 저축액이 조금 있거나 자가 주택을 마련한 사람들, 이른바 '쪼그라든 중산층'에게는 정부가 지원해주는 기금이 급속도로 감소한다. 이제 쇠약하고 나이가 많은 치매 환자들의 기관 위탁 장기 간병은 지역 사회의 사기업이 제공한다. 한마디로, 큰 병동에서 무료로 제공하던 기본적인 NHS 간병 서비스가, 이제는 지역 사회 요양 시설에서 자산 조사를 받는 양상으로 바뀌고 있다. 이제 더는 '치료 시점에 무료'가 아니라는NHS가 설립 당시에 수립한 세 가지 핵심 원칙은 다음과 같다. '모든 사람이 이용 가능한 포괄적 의료 서비스, 치료 시점에 무상으로 제공, 환자의 지급 능력이 아니라 의료적 필요에 근거할 것'-옮긴이 말이다.

이런 지역 요양 시설은 적어도 개별적인 방을 제공하고 좀 더 아늑한 분위기를 조성하기 위해 노력하며 거주자들에게 자신의 소지품을 일부 보관하게 해주는데 되도록 보호 시설 느낌을 풍기지 않는 환경을 만들기 위해서다. 그렇긴 해도 내 어머니를 포함해 이런 시설에 머무는 환자들을 수십 년에 걸쳐 방문해온 나로서는, 추운 1월의 일요일 오후에 노인과 정신 질환 환자를 위한 양로원에 한 시간 동안 앉아 있으면서 자살을 생각하지 않을 수 있는지, 할 수 있다면 누구든 어디 한번 해보라고 말하고 싶다.

그곳에는 죽음을 기다리면서 옛 음악으로 구성된 끝없는 반주에 맞춰 (와인은 없는) 급식을 먹는 사람들이 있다. 어리둥절한 표정을 지은 노인들이 허공을 응시하는 동안 배경으로 맥스 바이그레이브스의 〈싱어롱어맥스Singalongamax 4집〉이 떠들썩하게 흘러나온다. 양로원으로 어머니를 만나러 다닌 지 2년이 지나자 나는 4인조 혼성 그룹 '더 시커스'가 부른 히트곡들의 가사를 모조리 알게 되었다. 1930년대의 고전 영화 〈굿바이 미스터 칩스Goodbye, Mr Chips〉가 텔레비전 화면에서 끊임없이 재생되었다. 이따금씩 「맘마미아」 연주가 흘러나오는 동안 어떤 할아버지가 일어나서 춤을 추려 애쓰곤 했다. 무료함을 달래는 데는 무의미한 퀴즈가 도움이 되었다.

"드라마 〈코로네이션 스트리트〉에서 선술집 '로버스 리턴'의 첫 주인은 누구였을까요?"

"애니와 잭."

"두 사람의 성은?"

"존스!" 에드나가 외친다.

"아니에요. 존스가 아니에요, 에드나. 다시 해보세요." 성인과도 같은 인내심을 소유한 간병인이 말한다.

나는 마음속으로 소리치곤 했다. '애니와 잭 워커예요! 빌어먹을! 두 사람에게는 빌이라는 아들이 있었고, 선술집 방에는 플로리 린들리, 에나 샤플스, 미니 콜드웰이 있어요. 카운터에서는 렌 페어클로가 엘시 태너와 수다를 떨고 있어요. 구석에 스윈들리 씨와 뉴전트 양이 있고요. 맙소사!'

과거의 우승자들이 서른 살씩 더 먹고 등장한 퀴즈쇼 〈유니버시티 챌린지〉를 보는 것 같았다. 일주일에 몇 번 금빛 래브라도 레트리버가 방문했는데 전에 개를 키우던 일부 노인들은 틀림없이 몇 분 동안 활기를 띠었다. 돌아다니지 않는 사람들을 위해서, 둥글게 앉아 커다란 고무공을 서로에게 발로 차서 보내는 운동 시간도 있었다. 이것이 우리에게 닥칠 운명이란 말인가?

1948년에 보장했던 '요람에서 무덤까지' 식의 관리는 사라진 지 오래다. 노인들을 위해 준비한 서비스라는 이 거짓말로 인해, 일부 지역 사람들은 처음으로 NHS 서비스를 이용하게 되었지만 다른 지역 사람들은 그럴 수가 없다. 이 큰 변화는 공개 조사라는 탐지기에 걸리지 않았던 모양이다. 다양한 인종을 수용하는 정부가 노쇠한 사람들을 간병하는 데 필요한 공적 자금 논쟁은 회피한다. 왜 그런가? 답은 간단하다. 공적 자금으로 제공할 수 없는 서비스이기 때문이다. 고령자와 초고령자의 인구 비율은 증가하는데 수많은 은퇴자들을 부양하기 위해 일을 하고 세금을 내는 사람들의 비율은 감소하고 있다.

노인 장기 간병 자금은 세 가지 방법으로 확보할 수 있다. 세금, 보험, 개인 자산 처분. 세금 인상은 인기가 없으며 정부가 선거에서 패할 수 있다. 장기 간병이 필요한 사람들을 위해 보험에 가입하라고 젊은이들을 설득하는 것은 애당초 성공 가능성이 전혀 없다. 그들은 지금 주택 담보 대출과 육아로 고군분투 중이며, 요양원 비용처럼 80대나 90대가 되었을 때 필요해질 현실감 없는 자금을 보험 정책을 통해 마련하라며 부담을 가중하는 것은 도무지 받아들이기 힘든 이야기일 것이다. 어쨌든 많은 사람들은 미래를 영화 〈매드맥스〉 같은 디스토피아로 여기며, 매달 보험료를 지불하면서 기대할 정도는 아니라고 생각한다. 따라서 남은 방법은 자산 처분인데, 대개는 가족이 거주하는 집을 판다는 뜻이다. "후손들이 이어받을 유산을 우리가 쓰고 있습니다"라고 뽐내는 그 재미없는 공익 광고 스티커는 자동차 범퍼보다는 요양원 정문에 붙여야 마땅하다.

2015년과 2016년 영국의 NHS 예산은 1,160억 파운드로, 99퍼센트가 세금으로 확보한 것이다. 영국의 5,300만 명의 성인들 중 3,000만 명이 소득세를 납부하며, 40퍼센트라는 더 높은 비율로 세금을 납부하는 사람은 440만 명이고(이들이 세수의 38퍼센트를 제공), 가장 높은 세율로 납부하는 사람은 33만 명이다(세수의 28퍼센트 제공). 세금은 우리가 문명사회에서 살기 위해 지불하는 값이다. 언제 어디서나 세금을 내는 것처럼 보이지만(소득세, 부가 가치세, 인지세, 상속세 및 다른 스무 가지 정도의 세금), 영국의 조세 부담률은 다른 대부분의 유럽 국가들의 부담률에 비해 적으며, 많은 이들이 듣고 놀라겠지만 미국보다도 낮다. 미국은 경제 협력 개발 기구OECD에 가입한 34개국2020년 8월 기준 현재 37개국─옮긴이의 조세 성적표에서 26위를 기록한다. 벨기에 국민들이 55퍼센트로 가장 많은 세금을 내고 미국인들은 31퍼센트, 영국인은 30퍼센트다. OECD 평균은 36퍼센트다.

노인의 특별한 소유물이자 세금이 부과되지 않는 재원이 하나 있는데, 수십 년에 걸쳐 경제가 성장하는 동안 그 가치가 물가 상승률 이상으로 높아진 부동산이 바로 그것이다. 부동산 매각으로 얻은 수익에 세금을 부과하는 것이 한 가지 방법이 될 것이며 그러면 젊은 사람들을 시장에서 제외시키는 과도한 집값 상승에 한계를 설정할 수도 있을 것이다. 나는 조간신문 《데일리 메일》이 그런 소식을 조용히 보도할 거라고 생각하지는 않는다. 그러니 흔히 말하듯이 돈을 내고 원하는 것을 선택하면 된다. 속된 말로, 돈 낸 만큼 가져가는 법이다. 엄밀히 말해 영국인들은 돈을 내지 않으니 가져갈 게 많지 않은 것뿐이다.

우리는 노인 간병의 미래를 내다봐야 한다. 인구 통계학적으로 큰 변화가 일어날 조짐이 보인다. 건강에 대한 우리의 관심에도 큰 변화가 생길 것이다. 앞으로 10년 동안 영국의 인구는 6퍼센트 가까이 증가할 것으로 추정된다. 의료 자원을 가장 많이 소비하는 85세 이상 노인의 수는 25년 안에 두 배가 될 것이다. 네덜란드에서 진행한 어느 연구에 따르면, 인생의 말년에 건강에 소비되는 금액은 다른 시기의 13배 이상이며 이 수치가 변화될 가능성은 거의 없다고 한다. 보건 및 사회 보장 예산에 전례 없는 부담이 발생할 것이다. 요컨대 돈이 충분하지 않을 것이다.

정부가 경제를 압박하기 전에 부과할 수 있는 세금의 정도에는 한계가 있다. 일본을 보면 우리의 미래를 미리 엿볼 수 있다. 2012년에 일본 인구의 22퍼센트는 65세 이상 노인이었고 이는 결국 40퍼센트라는 큰 수치로 정점을 찍을 것이다. 현재 기관에서 간병을 받는 일본인은 3,000만 명 이상이며 상근 간병인이 200만 명 필요하다. 대부분의 다른 선진국들과 달리 일본은 그런 역할을 외국인 인력으로 채우지 않았고 2060년까지 일본 인구는 1억 2,700만 명에서 8,700만 명으로 줄어들 것이다. 로봇이 간병을 담당할 수 있을까? 내 생각에는 불가능하다. 인공지능AI은 지적 능력이 필요한 일부 직업을 빼앗아갈지는 몰라도 나뭇잎을 쓸어 담고 바닥을 걸레로 닦는 것은 늘 인간의 일일 것이다. 우리는 노인 부양의 미래를 위해 마음을 굳게 먹어야 한다. 로봇이 그 일을 할 수 없다면 우리가 해야 한다. 국민들이 이 난관에 대처하지 않으면, 그 일은 현재 그러하듯이 이민자들이 맡을 것이다. 유럽 이민자가 감소함에 따라 우리는 개발도상국에서 온 사람들에게 점점 더 의존해야 할 것이다.

하지만 이런 간병인들은 어찌 될까? 영국에는 나이 많은 친척을 돌보는 젊은이들이 무수히 많다. 나는 외래 환자 진료실에서 조부모를 돌보며 보수를 받는 10, 20대 후반의 간병인들을 볼 때가 많다. 조부모의 공영 주택에서 지내며 그들을 보살핀다. 교육은 희생된다. 더 비극적인 사실은, 이런 젊은이들이 자기 삶의 가능성을 심각하게 제한하고 있다는 점이다. 젊을수록 나가서 일을 하고 다른 친구들을 만나고 춤을 추고 술을 마시며 전반적으로 즐거운 시간을 보내야 한다. 어른의 삶을 살아갈 방법을 익혀야 한다. 관계와 현실 세계에 대해 배워야 한다. 할머니의 휠체어를 밀고 보행자 전용 상점에 가는 것은 열아홉 살이 누리는 절정의 순간이 될 수도 없고 되어서도 안 된다. 일부 노인들이 이런 방식의 돌봄을 편안하게 느낀다는 것이 놀랍다. 그들은 가족 중 더 젊은 세대가 앞으로 누릴 행복에 해를 끼치고 있음을 의식하지 못하는 모양이다.

우리가 이 문제에서 '건강하게' 벗어날 수 있을까? 그렇지 않을 것 같다. 예전의 흡연처럼 이제 비만은 심각한 문제이며 현재 NHS는 흡연과 알코올 중독을 합친 것보다 더 큰 비용을 비만에 쏟고 있다. 전 세계적으로 비만 인구의 비율은 1980년 이후 두 배로 증가했다. 2034년까지 영국 국민의 70퍼센트가 비만 또는 과체중이 될 것으로 예상한다. 지난 반세기 동안 식습관이 극적으로 달라졌다. 아침에는 우유를 넣은 귀리죽을 먹고 저녁에는 당근과 양배추, 고기를 조금만 넣은 스튜를 먹던 습관은 사라졌다. 이제는 햄버거와 감자 칩을 먹고 디저트로는 설탕 범벅 아이스크림을 먹으며 탄산음료를 마신다. 이런 식습관이 건강에 미친 영향은 정말로 놀랍다. 혈관 질환, 당뇨, 관절염 및 여러 암이 그 결과다. 비만인 사람이 사회적 돌봄을 필요로 할 확률은 비쩍 마른 사람의 경우보다 세 배 이상일 것이다. 유럽의 비만 인구 비율 순위표에서 영국보다 나은 곳은 리투아니아와 헝가리뿐이다. 이번에도 세계 1위는 미국이며 멕시코가 땀을 뻘뻘 흘리며 숨 가쁘게 뒤이어 2위를 차지하고 있다. 건강상의 이런 위협과 맞붙어 싸우는 일은 대부분 개개인의 몫이다.

신체적 활동을 하지 않는 분위기 역시 만연하다. 영국 국민 중 4분의 1이 일주일에 30분도 걷지 못한다. 성인의 60퍼센트는 지난달에 어떤 운동도 하지 않았다. 가장 비활동적인 이들은 가난한 사람들과 장기 실업자들, 그리고 '한 번도 일해본 적 없는 사람들'이다. 신체 활동은 치매 발생 위험을 낮추고(30퍼센트까지), 골반 골절(70퍼센트), 우울증(30퍼센트), 유방암(20퍼센트), 대장암(30퍼센트), 당뇨병

(40퍼센트), 혈관 질환(35퍼센트) 발생 위험과 전체적인 사망률(30퍼센트)을 낮춘다. 하루에 과일이나 채소 5인분여기에서 1인분은 80그램-옮긴이을 섭취할 수 있는 사람은 영국 국민 중 4분의 1에 불과하다. 우리가 먹고 운동하는 방식에서 내일 당장 사회 개혁이 일어날지언정 우리는 필요한 관리를 미루기만 할 것이다. 우리 병원의 젊은 심장학자가 계산한 바에 따르면, 20년 이내에 포츠머스에는 병상 1,000개를 갖춘 병원이 한 군데 더 필요해질 것이다. 그리고 그 병상은 모두 꽉 찰 것이다. 어서 조치를 취해야 한다.

노인을 위한 의료 서비스는 어떻게 달라질까? 미래는 이미 다가왔다. 아니, 다가오지 않았더라도 우리의 발뒤꿈치를 물려고 덤벼드는 중이다. 나는 솔직히, 타고난 낙관주의자의 시각으로 인생을 바라보진 않는다. 내 책에서 낙관하는 것이 있다면 인간의 위대한 자기기만이다. 영국 의료 서비스의 미래가 어떤 상태일지 살펴보면 수요에 완전히 압도당한 모습이 쉽게 떠오른다. 이 수요의 상당 부분은 인구통계학적 변화와 수명 연장 때문이지만, 그게 전부는 아니다.

몇 년 전, 신장 투석 병동에 있는 환자를 방문해달라는 요청을 받았는데 그곳에 있는 많은 환자들의 전반적인 상태에 충격을 받았다. 그들 대부분은 수십 년 전 내가 일했던 지속 관리 노인병 환자 병동에 있어도 이상해 보이지 않을 정도였다. 이는 현대 의학의 상당 부분이 우리 사회에서 가장 약하고 나이 많은 이들, 이미 생기를 잃은 그 존재에게서 목숨의 마지막 한 방울까지도 쥐어 짜내는 데 집중하고 있다는 또 하나의 예시였다. 죽음이 몇 달 남지 않은 사람들, 삶을 의미 있게 연장할 가능성이 거의 없는 사람들, 품위 비슷한 것을 전혀 찾아볼 수 없는 이들이 복잡하고 힘든 치료에 지배당하고 있다. 치료할 수 있다고 해서 반드시 치료해야 하는 것은 아니다. 질병은 무거운 짐이며 치료도 무거운 짐인데, 둘 사이에는 균형이 필요하다. 40세 환자가 견딜 수 있는 치료가 80세 환자에게는 고문이나 다름없을지도 모른다. 죽음에 대해 더 전통적인 관점으로 태도를 바꾸면, 의료 서비스는 지금의 역할, 제도의 혜택을 거의 받지 못하는 사람들이 장시간 값비싼 과잉 치료를 받고 있는 건 아닌지 감시하는 역할에서 벗어날 수 있을 것이다. 의료, 특히 나이 많은 환자들을 상대하는 의료라면 사람들의 삶에서 가장 중요한 것에 집중해야 한다. 이것을 새로운 우선순위로 삼아야 한다.

23.　요한복음서 11장 35절

> "이건 무슨 헛소리야?"
>
> - 에이미 와인하우스

우스운 이야기를 하나 들려주겠다.

병원 영안실 문을 두드리는 소리가 들린다. 영안실 직원인 짐이 문을 연다. 찾아온 사람은 병원의 암 전문의다. "아, 안녕하세요. 존스 부인에게 다음 화학 요법을 시행하러 왔습니다."

"16번 냉동고에 계십니다." 영안실 직원 짐이 이렇게 말하며 의사를 냉동고 앞으로 안내한다. 짐은 냉동고 문을 열고 시신이 누워 있는 강철 카트를 당긴다. 철판은 비어 있다.

"아, 죄송합니다, 깜빡했어요." 짐이 말한다. "운반팀에서 한 시간 전에 투석을 해야 한다고 데려갔습니다."

이 우스운 이야기의 핵심은 현실을 바탕으로 한다는 점이다. 그렇기 때문에 심금을 울린다. 우리의 삶에서 매일 일어나는 불합리하고 불만스러운 상황을 빌려와 과장한 다음에 우리의 얼굴을 향해 다시 내던진다.

찰스는 70대 중반이었고 무척 힘겹게 60대를 보낸 사람이었다. 대장암이 발병해 처음에는 수술과 화학 요법으로 대처했다. 시간이 지나면서 신장이 나빠졌다. 지금은 정확히 기억할 수 없지만, 고혈압과 죽종으로 인한 신장 동맥 협착 때문이었을 텐데, 죽종은 나이와 나쁜 유전자, 나쁜 식습관 및 흡연으로 발생하는 죽 같은 느낌의 지방질 덩어리다. 원인이 무엇이건 신장 질환의 마지막 단계는 동일하다. 신장 투석을 받고 운이 좋으면 신장 이식까지 받는 것이다. 고혈압 때문에 찰스의 심장은 혹사당하고 있었다. 비좁은 동맥을 피가 억지로 통과하면서 고혈압이 생기거나 심근이 지나치게 비대해지고, 심장을 통해 전기신호를 보내고 심박을 조절하는 역할을 맡은 심장세포가 손상된다.

심장에 흔히 일어나는 이상인 심방세동이 찰스의 심장에 나타났다. 심방세동은 벽이 얇고 혈압이 낮은 심장의 방인 왼쪽 심방이 부풀어 올랐다가 제대로 수축되지 않는 증상이다. 혈액이 흐르지 않고 소용돌이치며 정체된다. 혈액은 강물과 비슷하다. 흐르지 않으면 침전물로 막힌다. 수백 년 전에 알려진 사실이다. 19세기 독일의 의사이자 병리학자인 루돌프 피르호는 세 가지 기여 요인(이른바 '피르호의 세 가지 요인Virchow's triad') 중 한 개 이상이 갖춰지면 혈액이 응고한다고 말했다. 바로 정체stasis(혈류 정체), 혈관 벽 손상damage to the vessel wall, 혈액 과응고hypercoagulable state(자주 있는 현상) 상태다. 혈액이 막히면 좌심방 끄트머리에 붙은 조그만 빈 공간인 '좌심방이'에 혈전이 형성된다. 이 혈전이 떨어져 나가 혈류를 통해 색전증을 일으키고 동맥을 막을 수도 있다. 심장에서 나온 색전은 어느 동맥으로든 갈 수 있지만 주로 뇌로 향한다. 뇌는 다른 기관에 비해 아주 많은 양의 혈액을 공급받는다. 심장에서 나온 혈액은 20퍼센트가 뇌로 가는 반면 체질량에는 2퍼센트만 공급한다. 또한 심방이에서 떨어져 나온 혈전은 위태로운 요소가 되는데, 혈전이 심장의 대동맥 입구를 통해 밖으로 나오면 가장 먼저 뇌에 혈액을 공급하는 동맥으로 들어가기 때문이다.

찰스에게 뇌졸중이 발생했다. 심각한 뇌졸중인 TACI였다. 오른쪽 팔과 다리가 마비되었다. 말을 하거나 다른 사람의 말을 알아듣지 못했다. 오른쪽 시력을 완전히 상실했다. 이런 상태라면 누구나 생존 확률이 낮고 말기 신부전 환자라면 생존할 수가 없다. 처음 며칠 동안 우리는 정맥 주사와 비위관 영양 공급을 처치했다. 혈액 검사 결과 간 효소 수치가 높았고 간 단층 촬영을 해보니 원인이 드러났다. 대장암이 재발해 간으로 전이된 것이었다. 그 가여운 남자에게 더는 희망이 없었다. 환자의 가족이 불가피한 상황을 맞이할 준비를 하도록 도와줘야 했다.

우리는 찰스의 가족과 연락할 필요가 없었는데 병원장 앨런이 이미 연락을 취한 상태였기 때문이다. 찰스의 아내와 딸들이 거의 매일 병원장에게 직접 불만을 제기하고 있었다. 우리는 찰스가 굶어 죽기를 바랐다. 신장 투석을 중단할 예정이었다. 우리는 그를 죽이려는 중이었다. 상황은 그런 식으로 지속되었다. 이후 몇 주간 신장 투석과 영양 공급이 지속되었다. 임종 간호를 거론하는 것은 물론이고 소생 시도 포기에 대해 논의하기만 해도 병원장에게 직통 전화가 더욱 빗발쳤다. 그때쯤 찰스의 두 딸은 찰스와 정이 들 대로 든 상태였다.

마침내 우리는 어렵사리 모든 사람을 한자리에 모아 회의를 열었는데 뇌졸중 담당 의사로 내가 참석했고 신장 전문의, 치료사들, 선임 간호사들, 찰스의 아내와 딸들이 모였다.

우리는 찰스의 절망적인 상태를 설명하면서 한 시간이 넘도록 이야기를 나눴다. 찰스 본인은 자신이 원하는 내용을 전달할 수 없었다. 그의 가족은 그가 '전사'이며 결코 포기하지 않을 것이라고 주장했다. 이것은 가족들이 흔히 내세우는 주장인데 반박하기 어렵다. '삶이 있는 곳에 희망이 있다'와 같은 이야기처럼 말하기는 쉽지만 결국에는 아무 의미 없는 여러 주장 중 하나일 뿐이었다. 대개 이런 상황에서 환자의 가족들을 병원이 비용을 절감하기 위해 치료를 중단하고 싶어 한다는 뿌리 깊은 의심을 싹틔우는데, 이 경우도 예외는 아니었다.

회의가 끝날 때 우리는 모두 의견이 엇갈린다는 사실에 동의해야 했다. 간호사들의 사기가 떨어졌다. 신장 투석기를 몸에 달고 있는 마비 환자의 모습은 감내하기 힘든 광경이다. 우리는 그의 가족들과 불편한 대화를 나누는 중에, 영양 공급 관을 복벽을 통해 직접 위로 연결하는 위루관 삽입은 시도하지 않을 거라고 밝혔다. 물리적으로 불가능한 목표였고 그 목표를 달성하려는 행위는 윤리적으로 옹호할 수 없었다. 매일 지속적으로 전화가 걸려왔고 불신의 분위기가 짙어졌다. 우리는 다른 외부 전문가들의 견해를 구했고 그들은 모두 삶이라고 부를 만한 상태로 환자가 회복될 가능성이 없다는 결론을 내렸다. 다음 단계는 법적 조언을 구하는 것이었다. 의사나 병원은 변호사들을 만나고 법정 앞에 서는 길을 가고 싶어 하지 않지만, 우리가 향하는 곳이 바로 그 길인 것처럼 보였다.

어느 날 아침에 나는 병동 의료진으로부터 이성을 잃은 듯한 전화를 한 통 받았다. 찰스가 급속히 악화되고 있었다. 내가 찰스에게 갔을 때 그는 몇 분 이내에 사망하는 사람들이 그러듯이 임종 직전의 가쁜 숨을 헐떡이고 있었다. 그의 가족이 그 자리에 있었는데 열네 살쯤 되어 보이는 그의 10대 손녀 두 명도 함께였다. 나는 심정지 대응팀을 부를 생각이 없었다. 필요하다면 가족들의 분노로 인한 결과를 감당할 작정이었다. 나는 가족들을 옆방으로 안내하고 자리에 앉힌 다음 분위기를 주도했다. 그 빌어먹을 자율성, 아니 찰스의 자율성은 이미 강탈된 상태였다. 지금은 옛날식 가부장주의를 내세울 때였다. "죄송합니다. 찰스는 죽어가고 있습니다. 할 수 있는 게 아무것도 없습니다."

찰스의 아내는 말이 없었는데 아마 내 말을 이해했을 것이다. 두 딸들은 울부짖으며 숨을 헐떡이기 시작했다. 처음에는 한 명이, 그다음에는 다른 딸이 실신해서 바닥으로 쓰러졌다. 10대 손녀들 중 한 명이 어머니의 머리를 쓰다듬고 작은 병을 꺼냈는데 후자극제인 것 같았다. 예전에 할머니들이 작은 갈색 병에 담아 가지고 다니던, 끔찍한 냄새를 풍기는 그 암모니아 향 소금이었다. 소녀들은 어머니들을 위로했고 상황은 진정되었다. 나는 10분쯤 기다린 다음에 작별인사를 했다. 그 뒤로는 들은 내용이 없다.

그때 우리 모두는 수많은 감정으로 녹초가 된 상태였다. 그 부적절하고 잘못된 감정이 나름대로 힘을 발휘하다가 결국에는 도전을 허용하지 않는 위력으로 단단히 자리 잡아버렸던 것이다. '나는 감정적이야. 따라서 나는 당신보다 더 섬세해. 당신은 감정적이지 않아. 따라서 당신은 둔감할 뿐 아니라 잔인하고 무자비하겠지.'

특히 드라마에서는 감정이 지배적이다. 밖으로 드러난 감정은 분노하거나 눈물을 흘리는 등 2차원적인 경향을 보인다. 감정이 이성을 이긴다. 감정적 대응은 마치 일일 드라마 〈이스트엔더스〉처럼 일상적인 요소가 된다.

요한복음서 11장 35절을 인용하자면, "예수님께서는 눈물을 흘리셨다!"

경제학자이자 사회 평론가인 토머스 소웰은 감정이 사실을 입증하지도 반증하지도 않는다고 말한다. 그날 밤, 나는 낮에 일어났던 일을 돌이켜보며 기운을 얻었다. 손녀인 두 10대 소녀들은 강인함과 상식, 그리고 이렇게 말해도 될지 모르겠지만 정서 지능을 보여주었다. 어머니들의 어리석음을 초월한 이들이었다. 그 가족에게는 약간의 희망이 있었다. 이 사회의 다음 세대에도.

24. 최신식 죽음

"신성한 중심부가 서서히 쇠퇴하고."
- 슬랩 해피와 헨리 카우

평균적인 사람은 없다. 키가 평균적인 사람은 있겠지만 삶의 다른 측면은 대부분 평균을 웃돌거나 평균에 미치지 못할 것이다. 평균, 또는 수학에서 말하듯이 평균값이 무엇을 뜻하는지는 모두가 안다. 만약 당신이 유서 깊은 클래펌 버스에 탄 사람들의 키를 알아내고 싶거나 우리에게 알려주고 싶다면, 예를 들어 워털루에서 클래펌 환승역을 지나 투팅에 이르기까지 77명이 승차했을 경우에 모든 승객의 키를 더한 다음 그 값을 인원수로 나누기만 하면 된다. 쉬운 일이다. 이렇게 하면 남부 런던 사람들, 또는 정확도는 떨어지겠지만 영국 전체에 있는 사람들의 평균적인 키를 꽤 정확히 추정할 수 있을 것이다. 버스에 사람이 많을수록, 계산이 정확해질 것이다.

극단적인 특이값이 있다면 평균은 큰 쓸모가 없다. 가령 같은 방법으로 클래펌 통근자들의 평균 연간 수입을 파악해 그들의 평균 소득을 알아보았더니 1년에 100만 파운드를 조금 웃돈다는 결과가 나왔다고 생각해보자. 와! 클래펌 주민들은 부자구나! 하지만 알고 보니 바로 그날 엘튼 존이 아주 드물게도 정체를 숨기고 버스 여행 중이었고 그래서 결과가 왜곡되었다.

이 경우에는 최저 수입부터 최고 수입까지 목록을 작성하고 그 중 위에서부터(혹은 아래에서부터) 중간에 위치한 사람의 봉급을 선택하면 더 정확한 수치를 얻을 수 있다. 이것이 '중앙값'이며 양 극단에 위치한 사람들이 있더라도 현실적인 수치를 더 정확하게 추정할 수 있다. 아니면 구간별 수입 목록을 작성할 수도 있는데, 예를 들어 연간 수입이 10,000파운드에서 15,000파운드인 사람들, 15,000파운드에서 20,000파운드인 사람들, 20,000파운드에서 25,000파운드인 사람들 등으로 구간을 나눈 다음 가장 빈도가 높은 구간을 선택하면 된다. 이것을 '최빈값'이라고 한다. 아마 이것이 가장 유용한 방법일 것이다. 우리는 특이값의 삶에 집착한다. 재력가들, 아주 똑똑한 사람들, 불가능할 정도로 아름답고 성공한 사람들. 잡지를 보면 그런 사람들이 누리는 극히 드문 일부에 국한된 삶이 모든 지면을 차지하고 있다.

죽음과 관련해서 우리는 특이값에 대해 부적절한 관심을 쏟는다. 암으로 죽어가는 스무 살 아가씨들과 뇌종양에 걸린 아이들처럼 비극적으로 요절한 사례(다행히도 소수다)를 듣고 걱정한다. 이와는 반대로, '좋은' 죽음으로 스스로를 위로하기도 한다. (서글프게도 소수지만) 건강하고 행복한 100세 노인들이 잠깐 병을 앓다가 재빨리 그리고 평화롭게 죽어가는 경우가 이에 해당된다. 평균적인 삶도, 평균적인 죽음도 없으며, 따라서 다음에 생각할 것은 '최빈도' 죽음이다. 가장 자주 발생하는 죽음을 뜻한다. 우리는 이런 죽음에 직면할 가능성이 가장 높다.

영국에서는 호스피스 병원이나 요양원, 자신의 집보다는 병원에서 죽는 경우가 많다. 남자라면 70대 후반, 여자라면 80대 정도의 고령일 것이다. 여기에서 핵심은 복합적인 병변이다. 아마 몇 달 혹은 몇 년에 걸쳐 우리의 신체적, 정신적 건강이 서서히 악화되는 기간이 있을 것이다. 치매가 꾸준히 진행 중일지도 모른다. 전년도에 한두 차례 입원했다가 서서히 회복했겠지만 입원 전의 건강 수준으로는 결코 회복하지 못하고 있을 것이다. 집에 돌아가기 위해 스스로 많은 노력을 기울여야 했을 것이며 가족이나 친구, 간병인의 도움도 많이 받았을 것이다. 한두 차례 쓰러진 적이 있을 것이며 인지 능력도 감퇴하는 중일 것이다.

간병인과 가족, 담당 지역 보건의가 노력을 기울이는 데도 결국 어떤 일이 벌어질 것이다. 이 '어떤 일'은 반드시 그 자체로 생명을 위협하지는 않을 것이며 넘어짐이나 피부염 또는 가벼운 뇌진탕 정도겠지만 입원을 재차 종용할 정도로 미묘하지만 결정적인 역할을 할 것이다. 응급실 의료진은 항생제 같은 처치를 하기 시작할 것이며, 당신은 너무 아파 집에 갈 수 없기 때문에 급성 환자 병동에 입원해 아마도 노인 의학 전문의에게 치료를 받게 될 것이다.

이후 일주일 정도, 당신을 회복시키려 애쓰는 물리 치료사, 퇴원이 가능해지도록 추가하거나 바꿀 사항이 있는지를 살펴보는 작업 치료사를 포함해 다양한 의료진이 당신의 상태를 검사할 것이다. 음식을 삼키는 능력이 약화되고 폐에 음식이 흘러 들어가서 폐렴을 유발할 위험이 있으면 언어 치료사가 죽처럼 묽게 만든 음식을 먹으라고 충고할 것이다. 그때쯤이면 몸이 앙상하고 근육이 약해진 탓에 영양사가 당신에게 영양제를 권할 것이다.

좋은 날과 나쁜 날이 있을 것이다. 시간이 지나면서 좋은 날보다 나쁜 날이 늘어날 것이다. 때로는 지금이 어떤 상황인지 이해할 수는 있지만 낯선 환경과 감염의 여파가 뒤섞여 의식이 혼미해질 것이다. 가끔은 불안해서 소리를 지를 것이며 또 가끔은 멍한 상태에 빠질 것이다. 아파서 몸을 움직이지 못하는 동안 다리에 심부 정맥 혈전증이 생기지 않도록 혈액 희석제인 헤파린이 피하주사로 투여될 것이다.

병원에 있겠다는 의사를 명확하게 밝힐 수 없기 때문에, 법률에 따라 의료진은 당신이 퇴원을 원한다고 가정해야 한다. '신체 자유 박탈 보호 조치DoLS: Deprivation of Liberty Safeguards'라는 복잡한 신청서를 작성해 병원 담당자에게 보내야 한다.

병동 어딘가에 있는 거대한 화이트보드에 환자 명단이 적혀 있을 것이다. 당신의 이름 옆에는 날짜를 뜻하는 숫자, 아마도 대강 짐작해서 적은 숫자들이 쓰여 있는데 중대한 결정과 관련된 일정과 퇴원 날짜 등이다. 이미 응급실이 당신과 비슷한 환자들로 가득하기 때문에, 담당자는 애가 타서 환자의 신속한 퇴원을 바라며 이 칠판을 하루에도 몇 번씩 유심히 살필 것이다.

변기에 앉기가 힘들고 불편함을 덜기 위해 당신은 이제 요실금 패드가 필요할 것이다. 간호사들은 당신의 엉덩이 피부를 조금 걱정하는데, 너무 말라 뼈만 앙상한 데다 몸을 움직이지 못하니 엉덩이가 짓무를 수 있기 때문이다. 특별한 에어 매트리스가 제공될 것이다. 의료진이 가족들에게 정기적으로 경과를 알려주지만 곧 전문의와 이야기를 나눌 날짜가 잡힐 것이다. 그녀는(대부분의 노인 의학 전문의는 여성이다) 당신에게 소생 시도 포기에 관해 대화를 나눠보려 하겠지만, 당신은 정신적으로 이해할 수 없는 상태일 것이다. 그래서 의사는 당신의 자녀들과 이야기를 하고 심폐 소생술이 소용없을 것임을 설명하며, 그 방법이 부적절하다는 데 모두가 동의할 것이다. 당신은 소생 시도 포기 서류에 정식으로 서명을 하고 가족들과 논의된 사항이 무엇인지 전해 들을 것이다.

또한 전문의는 치료를 하긴 했지만 당신이 악화되고 있는 것 같다고 말하며, 환자가 의식이 또렷했을 적에 종말이 가까워지면 자신을 위해, 혹시 치료법이 있다면 어떤 치료법이 좋겠다고 의견을 표현한 적이 있는지 물을 것이다. 전문의는 가족들에게 치료가 외과의의 영역이며 노인 환자에게서 대부분의 의학적 치료는 '미봉책'이라고 설명할 것이다. 결국, 미봉책마저도 불가능해지는 상황이 되면, 모두가 그 '불가피한 현실'을 받아들일 준비를 해야 할 것이다. 조만간 죽음이 닥칠 것이다. 이것은 가장 자주 발생하는 '최빈도' 죽음이며, 당신은 이런 논의를 한 적이 없다. 대신 가족들이 서로 상의해 의료진에게 나중에 알려줄 것이다.

이때쯤 당신은 나른한 상태로 몸을 움직이지 못할 것이다. 자녀들은 며칠 동안 심사숙고한 끝에 당신이 이 연장된 고통을 원하지 않을 거라는 데 동의하고 예방적 처치가 중단될 것이다. 덕분에 의료진은 연명 치료보다는 꼭 필요한 증상 관리에 집중할 수 있을 것이다. 하루 이틀 뒤에 당신은 개방된 병동에서 1인실로 이동하는데, 그곳은 더 조용하고 친구들과 가족들이 방문하기에도 더 편하다. 어쨌거나 효과가 없는 항생제는 중단되고, 주기적으로 투여받던 다른 혈압약과 당뇨약, 어디에나 쓰이는 스타틴도 마찬가지다. 정맥 주사용 줄과 주사액 주머니는 제거되고, 이는 가족들에게 약간 걱정을 끼칠 것이다. 의료진이 환자를 탈수시켜 죽이려는 걸까? 당신은 갈증이나 허기를 느끼지 않지만 먹을 것과 마실 것이 주기적으로 제공될 것이다. 당신은 입으로 숨을 쉬고 있으며, 그래서 이제 입이 건조해질 것이다. 쾌활한 간호 업무 보조원이 고집 센 자녀들의 별난 행동에 대해 이야기하며 물로 당신의 입을 적셔줄 것이다.

당신은 말은 할 수 없지만 얼굴을 찡그리며, 의료진은 당신이 고통스러워한다고, 특히 이동할 때 그렇다고 생각할 것이다. 해열 진통제와 액상 경구 모르핀이 입으로 투여될 것이다. 신장과 다른 장기들이 기능을 멈추기 시작하고 화학 물질과 독소가 쌓여 당신을 걱정스럽게 할지도 모른다. 고통을 덜어주기 위해 바륨과 비슷한 불안 완화제인 미다졸람이 주사로 주입될 것이다. 그때쯤 당신은 침도 삼킬 수 없고 기도에 쌓인 타액 때문에 호흡 양상이 달라지며 달그락거리는 소리나 코골이, 임종 시의 가래 끓는 소리를 내서 가족들을 놀라게 할 것이다. 스코폴라민을 주입하자 분비물이 마르고 귀에 거슬리는 이 끔찍한 소리는 잦아들 것이다. 심장은 약해지고 피부와 팔다리의 혈액 순환이 줄어들고 몸이 차가워지고 죽은 사람처럼 얼굴이 창백해질 것이다.

　이제 당신은 낮 시간을 대부분 잠든 채로 보낼 것이다. 입으로는 아무것도 받아들일 수 없고 통증 완화제가 작은 펌프에서부터 피부 밑으로 천천히 주입될 것이다. 아마 폐렴이 생기고 숨쉬기 어려워질 것이다. 진정제가 고통스러운 '호흡 곤란'을 완화하는 데 도움이 될 것이다. 모르핀은 또한 호흡을 약화해 숨이 더 가빠질 것이다. 당신의 얼굴은 말 그대로 사색이 되어 삶의 마지막에 다가가는 중일 것이다. 침대 옆에는 사랑하는 가족들이 신체적으로, 정신적으로 고갈된 상태로 앉아 당신에게 말을 걸고 당신은 가끔 대답할 것이다. 아주 기초적인 인지 수준에서 자동적으로 말 몇 마디가 나오는데 죽어가는 사람이 그렇게 말하면 가족들에게는 아마 위안이 될 것이다. 가족과 친척들은 당신의 손을 꼭 잡고 당신은 부모의 손가락을 쥐는 갓난아기와 똑같이 손에 힘을 줄 것이다. 이것은 척수 반사인 움켜잡기 반사로, 의식적인 행동이 아니지만 언제나 환자의 가족에게는 위로가 된다.

　간호진은 환자의 가족에게 끝이 다가왔다고 알렸겠지만, 이 마지막 단계가 얼마나 지속될지는 예측하기 매우 어렵다. 몇 시간, 몇 날, 몇 주? 죽음은 나름의 속도로 천천히 오며 다른 사람들의 시간표에 맞춰 서두르지 않는다. 죽음은 공로상을 받으러 미국 아카데미 시상식에 참석해야 하는 딸의 사정이나 주말에 있을 손자의 결혼식에 관심을 보이거나 이해해주지 않는다. 죽음은 그렇게 이기적이다.

　촛불이 조금씩 타들어간다. 호흡이 더 얕아진다. 곧 마지막 숨을 쉬게 될 것이다. 당신을 사랑하는 사람들은 마지막 순간에 함께 있고 싶어 하지만 늘 그렇게 되지는 않는다. 며칠 동안 밤낮으로 곁을 지키던 가족이 화장실에 가거나 샌드위치를 사러 딱 5분간 자리를 비운 사이에 환자의 마지막 숨을 놓치는 경우가 묘하게도 자주 일어난다. 가끔은 죽어가는 사람이 살아 있는 사람의 물리적 존재를 느낄 수 있어서 그들이 가까이 있는 동안에는 계속 버티는 것처럼 보인다. 나는 늘 가족들에게 이 기묘한 현상을 설명하고 그런 일이 벌어져도 죄책감을 갖지 말라고 조언한다.

이내 당신은 마지막 숨을 쉴 것이다. 이후 잠시 동안 뇌간이 가슴에 신호를 보낼 것이며 당신은 숨을 들이마시려고 몇 번 헐떡거리게 될 것이다. 몇 분 뒤, 산소를 빼앗긴 심장은 당신이 6주 된 배아였을 때 뛰기 시작한 이래 처음으로 멈출 것이다. 입에서 토사물, 즉 거품이 일고 피가 섞여 분홍빛을 띠는 폐부종 가래가 나올 것이다. 항문에서 설사가 약간 새어나오며 퐁퐁거리는 소리가 들릴 수도 있다. 이것이 당신 삶의 끝이다.

가족들은 잠시 곁에 앉아 있을 것이다. 의료진이 차를 내올 것이다. 그들은 울지도 모른다. 기도를 할지도 모른다. 가수 이언 듀리의 노랫말처럼 "안녕히 가세요, 친구여!"라는 말로 명랑하게 작별인사를 건넬지도 모른다. 분명 그들 대부분은 지난 몇 달 혹은 몇 년 동안 경험하지 못했을 감정인 안도감과 평온에 휩싸일 것이다. 당신이 이른 아침에 세상을 떠났다면, 한 시간쯤 지난 뒤 전화가 빗발치고 수련의가 할 일이 잔뜩 적힌 목록을 들고 들어와 당신이 숨을 쉬고 있지 않은지 살피고 잠깐 심장 소리를 들어보고 눈에 불빛을 비춰 반응하지 않는지 확인할 것이다. 수련의는 이 검사 내용을 날짜, 시간과 함께 기록지에 적을 것이다. 당신은 이제 공식적으로 죽은 것이다.

　가족들은 자리를 뜰 것이다. 다음에 무엇을 해야 할지 모르겠다는 사실을 문득 깨닫고 약간 불안한 순간을 보낼 것이다. 나는 이런 상태로 서성거리는 가족들을 보면 "당황하지 마세요, 메인웨어링 씨!BBC 시트콤 '아빠의 군대'에서 등장인물 랜스 상사가 주인공 메인웨어링에게 입버릇처럼 하는 말-옮긴이" 하고 말한다. 이 말은 언제나 미소를 자아낸다. 나는 그들에게 간호사들이 사별 가족 상담원의 전화번호를 줄 테니 하루 이틀 안에 전화를 걸면 상담원이 지금 유가족이 해야 할 일과 사망 신고 방법 등 모든 것을 설명해줄 거라고 말한다. 간호사가 당신의 몸을 정돈해줄 것이다. 수십 년 전까지는 시신 위에 간호사들이 꽃 한 송이를 올려두었는데 이제는 병원에 꽃이 없다. 간호사인 내 아내는 죽은 환자의 몸을 정돈해주는 것을 좋아했다. 방해받지 않을 수 있는 유일한 시간이었다. 전화벨이 울리지도 않고 삐삐거리는 모니터도 없다.

　건장한 병원 운반 담당자 두 명이 당신을 긴 강철 손수레에 담고 용도가 너무 빤한 시트로 당신을 덮어 가린 다음 수레를 밀고 영안실로 갈 것이며, 당신은 그곳에서 쾌활한 영안실 직원의 환영을 받고 그날 사망한 다른 이들과 함께 냉동고로 옮겨지는데, 우리 병원에는 그 수가 대략 여덟 명 정도다. 냉동고는 서른 칸씩 네 줄로 쌓여 있다. 몸집이 굉장히 비대하다면 특수 제작한 커다란 비만인용 냉동고에 눕혀질 것이다. 이 시대의 상징이다.

퀸 알렉산드라 병원에서는 소규모로 이루어지는 일이 없다.

하루 이틀 뒤에 수련의가 당신의 사례에 대해 직급이 더 높은 의사들로 구성된 위원회에 보고할 것이며 사망 진단서에 적을 사망 사유가 나올 것이다. 노인의 경우에는 늘 약간 까다로운 일인데, 노인 환자에게는 문제가 무척 많고 그 모든 요소가 죽음의 원인이 되기 때문이다. 당신의 경우에는 '1-1. 기관지 폐렴 1-2. 고령에 따른 노쇠 2. 제2형 당뇨병, 허혈성 심장 질환, 혈관성 치매'라고 적힐 것이다. 당신의 사망에 대한 약간의 내용이 병원의 전산 사망률 감시 시스템에 입력될 것이다. 그것은 예측가능하지 않았고 적절한 관리를 받은 사망으로 분류될 것이다. 의심스러운 정황이 없고 사망 원인이 밝혀졌으므로 검시관에게 알릴 필요가 없고 사후 부검이나 사인 규명도 필요하지 않을 것이다.

화장이 예정된 경우에는 직급이 높은 다른 의사가 시신을 살펴고 기록지를 읽고, 적어도 다른 의료진 두 명, 즉 최후 질병 단계에서 당신을 돌보았던 의사나 간호사와 이야기를 나눌 것이다. 가끔 이 의사는 당신의 가족들과 논의할 수도 있다. 시신을 더 이상 검사하지 않아도 되는지를 확실히 해두기 위해서다. 당신의 가슴에 삽입된 영구적 심장 박동기는 소각로에서 폭발하므로 제거될 것이다. 서류 작업이 끝나면 가족들에게 연락이 가고 그들은 병원으로 와서 당신의 물건을 챙기고 사망 신고 방법을 들을 것이다. 수련의가 가족들에게 사망 신고서 사본을 줄 텐데, 해당 관청 부서에 고지해 유언장을 공증하고 재산을 정리하기 위해 반드시 필요하다. 장의사가 당신의 시신을 가져가 가족들이 적절하다고 생각하는 종교적, 또는 대중적 장례식을 기다리는 동안 안전하게 보관할 것이다.

이렇게 진행되는 것이 최빈도 죽음이다. 내가 가장 빈번하게 접한 죽음이다. 지난 30여 년 동안 30,000여 명이 우리 과에서 죽었다. 아주 보수적으로 계산해 이들 중 10퍼센트가 내 담당이었다고 한다면, 3,000명 정도가 죽은 것이다.

당신이 죽은 뒤에 신기한 일이 일어날 것이다. 땅에 묻힌 시신이 서서히 부패하고 변환되어 벌레의 몸속으로, 그 다음에는 개똥지빠귀나 찌르레기의 몸속으로 들어갈 것이다. 화장을 할 경우에도 미네랄이 먹이 사슬이나 지질학적 순환계 속으로 들어가 수천 년에 걸쳐 이어질 것이다. 또 다른 사람들이 당신에 대해, 정신이 혼미하고 쇠약한 실금 환자였던 노인에 대해 가지고 있던 암울한 기억은 모두 사라지고 당신이 진정 어떤 사람이었는지에 대한 기억만 남을 것이다. 사람들은 썰렁한 농담을 던지며 위기 상황에 도움을 주었던 좋은 아버지를 떠올릴 것이다. 필요할 때마다 늘 친절을 베풀어준 어머니이자 친구였던 당신을 떠올릴 것이다. 우리가 고통을 뚜렷이 기억하지 못하는 것처럼, 쇠약한 당신에 대한 괴로운 기억은 십중팔구 점점 희미해질 것이다. '현실 부정'이라는 이 자기기만은 어쨌거나 확실히 이점이 있다.

시간이 흐르며, 당신을 개인적으로 회상하는 사람들이 점점 적어질 것이다. 마지막 남은 손자나 손녀가 죽으면 지구상에 당신을 직접 만났던 사람은 아마 아무도 남지 않을 것이다. 당신이 위대한 사상가나 작가나 화가, 음악가라면 당신의 작품이 몇백 년 혹은 천 년이나 2천 년 동안 남을지도 모른다. 그러나 결국 「오지만디어스Ozymandias」이집트를 재건한 왕 람세스 2세의 이름을 그리스 식으로 읽은 것이며 19세기 초 영국의 시인인 퍼시 셸리가 쓴 시이기도 하다-옮긴이의 경우에서 볼 수 있듯 '아무것도 남아 있지 않았소. 붕괴된 그 거대한 잔해 주위로…… 쓸쓸하고 평평한 사막만이 저 멀리까지 펼쳐졌지.'

이 사실이 나에게는 위로가 된다.

25.   조이스

"수천 년간 잠을 이루지 못했네."

- 벨벳 언더그라운드

아내의 어머니인 조이스는 1919년에 태어났다. 아마 1차 세계대전 이후의 베이비부머 세대에 해당될 것이다. 그녀의 부모님인 클레어 콜린과 레그 어윈은 연극 배우였다. 이제는 과거에 묻힌 존재지만 당대에는 여러 해변 극장을 순회하며 「작고 노란 신의 초록 눈The green eye of the little yellow God」이라는 시를 낭송하고 약간 외설스러운 촌극을 선보였다. 그 시절에 연극 배우들은 일을 하면서 자녀를 키웠는데 따라서 조이스의 유년기는 불안정했고 아마도 행복한 유년기는 아니었을 것으로 짐작되며, 온 가족이 버밍엄에 정착한 뒤에도 마찬가지였을 것이다. 런던에서 태어났기에 조이스는 그곳에 적응하지 못했고 버밍엄 사람들로부터 억양 때문에 놀림을 받았다. 재봉사 교육을 받고 의류 제조 회사에서 박봉으로 일을 하며 부모님과 살던 중, 어느 날 계단 밑에서 아버지가 조이스의 방을 향해 "네 엄마가 죽었다!"라고 외치는 소리를 듣고 잠에서 깨어났다.

조이스는 당시 열여덟 살이었고 런던으로 돌아가기로 결심한 후 숙소와 직장을 구했다. 한 친구가 그녀를 '예민한' 또래 소녀인 아이비의 가사 도우미로 추천했다. 조이스는 목수이자 가구장이인 아이비의 오빠 프레드와 사이좋게 지냈다. 둘은 젊은 사람들답게 주말이면 프레드의 오토바이를 타고 나가 시골길을 달리며 즐거운 시간을 보냈다.

그러다가 2차 세계대전이 발발해 10년이 넘는 기간 동안 수백만 명의 젊은이들을 망가뜨렸다. 1940년에 프레드와 조이스는 결혼했다. 웨딩 케이크는 마분지로 만들었다. 두 사람은 클래펌 올드 타운에 있는 다세대 주택에서 방을 빌려 살았다. 프레드는 영국 공군에 입대했고 북아프리카, 나중에는 이탈리아에 파견되었다. 그는 4년 동안 해외에 있었다. 수많은 신혼부부들이 겪는 상황이었다. 조이스는 런던 시의 가장 큰 전화 교환소에서 일했다. 프레드보다 그녀의 삶이 아마 더 위태로웠을 것이다. 그녀는 독일군의 영국 공습을 견뎌냈고, 불타는 건물들을 피하고 지하철역에 숨느라 여덟 시간이나 걸려 집에 간 적도 있었다. 슬프게도 지금은 하지 않는 말이지만 그 시절에는 다들 했던 말을 되뇌며 버텼다. "불평해선 안 돼!"

할머니(조이스의 어머니)와 사촌들을 포함한 모든 가족이 클래펌에 있는 임대 주택으로 이사를 왔다(당시에는 가족들이 모여 사는 것이 보기 드문 풍경은 아니었다). 내 아내 재닛은 1947년에 태어났다. 할머니는 세계가 직면할 인구 문제를 인식하고 모든 가족에게 자녀를 한 명 이상 낳지 못하게 했다. 그 시절에도 훌륭한 선견지명이 있었던 것이다.

아내는 아버지 프레드의 오토바이 사이드카에 앉아 시골로 여행을 다니고 매년 여름이면 켄트에 있는 휴가용 캠프장을 방문하며 행복한 유년기를 보냈다. 조이스는 가족에게 헌신했다. 지역 보건소에서 접수원으로도 일했다. 1980년대 중반 우리의 두 아이가 태어난 것은 그녀의 삶에서 가장 큰 기쁨이었다. 그 무렵 프레드는 알츠하이머병을 앓았고 아이들을 잘 알아보지 못했다. 매일 조이스가 우리를 도와주러 클래펌에서 버스를 타고 캠버웰로 왔다. 그녀가 없었다면 우리는 버티지 못했을 것이다. 그녀는 선천적으로 소심한 성격이었고 사람들 사이에 있을 때는 뒤로 물러나 있었지만, 언제나 선뜻 도움의 손길을 내밀었다. 소매를 걷어 올리고 요리나 청소를 도맡았다. 양가 부모님들이 이따금 찾아오는 손님에 불과한 상황에서 어린 아기를 키우는 일부 여성 전문의들을 보면 안타깝다. 우리에게 조이스가 있어서 얼마나 다행이었는지 모른다.

우리가 포츠머스로 이사를 했을 때 프레드와 조이스는 그리 멀지 않은 치체스터로 이사했다. 그 무렵 프레드는 치매가 심각하게 진행된 상태였다. 자꾸만 길을 잃어 경찰이 찾아내야 했다. 이사 후 1년이 되지 않아 심한 뇌졸중이 발병해 그는 세상을 떠났다. 그 뒤로 조이스는 우리를 찾아와 어떤 식으로든 도움을 주며 일주일 중 반을 머물다 가곤 했다. 가족 안에서 온갖 극적인 상황이 일어날 때도 늘 곁에 있어주었다. 손자의 물리학 과제를 끝내는 데 도움을 주려고 그녀가 새벽 세 시에 풍선을 계단 아래로 떨어뜨려 공기의 점도를 측정하던 때가 기억난다. 말도 안 되는 행동이었다. 손자의 럭비화에서 진흙을 긁어냈고 발레화(맞다, 그 아이는 둘 다 했다)를 바느질해주었다.

가족 안에서 벌어지는 온갖 일들로 혼란과 고통과 기쁨을 겪으면서도 늘 우리 곁에 있었다.

조이스의 오른팔이 붓기 시작했을 때, 나는 가능한 설명이 하나뿐임을 알고 있었다. 겨드랑이 림프선이 막혀서 생긴 림프 부종이었다. 여성의 경우에 가장 가능성이 높은 원인은 유방암이 겨드랑이 림프절까지 퍼진 경우였다. 조이스는 지역 보건소에서 일하면서도 한 번도, 단 한 번도 의사의 진찰을 받지 않았다. 의사들은 매우 바빴고 조이스는 그들을 귀찮게 하고 싶지 않았다. 그녀는 붓기에 대해 말하기를 꺼렸지만 증상이 너무 심각해서 손의 기능에 영향을 미쳤다. 결국 의사를 만나야 한다는 사실을 납득했다. 그리고 혼자 병원에 갔다. 자신의 병이었고 다른 사람에게 폐를 끼치고 싶지 않았던 것이다.

조직 검사 결과 유방암이었고, 알고 보니 조이스는 15년 전에 이미 그 존재를 감지했었다. 이제는 몹시 커져서 피부를 침식하기 시작했는데 이른바 '융기형 암'이었다. 조이스는 화학 요법이나 방사선 요법을 거부했다. 종양은 항에스트로겐 알약에 반응하는 유형이었고 그녀는 알약을 적절히 복용했다. 종양과 림프절은 줄어들었고 고무가 섞인 치료용 장갑을 착용한 덕분에 오른쪽 팔의 붓기가 잦아들었다. 그게 다였다. 삶은 전처럼 계속되었고 그 일은 다시 언급되지 않았다.

이후 10년 동안 조이스는 평소대로 지냈다. 크리스마스를 위해 양파 피클을 만들고 모든 집안 문제에 도움을 주었다. 어느 크리스마스 때, 조이스의 모습이 평소 같지 않았다. 숨을 쉬려고 기를 쓰는 것처럼 보였다. 새해 전야에 내가 전화를 걸었는데 응답이 없었다. 나는 조이스의 집으로 차를 몰고 갔고 그녀가 고통스러워하며 힘없이 의자에 앉아 있는 것을 발견했다. 나는 가슴을 검사하겠다고 조이스를 어렵게 설득했다. 손가락으로 가슴을 두드렸는데 이것은 이른바 '타진'으로 와인 양조업자들이 통에 담긴 와인의 수준을 알아내기 위해 쓰는 바로 그 기법이다. 타진 결과 가슴의 오른쪽 측면, 유방암 자리가 '돌처럼 둔탁'했다. 폐와 흉벽 사이에 체액이 고였다는 뜻이다. 원인은 무수히 많지만, 조이스의 경우에는 가능한 해석이 하나뿐이었다. 암이 퍼지고 있었고 폐의 안쪽을 덮고 있는 가슴막까지 이른 뒤였다. 제대로 대처하려면 입원을 해야 했다.

크리스마스 이후에는 독감이 유행하고 간병인이 휴가를 간 탓에, 게다가 다른 '겨울철 특유의 질병' 때문에 퇴원 환자가 없어서 입원이 쉽지가 않다.

추운 날씨가 도움이 되지는 않지만 날씨 탓만은 아니다. 오스트레일리아에서도 크리스마스 이후에는 비슷한 문제가 나타나는데 그곳은 그때 한여름이다. 지역 봉사 단체가 휴가를 가서 일주일간 공백이 생기면 그때도 여파가 생긴다. NHS 소속 병원에서는 빈 침대가 생기면 눈 깜짝할 사이에 다시 채워진다.

정밀 검사와 조직 검사 결과, 암이 퍼졌음이 확실해졌다. 종양학적 견해를 구해보았다. 선택지는 제한적이었지만 조이스는 어떤 경우에든 '괴롭게 시달리는 것'을 원치 않았다. 치료를 거절하며 몇 주에 걸쳐 악화되었고 지역 호스피스 병원에서 죽음을 맞이했다.

장례식에서 나는 그녀가 나에게 미친 영향에 대해 이야기했다. 지혜가 담긴 거창한 말이나 엄청난 업적을 통해서가 아니라, 자신이 원하는 방식대로 살아갈 수 있는 힘을 보여주며 나에게 영향을 미쳤다고 말했다. 그녀는 딸과 손자 손녀에게 헌신하며 이타적인 삶을 살았다. 허풍을 떨며 소란을 피우지도 않았고, 다른 사람을 조종하려 하거나 주목을 끌려고 하지도 않았다. 조이스는 이타적인 죽음을 맞이했다. 여전히 다른 사람들에게 도움을 주었고 여전히 큰 사랑을 받고 있었다. 그것이 내가 열망하는 죽음이다.

우리가 날씨를 통제할 수 없듯이 우리의 목숨을 빼앗는 질병을 선택할 수도 없다. 그러나 우리의 고통과 자녀들의 괴로움을 연장할 뿐 그 외에는 아마도 이득이 거의 없는 치료를 거부할 수는 있다. 어쩌면 우리의 후손들은 세 번째 밀레니엄의 첫 몇십 년 동안 시행된 암 치료법을 돌아보며 "그 사람들 대체 무슨 생각을 하고 있었던 거야?"라고 중얼거릴지도 모른다.

26.   미세한 차이와 현대 의학

> "거짓과 진실은 머리카락 한 올 차이."
>
> - 오마르 하이얌의 『루바이야트』 중

지난 대부분의 역사에서 의학은 단지 누군가의 의견에 불과했고 입증되지 않은 다른 의견들과 비슷한 정도로 도움이 되었다. 조금씩, 사실이 의견을 대체했다. 처음에는 해부학 연구와 신체 해부로 내부 장기의 기능까지는 아니었지만 그 구조가 드러났다. 1628년에 윌리엄 하비가 인체에서 혈액이 어떻게 순환하는지를 알아냈다. 생리학과 병리학이라는 학문은 장기가 작동하는 방식과 병에 걸렸을 때 장기에서 일어나는 일을 알려주었다. 현미경은 굉장히 복잡한 세포의 특성을 밝혀냈다.

21세기 런던, 소호 거리가 내려다보이는 나의 작은 아파트에서는 존 스노 선술집이 보이는데 선술집 밖에는 19세기 급수 펌프 모형이 세워져 있다. 그곳은 영국에서 유일하게 의사의 이름이 붙은 선술집이다. 그 이유도 훌륭하다. 1854년 소호에 콜레라가 대유행하던 시기에 그 질병이 브로드 가(현재는 브로드윅 가)의 급수 펌프를 중심으로 출현한다는 사실을 밝혀낸 사람이 바로 존 스노였다. 스노는 지역 정치인들을 설득해 펌프 손잡이를 제거해서 주민들이 펌프에 접근하지 못하게 했고 전염병 확산을 막았다.

이렇게 현대 역학이 시작되었다. 감염된 상처의 작은 유기체를 현미경으로 식별해내자 인간의 위신은 또 한 번 추락했다. 우리의 거대한 삶과 업적은 보이지 않을 정도로 작은 어떤 존재 앞에서 위축되었다. 그렇게 우리는 밤에 좀 더 편안한 잠자리를 제공해주는 과학적 의료의 시대로 접어들었다.

내가 의사 면허를 취득한 1979년에 병원에서 이용하던 대부분의 의료와 수술 절차는 효과가 있는 것으로 여겨졌지만 사실 엄격한 실험을 거친 것은 아니었다. 로햄튼에 위치한 퀸 메리 병원에서 초보 수련의로 근무할 때, 의료기 부서의 나이 많은 전문의가 심각한 요통에 시달리는 어느 여자 환자를 찾아와 시간을 보내던 기억이 난다. 그는 거대한 코르셋을 그 환자에게 입혀주고 펜치로 직접 코르셋의 지지대를 구부려 꼭 맞게 해주었다. 그는 아주 전문적이었고 믿음직했다. 그 나이 많은 환자는 그의 조언을 따르며 훨씬 호전되었다. 당시에는 깨닫지 못했지만 사실 그것은 위약 효과가짜 약을 진짜 약이라고 속이고 투약할 경우 환자의 긍정적인 믿음 때문에 실제로 병이 낫는 현상−옮긴이를 가르쳐주는 상급 세미나였다. 이제 NHS에서는 그런 치료법을 쓰지 않는데 올바른 과학적 검사에 도움이 되지 않기 때문이다. 치료법은 실험실에서만 효과를 내서는 충분하지 않으며 현실 세계의 기대에도 부응해야 한다.

1980년대 이후로 의료는 잔인할 만큼 솔직하게 치료법이라는 무기고를 재검토하고 그 무기들에 임상 실험을 진행했다. 표준은 이

중 맹검법검사 결과의 오류를 피하기 위해 실험자와 피험자 양측에 실험의 일정 요인을 비공개하고 진행하는 연구 방법. 위약의 진위 여부를 공개하지 않고 실험을 진행하는 경우가 이에 해당한다−옮긴이을 적용한 '무작위 대조군 임상 시험RCT: Randomized Controlled Trial'이다. 이런 실험이 '근거 중심 의학EBM'의 토대가 된다. 이런 연구에서는 결과를 왜곡하는 의도치 않은 요인인 편향성을 통제한다. 그러나 가끔 의사나 환자에게 실험에 쓰이는 약이 위약인지 아니면 적극적인 작용을 하는 물질인지 숨기기 어려울 때가 있는데 수술이 관련된 경우라면 더욱 그렇다.

연구 내용은 동료의 심사를 받는 학술지에 게재되는데, 게재 이전에 다른 의사들, 과학자들, 통계학자들이 그 결과를 살펴보며 그 결과와 결론이 타당한지, 정확히 해석되었는지를 확인한다. 대규모의 메타 분석을 거치면, 즉 같은 치료법을 주제로 시행된 다양한 실험을 참고하며 종합적으로 관찰하면 X라는 치료법이 아무런 치료법을 쓰지 않았을 때보다 더 나은지, 혹은 A라는 수술이 순전히 내과적 관리만 받았을 때보다 더 나은지를 도표로 나타낼 수 있다.

통계는 아주 복잡할 때가 많지만 대부분의 실험은 '95퍼센트의 신뢰도'를 유지하려 애쓴다. 이는 두 치료법의 차이가 실제로 존재하며 우연 때문에 나타난 결과가 아닐 확률이 95퍼센트라는 뜻이다. 치료법이 주는 이득이 적을수록 실험은 통계적으로 의미 있는 차이를 더 크게 보여줘야 한다. 그러나 약이 효과가 있음을 분명히 보여줄 만큼 거창한 실험일 필요는 없다. 척수 손상 때문에 발기불능인 남성 네 명에게 실데나필(비아그라)을 주고 비슷한 남성 네 명에게는 위약을 준 다음 두 집단에게 각자가 선택한 포르노물을 보여주면, 비아그라를 받은 남성 넷 중 세 명은 발기가 되고 위약을 받은 사람들은 누구도 그 축복을 누리지 못할 것이다. 약은 효과를 발휘했고 통계학적으로 의미 있는 결과를 나타냈다(제약회사 파이저에 내 지분이 있는 건 아니다).

중요한 실험은 국가 차원에서 심의를 거친 후 우리가 따르는 지침의 토대를 형성한다. 영국 국립 보건 임상연구원NICE: National Institute for Health and Care Excellence은 매년 수십 가지 보고서를 처리한다. 치료법이 효과를 나타내면 삶의 질을 향상하기 위해 치료법 시행 비용을 산정한다. 삶의 질 보정 생존연수QALY: Quality Adjusted Life Year는 치료법으로 인해 누릴 혜택을 질적, 양적으로 평가하는 수치이며 치료를 수용하기 위한 최소 기준점은 QALY당 3만 파운드 정도이다. 내가 젊었을 때부터 여러 치료법이나 수술이 시도되었고 신뢰를 받았다. 그러나 결국 실패로 돌아가서 지침서에서 사라진 치료법도 있다. 이제는 커다란 도자기로 만든 증기 흡입기나 기침을 억제해주는 장뇌 흡입기를 들고 돌아다니는 간호사를 볼 수 없다. 이것은 좋은 현상이며 나는 대체 의학 의사들에게도 그들의 치료법을 마찬가지로 철저히 검토해보라고 권한다.

그러나 새로운 문화에는 늘 단점이 존재한다. 무작위 실험은 참가자가 최상의 참여를 보이는, 엄격히 통제된 조건에서 시행된다. 현실의 병원이나 일반 의원과는 아주 다른 환경이다. 노인 환자보다 젊은 환자를 실험에 참여시키는 편이 언제나 더 쉬운데, 노인 환자의 다양한 병변과 노화가 '잡음'으로 작용하기 때문이다. 이제 많은 경우 약물 실험을 할 때 통계학적으로 의미 있는 효과라는 성배를 얻기 위해서는 무수히 많은 환자가 필요하다. 통계학적으로 의미 있는 효과가 나타났다 한들, 임상적으로도 의미가 있을까? 남자와 여자의 키 차이는 통계학적으로 의미 있다. 그래서 그게 중요한가? 물론 중요하지 않다.

가령 어떤 약은 실험에서 심장 마비처럼 불운한 사건의 위험을 20퍼센트까지 의미 있게 줄여줄지도 모른다. 처음에는 꽤 인상적인 결과로 느껴진다. 그러나 이것은 상대적 위험도다. 드물게 일어나는 사건이라면, 예를 들어 발생 확률이 5퍼센트라면, 절대적 위험도는 5퍼센트에서 4퍼센트로, 즉 전체적으로는 1퍼센트 감소한다(5퍼센트의 20퍼센트가 1퍼센트이므로). 따라서 의사는 심장 마비 한 번을 예방하기 위해 백 명의 환자를 치료해야 한다. 치료비가 1년에 1,000파운드라고 한다면, 한 번의 심장 마비를 예방하기 위해 10만 파운드가 필요할 것이다. 그런 경우라면 나는 그 비용을 금연 프로그램에 쓰는 게 더 낫다고 주장하겠다. 제약회사는 신약 개발 투자로 수익을 내려는 열망이 강하므로, 어쩔 수 없이 관점이 다를 것이다.

대규모 실험을 시행할 때는 이른바 '하위 집단 분석'과 통계학적으로 의미 있는 관련이 있는지 확인하며 그 데이터를 철저히 재검토한다. 예를 들어, 여성에게만 효과가 있거나, 당뇨 환자에게만 효과가 있거나, 50세 이하에게만 효과가 있거나 50세 이하의 당뇨병을 앓는 여성에게만 실제 효과가 있을지도 모른다. 문제는 더 많은 하위 집단을 검사할수록, '의미 있는' 치료 효과가 순전히 우연 때문에 발견될 가능성이 높아진다는 점이다. 데이터는 사람들과 비슷하다. 데이터를 심하게 고문하면 결국 거짓말을 토해낼 것이다.

지식이라는 측면에서 지금은 혁명 발발 직전이다. '빅 데이터'는 건강 기록 및 다른 자료로부터 우리 모두에 대한 내용을 수집한, 엄청난 양의 익명 자료다. 현재 이용 가능한 광대한 계산력으로 이 데이터를 분석할 수 있다. 과학은 생활 방식 및 우리 삶의 다른 측면과 질병의 연관성을 밝혀낼 것이다. 환경과 질병의 관계에 새로운 통찰력을 줄 것이고 그러면 암, 혈관 질환 및 연구하기 어렵고 더 희귀한 모든 질병의 새로운 위험 인자들을 판별할 수 있게 될 것이다. 인공지능은 이 데이터를 연구해 새로운 개념과 관련성을 찾아낼 것이다. 보건 전문가들이 하는 일의 상당 부분을 대체할 수도 있다. 이미 인공지능은 사진을 보고 숙련된 안과 의사만큼이나 정확히 망막 질환을 진단해낼 수 있다. 양자 컴퓨터 덕분에 계산력이 크게 발전해, 새로운 약물을 개발함으로써 평범한 세포와 암 세포의 수용체를 차단하거나 자극할 수 있을 것이다.

겨우 10년 전만 해도 한 사람의 유전 암호를 분석하는 데 30억 달러가 소비되었다. 이 어마어마한 과업을 완성하는 데 13년이 걸렸다. 이제 우리는 한 사람의 온전한 유전체를 몇 시간 만에 그리고 1,000파운드보다 적은 비용으로 분석할 수 있다. 유전자 분석 덕분에 개인에게 완벽하게 맞춰진 표적 치료가 가능해질 것이다. 의료는 맞춤형 인터넷 광고처럼 정확하게 우리의 인체에 딱 맞게 조정될 것이다. 영국 보건 장관은 원한다면 몇백 파운드의 비용을 들여 온전한 DNA 염기 서열을 알아내도록 권장하고 있다.

이 이야기는 처음 들으면 과학자들이 질병의 작동 구조를 더 많이 알 수 있으니 아주 좋은 일처럼 여겨진다. 실제로는 건강한 사람을 하룻밤 사이에 환자로 만들 수도 있다. 유전 정보로 DNA 변형을 밝혀내 암이나 다른 유전병의 출현을 예측할 수 있을 것이다. 많은 유전자들은 자신의 특징을 노출하지 않는데 이를 '비침투도'라고 부른다. 따라서 어떤 사람들은 이른 나이에 그 질병을 겪을 수 있지만 어떤 사람들은 절대 그 병에 걸리지 않을 수도 있다. 그러나 자신에게 이런 유전자가 있다는 사실을 안다면 분명 누그러지지 않는 불안에 시달릴 것이다.

실험은 결과를 나타낸다. 이 결과는 죽음이나 입원, 뇌졸중처럼 단순하고 쉽게 측정할 수 있는 것이어야 한다. 그러나 나이가 아주 많은 사람들에게 중요한 것은 건강과 전반적으로 행복하다는 느낌인데 이는 측정하기 매우 어렵다. 나는 근거 중심 의학을 강력히 지지하지만, 우리는 완전히 무조건적인 믿음을 가지고 그 제단을 향해 경배해서는 안 된다. 늙고 쇠약한 환자들을 대할 때는 노인 의학의 새로운 정의 중 다섯 번째 M을 기억하고 '가장 중요한matters most' 것에 집중해야 할 것이다. 만약 어떤 환자에게 나무 아래 앉아 있는 것이나 파이프 담배를 피우는 것, 와인을 마시는 것이 중요하다면 바로 그것을 누리게 해주자. 사람들의 건강에서 가장 중요한 것을 측정하는 방법이 밝혀진다면 생각이 달라질지도 모르겠지만.

27. 포터캐빈이 들려준 이야기

"헤로인, 나를 죽여다오."

- 벨벳 언더그라운드

퀸 알렉산드라 병원의 노인 의학과는 1901년에 지어진 나이팅게일 병동으로 구성되었는데 거대한 요새와도 같은 그 병동들 사이에 임시 사무실인 포터캐빈이 있었다. 그곳은 25년이 넘도록 노인 의학 전문의들과 관리자들을 위한 장소로 쓰이며 21세기까지 순조롭게 살아남았다. 노인 의학과는 이제 정치적인 의미를 고려해 '노인과 재활, 뇌졸중을 위한 의료Medicine for Older People, Rehabilitation and Stroke'라는 명칭으로 교정되었다(줄여서 MOPRS인데 '심장학'처럼 명칭이 단순한 부서에서는 한없이 놀랄 일이다). 나무로 만든 부서질 듯한 방들이 벽돌 토대 위에 불안정하게 놓여 있었다. 해마다 페인트가 벗겨졌고 나무가 조금씩 더 썩었으며 화재 조사관은 쯧쯧 혀를 찼다. 비상구에서 계단을 몇 개 내려오면 작은 풀밭이 있었는데 그곳에서 몇 명이 남몰래 상습적으로 궐련을 피웠다.

복도에는 에드워드 7세 시대의 옛 병원 사진이 몇 장 걸려 있었고 그중에는 아르누보 양식의 가구들과 엽란, 당구대를 갖춘 의사들의 숙소 사진도 있었다. 당구대가 있었던 것이다, 역시! CT 기계를 새로 사서 성능을 높이는 것과 전문의 사무실의 설비를 개선하는 것 중에서 하나를 결정해야 한다면 그건 선택의 여지가 없는 문제일 것이다. NHS의 모든 전문의들은 이 점을 감수해야 한다.

거의 매일 저녁, 나와 동료 전문의들은 집으로 가거나 멀고 외진 곳으로 왕진을 가기 전에 몇 분 동안 이런저런 담소를 나누곤 한다. "오늘 뭘 배웠나?" 부서 교수인 마틴이 특유의 감미로운 말투로 묻는다. 통찰력의 문이 조금이라도 열리지 않은 날은 드물다. 보통 우리는 병동 회진 때 의사 훈련생들로부터 들은 의학적 사실을 서로에게 들려준다. 영리한 젊은 의사들은 언제나 최신 의학 지식의 거대한 정보원이 되어준다. 어쨌든 대학원 시험 때문에 열심히 공부 중인 사람은 그 의사들이다. 우리는 채점만 하면 된다. 그들은 일부 희귀 자가 면역 질환을 위해 시행하는 최신 항체 검사가 무엇인지 알 것이다. 우리는 우울증이 있지만 너무 자존심이 강해 정신 질환이 있다고 인정하지 못하는 사람들을 지목하는 방법을 안다.

"전공의인 모우가 말해줬는데 위벽에 살면서 위궤양을 유발하는 새로운 유형의 박테리아가 발견되었다는군."

"뭐? 박테리아 감염으로 생기는 위궤양이라고? 그래서 항생제로 치료할 예정이라던가?"

"확실히 그렇지."

"와, 예상 못 했던 일이군!"

가끔은 의학적인 부분보다는 행동이 학습의 요점이었다.

"그런데, 마틴, 눈물을 마구 흘리면서도 조리 있게 말하는 환자

가족을 만나면 조심하게." 나는 뒤이어 눈물로 위장한 숨겨진 의도, 아마도 악의적인 의도가 있었던 어느 환자 가족과 이상하고도 조작적인 분위기에서 만났던 경험을 설명한다. "양의 탈을 쓴 늑대를 조심해. 성경에도 동화에도 나오는 이야기지만 잊어버리기 쉽지."

"잘 알겠어, 데이비드. 잘 알겠어."

어느 날 나는 문이 열린 마틴의 방을 지나가다가 물었다. "자네 어디 아픈가?"

"이런! 이게 다 무슨 일이람!" 그가 말했다. 낙담한 표정이었다. 나는 방으로 들어가 문을 닫고 앉았다. 고대의 뱃사람처럼 그는 자신의 이야기를 들려줘야 했고 나는 '들을 수밖에' 없었다.

담당 병동에 도착했을 때, 절망적이고 슬픈 분위기가 그를 맞이했다. 그는 주임 간호사 한 명이 스미스의 침대 옆에 앉아 흐느끼는 모습을 보았다. 그는 죽은 상태였다. 마틴은 침대 주변에 커튼을 치고 간호사에게 무슨 일이 있었느냐고 물었다. 폐암에 시달리던 스미스는 괴로워했다. 다이어모르핀(헤로인의 약리학적 명칭)을 주입해야 했는데 모두 투여하기까지 원래 24시간이 걸린다. 간호사는 새로운 형태의 주입 펌프를 사용했는데 평범한 펌프와 매우 비슷한 모양이었지만 펌프의 눈금은 24시간당 투여량이 아니라 시간당 투여되는 양을 밀리리터로 나타낸 것이었다. 결과적으로 24시간 동안 주입할 양을 4시간도 안 되어 투여하고 말았다. 말 한 마리를 죽일 만한 양이었던 것이다.

스미스는 죽은 채로 발견되었고 간호사는 끔찍하게도 자신이 한

짓을 깨달았다. 인간의 실수였다. 당시 보건 서비스는, 근무 시간에 제한이 없었고 의사나 간호사나 매일 일손 부족에 시달렸다. 어쨌든, 일은 벌어진 뒤였다. 그 오래된 블랙 코미디 〈독약과 노파Arsenic and Old Lace〉에서는 등장인물 테디가 독살된 시신을 옮기며 "또 황열병 환자야?"라고 말한다. 마틴은 지역 신문의 표제가 눈에 보이는 듯했다. '병원의 실수로 영국 해군의 원로 영웅 사망' 등등. 그는 간호사를 최대한 위로했다. 그 시절 우리는 둘 다 신참 전문의였고, '조사가 필요한 중대 사건SIRI'이라고 지칭되는 상황에 대한 경험이 많지 않았다. 말하자면, '실책'이라고 불리는 상황이었다.

　마틴은 우리 부서 대표인 프루던스에게 전화를 걸었고 명확한 지시를 받았다. 환자의 가족을 찾아가 정확히 무슨 일이 일어났는지 말하라는 것이었다. 그래서 마틴과 병원 총무과 직원은 스미스의 아들이 사는 집으로 차를 몰고 가서 처음부터 끝까지 모두 이야기했다. 마틴이 금세 감정적인 상태에 빠져 눈물을 조금 흘린다는 사실을 우리 모두 알고 있었다. 그는 갈라진 목소리로, 스미스의 생명을 너무 일찍 끝내버린 실수에 대해 설명했다. 가족들은 몹시도 염려했다. 실수 때문이 아니었다. 어쨌거나 스미스는 죽어가고 있었다. 그들은 간호사가 엄청난 충격을 받았다는 사실을 걱정했다. 오히려 마틴을 위로하고 긴장을 풀라며 위스키 한 잔을 대접했다. "걱정하지 마세요, 선생님. 그는 떠나는 중이었고 고통받지 않았으니 다행입니다."

　다음 날 검시관의 사무실에서 그 사례를 논의했다. 검시관은 유가족에게 전화를 걸었고 그들이 불만을 제기하지 않았기 때문에, 사망 진단서가 적절한 때에 발급되었다. 검시관들은 대개 전직 경찰관이었고 고맙게도 죽음을 아주 현실적으로 다루었다. 지금보다 관대한 시절이었다.

나는 실습생들에게 잘못된 상황에 대처하는 법을 가르칠 때 이 이야기를 자주 들려준다. 실수는 일어나기 마련이지만 같은 실수를 두 번 저질러서는 안 된다. 이 혼란스러운 상황이 포츠머스에서 일어난다면, 어디에서나 일어날 수 있다는 뜻이다. 그 사건은 보건부의 의료기기 당국에 보고되었고 공식 조사 결과, 펌프 설명서의 내용이 명료하게 바뀌었다. 슬픈 사건으로 인해 결과가 조금은 좋은 방향으로 바뀐 것이다. 살아 있을 때처럼 죽어서도 마찬가지로, 일이 실패로 돌아갈 경우 올바른 대처법은 겸손한 태도로 진심 어린 후회를 표현하는 것이다. 상대를 속이며 오만한 태도를 고수하면 결국 진실이 드러나고 처벌을 받을 것이다. 실수는 인간이 하는 일이고 용서는 신의 몫일지 모르지만, 품위 있게 용서하는 사람의 능력은 때로 신의 능력 못지않다. 감독 스파이크 리가 자신의 영화에서 말하듯이 "똑바로 살아라. 똑바로 좀 살아!" 그 영화 제목이 뭐였더라? 아, 그렇지. 〈똑바로 살아라Do the Right Thing〉

28.   전문가들

"더닝 크루거 클럽의 첫째 규칙은 자신이 더닝 크루거 클럽에 속한다는 사실을 모르는 것이다."

- 데이비드 더닝

글렌 백스터가 그린 만화 중에 원이 하나 그려진 커다란 캔버스를 턱수염 난 노인들이 뚫어져라 바라보는 그림이 있다. 밑에는 다음과 같은 설명이 적혀 있다. '전문가들은 만장일치로 찬성했다. 이것은 아주 뛰어난 작품이다.' 다음 페이지에는 정확히 똑같은 그림이 있는데 이번에는 캔버스 위에 원이 두 개이고 설명은 다음과 같다. '전문가들은 만장일치로 찬성했다. 이것은 아무런 가치가 없는 작품이다.' 내가 이 만화를 무척 좋아하는 이유는 동시에 두 가지 대상을 조롱하기 때문이다. 바로 현대 예술과 전문가들이다. 나는 현대 예술에 대해 많이 알지만 내 마음에 드는 그 예술을 잘 알지는 못하며(농담이다) 수많은 전문가들을 만났지만 그들 덕분에 알게 된 사실이 마음에 들지는 않는다.

불만과 심각한 오류를 조사하는 NHS 체계에는 근본적 결함이 있다. 이는 시간과 관련 있다. 현실에서는 흘러가는 시간 속에서 실시간으로 결정을 내려야 하는데 여기에는 제약이 따른다. 현실에서의 결정은 불완전한 정보와 주변에서 들려오는 잡음과 여러 환자들을 동시에 돌봐야 하는 산만한 상황 속에서 이루어진다. 조사를 진행할 때는 언제나 모든 방법을 고려할 수 있도록 충분한 시간을 들여 과거의 정황을 파악해나간다. 환자의 진료 기록지와 첨부 문서가 모두 조사에 포함된다. 가능한 완전한 그림을 얻기 위해 환자와 의료진, 환자의 가족을 인터뷰할 수도 있다. 그들의 시간과 공간을 빼앗는 다른 조사를 시행하지는 않는다. 그러나 가장 불공평한 점은 어떤 조사 결과가 나오든지(대개는 좋지 않은 결과인데), 조사 팀에는 알려주지만 해당 환자를 돌보는 임상 치료 팀에는 알려주지 않는다는 점이다.

이른바 '사후 과잉 확신 편향hindsight bias'으로, 전문가들이 사례 보고서에 보이는 반응을 살핀 여러 연구에서 다뤄온 주제이기도 하다. 결과가 좋았던 어떤 사례를 제시하면 전문가들은 그 치료법이 훌륭했다고 말한다. 정확히 같은 사례지만 환자가 사망한 결과를 제시하면, 전문가들은 치료가 부적절했다는 결론을 내린다. 그런 결론을 내린 상태에서, 보건 서비스에서 요구하는 '정직의 의무', 즉 혹시 모를 모든 부정적 결과도 환자나 가족들에게 고지해야 한다는 의무까지 더해지면, 실제로는 전혀 그런 상황이 아닐 경우에도 환자의 가족들에게 환자가 의료상의 실수로 사망했다고 알리게 되는 것이다. 사건이 벌어진 뒤에 하는 말은 당연히 다 들어맞는 것처럼 보인다. 미래를 볼 수 있다면 우리는 모두 복권 당첨자가 될 것이다.

불만 사항을 조사할 때는 독자적인 전문가들의 견해를 가장 중요하게 여긴다. 경험이 아주 풍부한 임상의나 좁은 의료 분야의 전문가들이 이에 해당될 것이다. 그들은 대개 동료 집단에게 전문가로 여겨지는 것은 아니고 전문가임을 자칭하는 이들이다. 오랜 세월 나는 신장 전문가들이 우리 부서가 지역 병원의 지속 관리 병동에 있는 쇠약한 환자들에게 투석을 고려하지 않았다는 이유로 트집을 잡는다는 이야기를 들었다. 그것은 결코 현실적인 선택이 될 수 없었다. 역시 장기 치료 노인 병동에서 의료진이 환자의 산소 포화도를 측정하지 않는다는 비판도 들었는데 그곳은 그런 설비를 이용할 수 없는 곳이었다. 나는 영국의학협회 소송에서 영향력이 큰 학자들로부터 정보를 제공받은 변호사들이 의사들을 박살내는 모습을 여러 번 보았는데, 그 학자들이란 지역 사회 병원의 노인 의료 세계의 실상을 전혀 모르는 이들이었다.

의사가 원하는 것은 타당한 기준으로 판단을 받는 것뿐이다. 극소수를 제외하고는 누구도 도달할 수 없는 어떤 최적의 기준이 아니라, 비슷한 상황에 처한 동료 의사들에게 요구할 만하고 요구해야만 하는 기준으로 판단을 받는 것 말이다. 소송 때문에 런던 고등법원에 출석한 적이 있는데, 증인으로 나온 뇌졸중 전문의가 임시로 고용된 종합 병원 내과 전문의의 지식을 한참 넘어서는 내용을 인용했다. 아스피린의 약물 동태학 연구에 대한 상세한 내용이었다. 약물 동태학은 인체와 약물 사이의 복잡한 상호작용을 연구하는 학문이다. 내가 소속된 병원이 승소했으므로 여러분은 아마 이 이야기를 듣지 못했을 것이다. 언론은 병원과 의료진의 결함이 발견된 사례만 보도한다. 편파 보도다.

대중 매체가 법의학적 소송을 현대판 다윗과 골리앗의 싸움으로 묘사하는 것은 나태하고 지나치게 일반화한 태도다. 병원이 환자나 그 가족에게 비판을 받을 때 의료인들은 환자의 비밀을 지켜야 한다는 의무 때문에 대응 방식에 제약이 생긴다. 병원이나 임상의가 그 주장에 답변하거나 반박할 기회도 없이 고소가 진행된다. 병원은 환자 개인이나 그들의 행동과 관련된 임상적 사실, 또는 그들이 진술하는 내용의 진실성이나 편향성을 폭로할 수 없다. 따라서 공격은 일방적이며 우리는 다음과 같은 내용의 진술서를 발표할 때 대중이 행간을 읽어주기를 속으로 바랄 수밖에 없다. '이견을 조율하고자 아무개 씨와 가족이 받아들일 수 있도록 다방면의 노력을 기울였습니다. 환자와 의료진 사이의 신뢰가 무너지게 되어 안타깝습니다. 애석하게도 모든 방법을 동원한 바, 이제는 아무개 씨가 타 병원 의료진의 보살핌을 받을 수 있기를 바랍니다.'

몇 년 전, 한밤중에 응급실 호출을 받고서 뇌졸중이 의심되는 60세 남성을 진찰한 적이 있다. 내가 그를 만날 무렵에는 증상이 해결된 상태였기에 나는 일과성 허혈 발작transient ischemic attack, 즉 '가벼운 뇌졸중'으로 진단을 내리고 일반적인 지침에 따라 아스피린을 처방했으며 상태를 관찰하려고 입원시켰다. 다음 날에도 비슷한 증상이 나타났지만 몇 분 동안 지속되다가 다시 사라졌다. 다음 날 밤에 완전성 뇌졸중증상과 징후가 빨리 나타나고 시간이 지나도 거의 호전되지 않는 뇌졸중-옮긴이이 발생했고 반복적인 근무력증을 앓게 되었다. 슬프지만 예방할 수 없는 일이었다. 그는 요트를 타고 전 세계를 항해하며 평생을 보낸 데다 영국인이기는 했으나 세금을 지불하지 않았기에 NHS에서 치료받을 자격이 없었다.

1년 전에 '승소 없이는 수수료도 없다'라는 정책을 내세우는 사무 변호사로부터 그 환자를 대변하는 편지를 한 통 받았다. 현재 이런 산업은 낮 시간대 텔레비전에서 그런 서비스를 다루는 광고로 증명되듯이 완전히 번창한 상태다. 나는 긴 보고서를 작성했고 사무 변호사 측 전문가의 법의학적 조언에 따라 환자는 병원을 대상으로 소송을 제기하지 않았다.

1년 뒤, 분개한 그 환자가 병원 본관 접수처에 나타나 자신의 몸에 라이터 연료를 붓고는 자신의 사연을 전 세계에 알릴 수 있도록 병원 측에서 즉시 〈스카이 뉴스〉에 연락하지 않으면 분신 자살을 하겠다고 협박했다. 우리 병원의 본관 접수처에 비상 버튼이 있다는 것은 시대상을 반영하는 징표다. 몇 초 뒤, 건장한 보안 요원들이 한번에 그를 덮쳤고 결국 그는 석 달을 감옥에서 보내게 되었다. 윈체스터 감옥에서 지내는 동안 그는 지역 신문과 텔레비전 뉴스를 통해 병원을 상대로 사소한 반대 캠페인을 펼쳤는데 그러다가 언론조차 보도를 그만두었다. 아직도 나는 그 브륀힐트게르만 신화에 등장하는 강력한 여전사-옮긴이 지망생으로부터 언뜻 합법적으로 보이는 언어로 가득 찬, 길고 성난 편지를 종종 받는다.

거대 병원이 상주 청원 경찰을 두어야 하는 것은 서글픈 현상이지만 우리 병원은 그렇게 한다. 내가 받은 악의로 가득한 편지에 대해 존스 경사의 조언을 구했다. 그는 접근 금지 명령을 신청하는 것

외에는 할 수 있는 조치가 많지 않다고 했다. 이런! 의학 교과서에 나오지 않는 또 다른 내용이었다. 등에 날카로운 통증이 느껴지고 내 가슴에서 비어져 나온 칼끝이 보일 경우 적어도 누가 그 범인인지 알 거라는 사실을 이제는 그냥 받아들이기로 했다.

대체로, 대부분의 치료는 충분히 훌륭하다. 임상 치료에서 완벽함을 요구하는 것은 자녀 양육에서 완벽함을 요구하는 것과 마찬가지다. 불가능한 일이다. 부모가 죽어라 노력해도 자녀를 착하지도 나쁘지도 않은 청소년으로 간신히 키울 수 있을 뿐이다. 의료나 간호나 임상과 관련된 그 어떤 업무도 마찬가지다. 궁극적인 한계까지 자신을 밀어붙이면 충분히 훌륭한 사람이 될지도 모른다. 그러나 환자에게 가장 멋진 경험을 하게 해주려는 이 모든 탐색은 실패로 돌아갈 운명을 타고났다. 여기는 병원이고, 환자들은 위독하며, 그들이 겪는 일은 끔찍하다. 혹시라도 회복한다면, 그리고 생존한다면 성공으로 여겨진다. 치료가 훌륭하다면, 환자도 그렇게 생각한다면, 다 괜찮다. 치료가 빈약하고 환자가 빈약하다고 여긴다면, 그때는 병원이 사과하고 부족한 점을 살펴보며 앞으로는 반드시 훨씬 나은 치료를 할 수 있도록 노력해야 한다. 치료가 빈약하지만 훌륭하다고 여겨진다면, 병원은 앞에서 묘사한 시나리오에서처럼 스스로에게 도전해 치료법을 개선하는 데 노력을 기울여야 한다. 대중의 기대가 낮은 탓에 빈약한 치료가 눈에 띄지 않은 채 지나가고, 그 문제를 언급하는 사람이 없어 의료계마저 눈감고 지나가는 경우가 너무 많다.

치료가 충분히 훌륭했으나 빈약하다고 여겨질 때 불만이 제기되는 것은 아주 흔한 일이다. 대처하기에 복잡한 상황이다. 병원 관리자들은 너무 순순히 사과를 해왔다. 부적절하고 기계적인 사과는 본질적으로 거짓이며 대개는 불만이라는 불꽃에 부채질을 할 뿐이다. 그런 불만의 동기는 복잡하고 파악하기 어렵다. 가끔은 병원이 해낼 수 있는 일과 해낼 수 없는 일을 정말로 알지 못해서 불만이 싹트기도 한다. 때로는 죄책감이나 다른 숨겨진 불안의 징후일 수도 있다. 삐걱거리는 바퀴에 기름칠을 한다는 말처럼, 불만의 목소리가 커질수록 환자의 가족에게 할애되는 시간과 관심이 더 많아진다. 보상으로 더 큰 관심을 기울인다고 해서 과도한 요구나 부당한 행동이 중단되지는 않는다. 분명히 재정적 보상을 기대하고 불만을 제기하는 경우도 있다. 물론 편지에서는 고소인이 원하는 것이 사과를 받는 것과 다시는 누구에게도 이런 일이 벌어지지 않는 것뿐이라고 늘 이야기하지만 말이다. 나는 임상 치료 의료진이 무엇이 좋은 치료이고 나쁜 치료인지 단독으로 결정해서는 안 된다는 사실을 인정한다. 같은 이유로, 빈약한 치료라는 환자의 주관적 관점 역시 무비판적으로 수용할 수는 없다. 어떻게 인식하느냐가 가장 중요한데, 질병이 주는 스트레스와 병원에서 보낸 시간 때문에 그 인식이 왜곡될 수 있다.

같은 사건을 목격한 두 사람이 사건이나 태도의 성격과 행동 동기에 대해 아주 다른 결론을 내리기도 한다. 이른바 '인지 부조화 cognitive dissonance'다. 오래전에 신문《가디언》을 선전하려는 흑백 슬로모션 텔레비전 광고는 옷을 말쑥하게 차려 입은 중년 남자에게 달려들어 그의 서류 가방을 잡아채는 젊은 불량배를 보여주었다. 다른 각도에서 촬영된 같은 장면은 다른 관점을 제시했다. 그 젊은이는 나이가 더 많은 그 남자에게 달려들어, 엄청난 돌덩어리들이 떨어지는 좁은 길에서 그를 밀쳐내고 결국 그의 목숨을 구했다. 우리가 보는 것은 우리에게 내재된 편견과 눈에 보일 거라고 예상한 광경이 무엇이냐에 따라 달라진다.

이에 대한 또 다른 예시로, 몇 년 전에 '선택적 인지selective attention'라는 과학 연구를 목적으로 만든 영상이 있다. 세 사람으로 구성된 두 팀이 농구공을 튀기며 각각 자기 팀의 다른 선수들에게 공을 패스하는 장면을 보여준다. 지원자들로 이루어진 시청자들은 흰색 옷을 입은 선수들이 공을 패스하는 횟수를 세라는 요청을 받았다. 시청자의 절반가량은(혹은 지금까지 그 영상에 대해 보거나 들은 적이 없는 시청자라면) 고릴라 복장을 하고 걸어 다니며 카메라를 향해 손을 흔드는 남자를 알아채지 못할 것이다. 우리는 눈에 보일 거라고 예상하는 광경이 아니면 보지 못한다.

병원에 대한 불만이 통제 불가능할 정도로 급상승하면, 그와 비슷한 집단적 망상을 연료로 삼은 끝없는 조사로 이어지기도 한다. 아주 많은 사람들이 불만을 제기한다면 대중의 지혜가 표현된 것일 수도 있기 때문에 큰 문제가 될 것이다. 아주 많은 사람들이 비슷한 걱정으로 대중 매체의 이야기에 반응한다면, 어리석은 집단행동일 것이다. 찰스 매카이가 불합리한 여론에 오도되는 인간의 능력을 연대순으로 기록한 책 『기이한 대중적 망상과 군중의 광기Extraordinary Popular Delusions and the Madness of Crowds』를 쓴 지 거의 200년이 되었다. 인터넷은 이 어리석음이 언제나 존재한다는 사실을 우리에게 증명한다. 조사를 할 때 해당 증거를 수집한 사람들의 의심을 뒷받침 해줄 자료에서만 증거를 찾으려 한다면, 그런 믿음을 지지하는 결론 이 내려질 수밖에 없다. 이것이 '확증 편향confirmation bias'이다. 우리 는 모두 그런 영향을 받기 쉽고 정치에 대해서건 사회 정책이나 공중 도덕에 대해서건, 우리에게 내재된 편견을 확증해주는 신문을 읽고 그런 매체에 귀를 기울이는 경향이 있다. 500년 전에는 모든 사람이 지구가 움직이지 않으며 태양과 달과 별이 지구 주위를 돈다고 믿었 다. 모두 그것을 사실로 알았다. 그러나 그렇지 않았다. 하늘에 나타 난 성모 마리아의 모습을 많은 사람이 보았다는 이야기는 이와 전혀 상관없는 문제다.

확실히 아는 바에 따르면 내가 전문가였던 적은 딱 한 번이었다. 1986년 당시 나는 소비에트 연방에 속했던 모스크바의 영국 대사관 에서 의사로 일하고 있었는데, 기본적으로 외교관들에게 지역 보건 의 역할을 하는 자리였다. 내가 모스크바에 착륙하기 며칠 전에 체르 노빌 원전이 녹아내렸고 전 세계에서 그 누구도 무슨 일이 벌어지고 있는지 알지 못했다. 음식을 검사하기 위해 가이거 계수기가 항공편 으로 운반되고 있었다. 세상은 숨을 죽였다.

나는 일요일에 도착했고 다음 날 기자 회견이 열렸다. 나는 분량 이 엄청난 『해리슨 내과학Harrison's Textbook of Internal Medicine』 중 에서 전리 방사선의 영향에 대한 내용을 한두 페이지 읽었다. 눈에 띄지 않으려 노력했지만 누군가가(아마도 노련한 BBC 특파원인 브라이언 핸러핸이었을 것이다) 내게 이 상황에서 발생할 수 있는 의학적 영향에 대해 질문했다. 나는 단조로운 내용으로 대답했다. 다음 날 《가디언》지는 불안해할 이유가 없다는 '의학 전문가'의 말을 인용했다.

그날 '전문가들'에 대해 배운 것이 있었다. 큰 사건이 일어나면 처음에는 아무도 무슨 일이 벌어지고 있는지 알지 못한다. 나 역시, 그 사건을 둘러싸고 어떤 음모 이론이 제기되건, 진실이 훨씬 무섭다는 것을 알게 되었다. 진실은 전 세계의 대부분이 어찌할 바를 모른다는 것이다.

나는 항공기 조종사인 '설리' 설렌버거 기장이 된 것 같은 기분이 들 때가 많다. 항공기와 새의 충돌로 엔진 두 개가 모두 고장 난 뒤, 그는 아주 짧은 순간에 허드슨 강에 착륙하기로 판단을 내렸다. 그는 승객 155명을 모두 구했으나 비행기를 잃게 된 그 판단을 문제 삼은 항공 당국의 심문을 받았다. 공무원들이 자신의 행동에 대한 적대적인 조사를 견뎌야 하는 상황이 점점 더 많아지고 있다. (때로는 글자 그대로) 한창 전투 중일 때 취한 행동인데도 말이다. 경찰관들과 소방대, 심지어 북아일랜드와 이라크와 아프가니스탄에서 복무한 군인들마저도 실수나 표준 절차에서 벗어난 행위를 찾으려 그들의 모든 결정을 분석하는 심문에 속속들이 시달린다. 마치 군인이 자살 폭탄 테러범으로 의심되는 상대를 만나면 올바른 대응을 하기 위해 지침서를 살펴봐야 한다는 듯한 태도다.

이런 절차가 사건 발생 이후 수십 년 동안 장기적으로 진행될 수도 있다. 오래전에 은퇴했고 가끔 건강이 좋지 않은 70대 군인들이

1970년대 북아일랜드에서 일어난 사건과 관련된 심문에서 증거를 제시해야 하는 경우도 있다. 그 시절 그곳은 다른 세상이었다. 북아일랜드 분쟁 중에 살해된 사람의 80퍼센트는 군대가 아니라 극단적 테러리스트들의 손에 죽었으나, 그 사실은 오래전에 잊힌 것 같다.

사회에 봉사하려는 책임을 짊어져온 의료계 종사자들에게 대중의 비난이 쏟아질 때마다 위험을 감수하고 신속한 판단을 내리려는 그들의 의지가 꺾인다. 구급차와 구급대원들은 넘어진 노인이 있으면 먼지를 털어주고 건강을 살핀 다음 집에 편안히 모시는 게 아니라 안전을 위해 병원으로 데려올 것이다. 응급실 의료진도 마찬가지로 그 환자를 그냥 보내기가 꺼려져 입원시킬 것이다. 병동 의료진은 퇴원할 경우 발생할 위험을 감수하지 않으려 할 것이고 장기 입원이 증가할 것이다. 우리 병원이 겪는 병상 점유율 위기는 정말 침대가 부족하기 때문이기도 하지만 소송과 불만 제기를 두려워한 결과이기도 하다.

모든 심문은 지침과 정책, 표준 운영 절차에 충실했는지에 초점을 맞춘다. 우리 병원 웹사이트에는 수많은 지침이 게재되는데 20페이지가 넘는 항목이 많다. 감염과 항생제 항목만 해도 130페이지에 이르는데, 흉부 감염(흔한 증상이다)부터 에볼라 바이러스(햄프셔에서는 드물 것이다)까지 포함되어 있다. 대개 조사관들은 그런 지침을 규약, 즉 반드시 따라야 하는 규칙으로 여긴다. 나이가 더 많고 쇠약한 환자들에게 이런 지침은 그다지 유용하지 않으며, 복합적인 질병을 앓는 환자들에게 적용하면 지침이 서로 모순되기 시작해 솔직히 실행 불가능한 상태에 이른다.

더닝 크루거 효과1999년 미국 코넬대학교 심리학 교수인 데이비드 더닝과 대학원생 저스틴 크루거가 학부생들을 대상으로 한 실험에서 발견한 현상−옮긴이는 능력이 낮은 사람들이 자신의 능력을 실제보다 더 크다고 잘못 평가하는 심리적 편견이다. 다시 말해 기만적인 우월감이다. 자신에게 지식이나 역량이 없음을 인식하지 못하는 까닭에 생겨난다. 또 그런 사람들은 대개 전문 지식이 있는 다른 사람들의 능력을 과소평가한다. 자신의 탁월성이나 타인의 탁월성을 판단하려면 먼저 그 주제에 대해 아는 게 있어야 한다. 비행기를 탔는데 조종사가 병이 나면, 반드시 누군가가 자신이 비디오 게임에서 전투기를 다뤄봤으니 그 기술을 바탕으로 비행기를 조종하겠다고 나설 것이다.

반대로, 많은 지식과 업적을 소유한 사람은 대개 역량이 훨씬 뒤떨어지는 다른 사람들의 능력을 과대평가한다. 자신감과 지식은 양날의 검이다. 더닝 크루거 효과는 실제로 있으며 수치로 나타낼 수도 있고, 잠재의식에 자리 잡은 다른 모든 심리적 고정관념들처럼 인간에게 수많은 어리석음과 고통을 초래했다. 수업은 여기서 끝.

29. 다른 드럼

> "그대와 나는 서로 다른 드럼의 리듬을 따라 움직이지."
>
> - 스톤 포니스

2009년 봄의 어느 따뜻한 일요일 오후에, 나는 동료 의사들 몇 명과 언어 치료사 한 명, 작업 치료사 한 명, 물리 치료사 두 명과 함께 아프리카 서해안에 위치한 가나의 수도 아크라의 거리를 걷고 있었다. 전날 밤에 도착한 우리는 사하라 사막 이남의 생경함을 짜릿하게 만끽하는 중이었다. 약 30년 전에 처음 인도를 경험했을 때와 비슷했다. 과부하가 걸린 감각이 요추를 타고 흉추 11번까지 솟구쳤다. 아프리카의 여러 나라에서 일한 적 있는 친구가 나에게 그곳은 사방이 음악과 리듬이라고 말했다. 사실이었다.

사람들은 영국 사람들과 똑같은 시각에 일요일 점심 식사를 하러 나와 있었다. 이곳에서는 구운 요리 대신에 담백한 염소 수프와 푸푸대개 카사바 가루를 이용해 만든 떡과 비슷한 음식-옮긴이, 켈레 웰레아프리카에서 요리용으로 쓰는 바나인 플랜틴에 향신료를 넣어 튀긴 음식-옮긴이를 먹고 달콤한 기네스 맥주와 눈을 즐겁게 해주는 라거 맥주 '스타'를 마셨다. 술집에서는 사람들이 하이라이프가나와 나이지리아 등에서 1940년대에 유행한 서양풍의 음악 장르-옮긴이 음악에 맞춰 춤을 추고 있었는데 그중 몇 곡은 내가 젊은 시절에 들어본 것이었다. 거리에 붙은 포스터에 다양한 사람들의 얼굴 사진이 붙어 있었다. 나는 좀 더 자세히 살펴보았다. 죽은 사람들의 삶과 업적을 설명하는 공공 사망 기사였다. 거리에서 관이 만들어지고 있었다. 가나에서 관을 설계하고 만드는 일은 장인을 통해 이어지는 전통이다. 이 상징적인 관은 전문적인 목수들이 고인의 직업이나 삶, 열정을 반영해 제작한다. 비행기 조종사라면 비행기 모양의 관에 들어가 묻힐 것이고, 신발 제조업자라면 거대한 신발 모양의 관에 들어가는 식이다. 가나에서는 사회생활의 많은 부분이 결혼식과 장례식을 중심으로 이루어진다. 구글 이미지 검색에 '가나의 관'이라는 글자를 입력해보면, 후회하지 않을 것이다.

우리는 모두 왜 그곳에 갔을까? 아크라에 살면서 일하던 노인 의학과 동료 의사가 3년 전에 돌아왔는데 그녀의 남편은 아크라의 영국 회사에 몸담고 있었다. 그녀는 어린 자녀 둘을 키우고 있었지만 내과 의사로서 진료를 하고 싶었고 한 병원에서 봉급을 받고 일하기로 했다. '봉급'을 받는 자리였지만 실제로는 받지 못했다. 그곳은 아프리카였다. 그녀는 엄청난 업무량에 깜짝 놀랐는데, 특히 치료보다는 구금이 필요한 심각한 정신 질환 환자들을 보살펴야 했다. 뇌졸중이 엄청나게 많이 발생하는 상황도 놀라웠다. 개발도상국은 가난과 관련된 감염성 질환이라는 부담을 지고 있을 뿐 아니라 뇌졸중 발생률도 굉장히 높다. 가나에서 뇌졸중은 말라리아 다음으로 가장 흔한 사망 원인이다.

정확히 근거에 기반한 뇌졸중 치료법은 약 30년 전에 대조군 연구를 통해 처음 밝혀졌다. 이 '요법'은 혈전 용해(혈전 붕괴)나 정밀 검사, 혈액 희석제, 뇌수술 또는 오늘날 우리가 쓰는 다른 표준적인 치료법이 아니다. 그것은 뇌졸중 치료실을 제공하는 것이다. 뇌졸중 치료실이 무엇인가? 병원 안에 있는 장소로(새 건물일 필요는 없다) 뇌졸중 환자들을 즉시 입원시키고 상대하도록 훈련된 다양한 분야의 건강 전문의들이 배치된 곳이다. 이 의료진은 규칙적인 내부 교육을 받는다. 시행되는 진료를 감사하고 성과를 수치화할 것이다. 가능하면 그런 치료실은 뇌졸중 실험에 참여할 것이다. 최선의 진료에 대한 지침이 주기적으로 갱신될 것이다. 다른 부서와 협력하고 그 부서를 해당 지역과 지역 밖으로 홍보할 지도자(꼭 의사일 필요는 없다)가 있어야 한다.

뇌졸중 치료실이 있으면 사망과 장애의 발생 확률이 감소한다. 대단히 어려운 기술도 아니고 대규모 자금이 필요하지도 않지만 이 일을 실행할 카리스마 있는 지도자는 반드시 필요하다. 우리가 가나에 간 이유는 교육을 맡고 환자를 진찰하기 위해서이기도 했지만, 주된 목적은 뇌졸중 치료실을 설치하도록 병원의 임원을 설득하려 애쓰는 현지 신경학자 앨프리드를 지원하는 것이었다.

가나의 중심 의료 시설인 콜레부 가나 대학 부속 병원은 식민지 시대부터 존재해온 커다란 병동들이 모여 만들어진 곳으로, 다 자란 나무들과 낯선 새들이 여기저기 눈에 띄었다. 독수리가 가소롭다는 듯한 태도로 지붕 위에 앉아 있었다. 나는 강의를 한 차례 마친 다음 의대 교수와 함께 병동을 돌아다니기 시작했다. 세계 어느 병원을 가도 똑같이 느낄 수 있는 병원만의 특징이 있다. 병원 특유의 냄새와 환자들의 신음, 의료 장비가 달그락거리는 소리……. 이 병원에는 어딘가 예스럽고 매력적인 느낌이 있었다. 수련의들은 열정적으로 환자의 상태를 보고했고 병동 담당 간호사가 누구인지 쉽게 알아볼 수 있었다. 나는 병동 간호사에게 사진을 찍어도 되느냐고 묻고 답을 기다렸다. 빅토리아 시대의 학교 관광객처럼 보일 위험이 있다는 사실은 알고 있었다. 그녀는 마지못해 동의했다.

호출기는 사용하지 않았고 모두가 휴대폰으로 연락을 주고받았다. 우리는 응급실에 갔다가 영국 곳곳에 있는 응급 병동에서 겨울마다 보았던 바로 그 혼란과 대학살의 현장을 목격했다. 위기 상황이었고 밀린 환자가 굉장히 많았다. 큰 차이점 하나가 있었다. 신경과 전문의인 앨프리드가 전반적인 응급 처치를 도맡아 해결한다는 점이었다. 우리가 있는 곳은 분명 영국일 리가 없었다. 우리는 특별 환자 전용 병동으로 자리를 옮기며, 코트디부아르에서 온 뇌졸중 환자를 보았다. 그는 CT 검사를 받아야 했지만 코트디부아르에 촬영 장치가 없었던 것이다. 창밖을 보니 전문의들의 선택을 받은 차는 독일의 전통적인 자동차 메르세데스 벤츠였으며 전문의마다 전용 주차 공간도 있었다. 앞에서 말했듯이, 예스럽고 매력적이었다.

다음 날 우리는 리지 병원을 방문했는데 그곳은 시설이 훨씬 열악했다. 70대 환자인 로즈는 2주 동안 병원에서 지내는 중이었고 정말 끔찍한 상태였다. 몸 오른쪽에 심각한 마비가 와서 말을 하거나 음식을 삼킬 수가 없었다. 구멍을 크게 낸 비위관으로 유동식을 투여받고 있었다. 이 처치 때문에 안 그래도 얼마 안 되는 가족들의 돈이 줄줄 새고 있었다.

대부분의 아프리카 국가들처럼 가나 역시 신앙심이 독실한 나라다. 강의가 기도로 시작되기도 하고 식사 전에는 반드시 감사 기도를 올린다. 사방에 십자가상이 진열되어 있고 그리스도인들에게는 일요일에 교회 가는 것이 가장 큰 행사다. 나는 로즈의 담당 의사를 따로 만났는데 우리는 그녀의 회복 가능성이 굉장히 낮고 특히 병원에서 언어 치료나 물리 치료를 제공할 수 없는 것이 그 이유라는 데 동의했다. 나는 임종 간호와 완화 치료를 고려해보면 어떻겠느냐고 말했다.

그 제안에 담당의는 정말로 충격을 받았다. 의사가 환자의 가족에게 그들이 사랑하는 사람이 죽을 거라고 솔직하게 말하면 그들은 정말이지 자신을 아주 형편없는 의사로 생각할 거라고 설명했다. 더 놀라운 것은, 환자가 죽으면 의사가 환자를 저주해서 죽인 것으로 여긴다는 점이었다. 나는 더 근본적인 의문을 제기했다. 사람들이 진심으로 내세를 믿는 이 나라에서, 세상을 떠나는 것을 왜 두려워한단 말인가? 어떤 사람들은 천국보다는 지옥을 더 굳게 믿으며 그 그늘 속에서 사는 것 같다. 그래서 의사와 환자 사이에는 '유령 계약서'가 존재하며(물론 이런 계약서는 어디에나 존재하겠지만), 의학에 대한 믿음보다는 문화가 그 토대의 상당 부분을 차지한다.

지그문트 프로이트는 죽음에 대한 공포가 있는 곳에는 언제나 종교가 있을 거라고 말했다. 죽음에 대한 공포와 신앙의 관계를 조사한 여러 연구가 시행되었는데 인간이 하는 대부분의 생각 및 행동 양상에 대한 연구와 마찬가지로 복합적인 결과가 도출된다. 무신론자들과 강력한 내재적 믿음을 타고난 사람들이 죽음에 대한 두려움을 가장 적게 느끼는 것 같다. 내재적 믿음이란 깊이 뿌리 내린 믿음이며 사람의 기질과 성격에서 본질적인 부분이다. 그러나 하느님에 대한 믿음을 고백하는 많은 사람들의 경우에, 그 믿음은 외부적인 믿음에 더 가까우며, 반드시 내부에서 비롯된 것이 아니라 사회적, 문화적 교육과 가정교육으로 습득된다. 이들은 죽음을 더 두렵게 느끼는 것처럼 보인다. 아마 내면에 존재하는 종교적 의심을 외부의 감시로부터는 안전하게 숨길 수 있지만 신이라고 짐작되는 존재로부터는 숨길 수 없음을, 스스로 알기 때문일 것이다. 결국에는 믿음이란 내가 믿는다고 말하는 것이 아니라 마음속에 붙들고 있는 것이다.

두려움에 대한 이야기는 이쯤 하기로 하고, 나는 종교적 믿음을 지닌 많은 사람들이 죽음을 받아들이려 애쓰고 그대로 인정하는 데 있어 누구보다도 힘든 시간을 보낸다는 인상을 받았다. 대개 가장 큰 어려움을 겪는 사람은 환자보다는 그 가족들이다. 대부분의 환자들은 자기 자신을 위해 결정을 내릴 능력을 완전히 잃어버린 상태다. 이민자들이 느끼는 불안의 일부는 죽음을 초래하는 나쁜 의사에 대한 전통적 믿음과 관련이 있을지도 모른다. 우르두어나 벵골어만 쓰는 가족들에게 치료를 중단하거나 환자를 편안하게 해주자는 내용을 전달할 때면 언제나 걱정스럽다. 보통 환자의 자녀나 손자가 통역을 하는데, 통역 과정에서 중요한 세부 사항과 공감하는 마음이 어쩔 수 없이 손실되기 때문이다.

그런 가족들은 대개 다른 정밀 검사를 애처로울 정도로 신뢰한다. 담당 의료진의 치료를 받을 수 없을 때 다른 병동의 수련의가 무심코 그런 처치를 제안했을 것이다. 그 정밀 검사는 점점 중요한 요소로 부각되어 목숨을 구해줄 신성한 치료법으로 등극하게 될 것이다. 그러나 아버지가 죽기를 바라는 나쁜 담당 의사는 지금 그 치료법을 거부하고 있다. 내가 제시한 치료법은 휴대폰을 통해 세계 저편에 있는 다른 가족들에게 전해질 것이며 그들이 그 나라 의료진의 말을 듣고 내린 결론이 날마다 나에게 되돌아올 것이다. 그러나 결국, 지푸라기를 붙잡고 있으면 결과는 오직 하나뿐이다.

죽음에 대한 다문화적 믿음은 복합적이며 배우기도 어렵다. 다문화 의료를 다룬 책은 있지만 그 책들은 대개 이슬람교도, 힌두교도, 유대교도, 기독교도 및 다른 종교인들이 읽도록 죽음과 관련된 다양한 종교적 믿음과 의식을 주로 다룬다. 질병과 의료, 죽음에 대한 다양한 문화적 태도는 정의하기 더 어려우며 이제 우리는 마땅히 그래야 하는 문제지만 인종과 신념에 관해서라면 그것을 보편화하려는 시도를 굉장히 예민하게 받아들인다. 나는 손가락을 항문에 넣어 검사하는 직장 검사법이 일부 캐나다 원주민들에게는 엄청난 신성모독이라는 사실을, 비싼 값을 치르고 배웠다.

삶에 본래 존재하던 부당함과 무차별적인 고통을 몸소 직면하면, 그 믿음은 위협을 받고 아마도 축출될 것이다. 삶이 평온하게 흘러가면 믿음도 흔들림이 없다.

아크라에 있는 호텔로 돌아오는 길에 우리는 뇌졸중 생존자인 마저리를 만나기 위해, 어지럽게 뒤섞인 가정집들 사이에 자리한 그 녀의 작은 집을 찾아갔다. 뇌졸중과 거기에서 비롯된 장애가 어떻게 온 가족의 삶과 잠재 소득을 망가뜨렸는지를 보았다. 출발할 때 공항에서, 아이들을 만날 경우를 대비해 사둔 사탕이 한 상자 있었다. 사탕을 꺼내자 우리는 행복한 얼굴들에 둘러싸였다. 그 광경을 보니 시리아나 아프가니스탄이나 다른 전쟁 지역에서 뉴스를 전하는 기자의 등 뒤로 미소를 짓고 웃음을 터뜨리던 아이들의 모습이 떠올랐다. 아이들에게 사탕을 주었더니 기쁨이 자유로이 흘러 나왔다. 어린 시절의 그 순수하고 충만한 기쁨은 대체 어디로 가는 것일까?

그날 오후, 우리는 신경의학 전문의인 앨프리드와 함께, 콜레부 병원에 뇌졸중 치료실을 만들 목적으로 의과대학 학장 앞에서 사례 발표회를 진행했다. 학장은 말이 거의 없었고 딴 생각을 하는 것처럼 보였다. 저녁에 우리는 그 제안에 대한 이야기를 나누기 위해 중식당에서 다시 만날 예정이었다. 학장과 물리 치료사와 이번 방문이 이루어지도록 도와준 호의적인 간호사들과 의사들까지 모두가 참석하기로 했다. 나는 택시 안에서 우리가 학장에게 했던 말이 무용지물이 된 것 같다고 우려를 표했다. 동료들이 동의했다. 학장은 이해하지 못하는 것처럼 보였다. 그래도 식사는 훌륭했고 마지막에는 모두가 아프리카인들이 무척 좋아하는, 의례적인 감사 인사를 전했다. 학장이 마지막에 가장 오래 말을 했다. 그는 우리가 뇌졸중 치료실이 필요하다고 제시했던 근거를 간결하고 명확하게 요약했고 자금 지원을 약속했으며 소요 기간까지 제안했다. 그는 수수께끼 같은 태도를 보였으나 100퍼센트 이해하고 있었던 것이다. 완전히 제대로.

그날 밤, 우리는 예상치 못한 멋진 광경과 마주쳤는데 나는 극단론과 폭력, 인종차별주의 때문에 세상에 대한 절망감이 밀려올 때면 종종 그 장면을 떠올린다. 호텔에 도착했더니 그곳은 흥분으로 술렁거렸고 사람들로 가득했다. 더 많은 사람들이 호텔로 들어오려 애를 쓰고 있었고 경비원들이 문을 지키고 서 있었다. 로열 팜 호텔의 자랑거리는 테라스와 작은 수영장이었는데 수영장에서 일주일에 한 번 열리는 화려한 살사 댄스 행사가 라디오를 통해 전국으로 생중계되었다. 이것은 그 도시에서 가장 인기 있는 행사였고 아크라의 외국 대사관 직원들 중에 그 사실을 모르는 사람은 없었다. 음악이 큰 소리로 터져 나오고, 사방에서는 멋지게 차려입은 연인들이 남아프리카 리듬에 맞춰 춤을 추고 있었다.

진지한 춤이었다. 서투르고 우스꽝스러운 몸짓이 아니었다. 모든 신념, 모든 인종, 흑인과 백인과 동양인들이 모두 행복하게 춤을 추고 있었다. 어느 젊은 여인은 아기에게 음식을 먹인 뒤에 친구에게 아기를 맡기고 다시 춤을 추러 나갔다. 인간이 할 수 있는 일이 바로 이것이다. 우리가 할 수 있는 일이 바로 이것이다. 모든 나라와 모든 인종이 함께 삶을 마음껏 즐기는 것. 한 장소에서 몇 시간 동안 가능한 일이라면, 다른 장소에서, 아니 모든 곳에서 그리고 다른 때에, 아니 언제나 가능하지 않을까?

가나-웨섹스 뇌졸중 연합www.wgstroke.org은 오랜 세월 성장해왔고 일부 치료사들은 몇 달 동안 아프리카의 동료들과 함께 일을 하기도 했다. 선진국의 모든 거대 병원들이 개발도상국의 기관들과 적극적인 협력 관계를 발전시킬 수는 없을까? 우리가 그들의 소중한 자원을 많이 훔쳤으니 이제는 뭔가를 되돌려줘야 한다. 선진국은 언제나 개발도상국의 재능 많고 학식 있는 사람들을 데려갔다. 고국에 가장 큰 변화를 일으킬 수 있었던 바로 그 인재들을 말이다.

30.   아드벡 해법

"단추를 잠갔다가, 풀렀다가⋯⋯."

- 18세기 익명의 자살 유서

수십 년에 걸쳐 가족들은 다른 사람은 이해할 수 없는 자신들만의 은어를 만들게 되는데, 예전에 있었던 사건이나 대화에서 등장한 별명 또는 문구를 익살스러운 말투로 언급하다 보면 거기에 살이 붙고 결국 일상적인 표현으로 자리 잡기 마련이다. 우리 가족에게는 '아드벡 해법'이 그런 용어다. 그것은 자신의 삶을 끝낸다는 완곡한 표현이다. 아내와 나는 때가 이르러 질병이 주는 부담이 너무 커지면, 정신이 아직 온전한, 어느 추운 밤에 아주 훌륭한 싱글 몰트 위스키 한 병을 들고 함께 숲속으로 들어가자는 이야기를 즐겁게 나누곤 한다. 며칠 뒤에 빈 병 옆에서 얼어붙은 우리의 시신이 발견될 것이며, 그 병에 든 위스키가 혈관을 확장한 탓에 우리는 인사불성에다 저체온증 상태에 빠졌을 것이다. 폴 칼라니티의 회고록 『숨결이 바람 될 때』를 읽었을 때 그가 마지막 며칠 동안 아드벡을 마시고 있었다는 내용이 눈에 띄었다. 삶을 떠나기 위해 탑승 대기실로 자리를 옮긴 사람들이 선택하는 술이 위스키인 모양이다.

나의 부모님은 자신들만의 해법이 있다고 생각하고 이것이면 그 문제가 끝날 거라는 믿음으로 복도 진열장에 '소생 시도 포기' 양식을 자랑스레 진열해두었는데, 자신들의 현대적인 사고방식에 몹시 감동한 것이 분명했다. 하지만 틀렸다! 소생 시도 포기는 시작일 뿐이며 그나마 쉬운 부분이다. 앞에서 보았듯이 심폐 소생술은 병원 밖에서는 거의 성공하지 않으며 치료 가능한 심장 질환을 앓는 환자들에게만 유용하다. 계속 병에 시달리며 전반적으로 쇠약해지다가 멈춰버린 심장에는 효과가 없는데, 오늘날에는 대부분의 죽음이 그런 식으로 진행된다. 소생 시도 포기 양식이고 뭐고, 그게 문제가 아니다. 환자는 이미 저세상으로 갔다.

아버지가 돌아가신 뒤에 우리는 아버지가 자녀들에게 각각 남긴 편지를 발견했다. 심장이 철렁했다. 아버지는 편지를 즐겨 쓰는 사람이었고 특히 죽어가는 사람들에게 편지를 보내곤 했었다. 나의 매형인 톰의 아버지가 심각한 뇌졸중으로 말을 못하고 다른 사람의 말을 이해할 수만 있을 때, 아버지는 내세에 대한 자신의 믿음을 담은 긴 위로 편지를 썼다. 아버지에게 천국은 아름다운 골프 코스로 가득한 곳이었고 그 편지는 하늘을 향해 뻗은 골프장 잔디밭을 주제로 아버지가 쓴 여러 편지들 중 하나였다. 마치 죽어가는 사람이 견뎌야 하는 게 그것뿐이라는 듯한 내용이었다.

다행히도 아버지가 나에게 쓴 편지는 온화하고 다정했으며 모두에게 전하는 따뜻한 말과 아버지가 자녀들을 자랑스러워했다고 확실히 말해주는 내용이었다. 이 편지는 치매에 걸린 아버지가 늘어놓았던 황당한 이야기에 대한 상당한 보상이 되어주었다. 그때 아버지는

'유전자 공급원'에 대한 이상한 생각에 사로잡혀 내가 내 가족을 위해 아버지의 돈을 빼돌릴 계획을 꾸미고 있다고 주장했다. 치매로 인한 환자의 망상이 제아무리 터무니없고 헛소리 같더라도 듣는 사람의 마음에는 상처를 입히며 혹시 그 망상이 예전에는 숨겨져 있었을 뿐 뿌리 깊은 진짜 믿음에서 비롯된 것은 아닐까, 하는 의심마저 불러일으킬 수 있다. 편지는 치매에 걸린 친구들과 가족들의 이야기를 나열하면서 자신에게 그런 일이 일어나기 전에 죽기를 원한다는 내용이었다. 정상적인 감정이었지만 때늦은 감정이었다. 죽음은 희극과 비슷하다. 결국 타이밍이 관건이다.

안락사, 또는 의사 조력 자살에 대한 공개 토론이 대규모로 벌어진다. 캐나다와 스위스, 네덜란드 같은 일부 국가에서는 그 내용이 법령집에 기록되어 있다. 전 세계 1억 명의 사람들은 그런 죽음을 선택할 수 있다. 대중은 일반적으로 찬성하는 입장이며, 영국에서는 국민의 80퍼센트가 안락사에 찬성한다. 정치가들은 늘 그렇듯이 뒷북을 울린다. 의사 조력 자살이 합법인 나라에서는 말기 루게릭병이나 다른 점진적인 질환에 시달리는 사람들처럼 대개 이유가 분명한 경우에만 승인된다. 준수해야 하는 규칙도 아주 엄격하다.

예를 들어 캐나다에서는 환자의 나이가 18세 이상에다 정부가 지원하는 의료 서비스를 받을 자격이 있어야 하고 치료 불가능한 심각한 의학적 질환이어야 하며 외부의 압력 없이 자발적으로 '사망 의료 지원MAID: Medical Assistance In Dying'을 요청해야 한다. 또한 사전 동의가 가능한 정신 상태여야 한다. 극약 주사 투여 전까지 적어도 열흘간의 철회 기간을 보장해야 하며 그동안에는 언제든 환자가 결정을 철회할 수 있다. 상황과 관련 없는 의사나 간호사 중 두 명에게서 승인을 받아야 한다. 환자는 자가 투여(치사량 섭취)에 동의하거나 의사로부터 정맥 주사(치사량 주입)를 맞을 수 있다. 환자는 제대로 된 임종 간호를 받을 수 있도록 시기적절하고 수준 높은 완화 치료 시설을 이용할 수 있어야 한다. 늘 그렇듯이 치매의 경우에는 문제가 복잡하다. 사전 동의가 있었지만 치매가 생겨 자격을 잃은 뒤에 마음을 바꾼 사람들에게 '사망 의료 지원'을 허용해야 하는가?

예전에 나는 고통을 완화하는 데는 훌륭한 완화 치료면 충분하다고 생각해서 안락사에 반대했었다. 지금은 개개인이 자기 자신을 위해 결정할 권리가 있다는 의견에 찬성한다. 가장 높은 수준의 자율성인 셈이다. 설령 영국에서 합법화된다고 하더라도 나는 '사망 의료 지원'이나 그 비슷한 처치를 결코 제공하지 않을 생각이지만, 지침을 벗어나지 않는 범위 내에서 그 처치를 실행하는 의사를 비난하지도 않을 것이다. 의사 생활의 대부분을 인간의 고통과 괴로움을 덜어주기 위해 노력하며 보냈으나 치사량의 마취제를 주입하고 누군가가 숨을 멈추며 죽어가는 모습을 지켜보는 것은 감당하기 어려울 것이다. 내가 선택한 소프트웨어인 무신론을 능가하는 것이 내 하드웨어인 가톨릭교 정신이다. 이 나라의 모든 병동에는 "도와줘요! 도와줘! 저 사람들이 나를 죽이려고 해요!"라고 외치는 치매 환자가 주기적으로 한 명씩은 나온다. 정신적으로 쇠약해지기 전에 그들이 어떤 지시를 내렸건, 그런 사람에게 치사량의 마취제를 주입할 수 있는 의사라면 놀라운 자신감의 소유자일 것이다. 그동안 얼마나 굳건한 믿음을 유지해왔는가와 상관없이, 치매가 영향을 미치기 시작하면 아마 그런 믿음은 증발하고 조력 자살에 대해 동의했던 생각도 사라질 것이다.

그러나 이런 이야기를 늘어놓는다고 해서 정말 중요한 문제가 해결되는 것은 아니다. 수많은 치매 환자들, 자신의 진짜 생각을 이야기할 수 없고 독감 예방 주사와 항생제, 스타틴, 혈압약, 삶의 질을 향상하는 게 아니라 길이만 연장시킬 각종 약물을 자동적으로 투여받는 그 많은 환자들은 어떤가? 근거 중심 의학을 복합적인 질병을 앓는 환자들에게 적용할 경우, 옛날식 전인적 간호의 가치가 손상된다는 사실을 우리는 알고 있다. 우리는 모두 어떤 종류의 노년을 보내고 어떤 경로를 따라 세상을 떠날 것인가, 하는 문제에서 원하는 것과 원하지 않는 것을 결정하고 가족들과 함께 서류로 입증해둬야 한다. 어느 단계에 이르면 우리는 예방적 치료와 독감 예방 접종 및 우리를 늙은 '슈뢰딩거의 고양이오스트리아의 물리학자 슈뢰딩거가 1935년에 양자 역학을 설명하기 위해 고안한 사고 실험. 고양이 한 마리가 독극물이 든 병, 방사성 물질과 함께 상자 속에 갇혔는데 그 고양이의 생존 여부는 상자를 열어 직접 관찰하기 전까지는 알 수 없으므로 고양이는 죽은 동시에 살아 있는 셈이다 - 옮긴이'로 만들어버리는 여타 모든 도구들을 중지할 적절한 때가 언제인지를 결정해야 한다. 철학적 사고 실험 결과, 슈뢰딩거의 고양이는 죽었으나 동시에 살아 있다고 여겨질 수 있다. 언젠가는 우리의 이야기가 될 수 있다.

폐렴에 걸려도 자신의 몸에 항생제를 투여하지 말라고 요청했다면 그다음으로는 병원에 입원하지 않고 생명 유지 장치를 부착하지 않겠다는 데 동의해야 한다. 생명을 위협하는 병에 걸릴 위험을 감수하기로 했는데, 그 병을 낫게 할 모든 치료를 받는 것은 아무런 의미가 없다. 내가 의사 면허를 취득했던 시절에 노인들이 그랬듯이 집에서 심장 마비에 대처할 수 있다. 뇌졸중도 마찬가지다. 합병증이 나타나면 지역 내에서 증상을 관리할 수 있다. 사람을 죽이려고 이렇게 하는 것이 아니다. 그들이 예전에 표현했던 소망, 평화로운 상태에서 마음 편히 지내고 싶다던 말을 존중하기 위해 이렇게 하는 것이다. 노인에게 심장 마비와 뇌졸중은 낯설지만, 일상적인 존재가 될 수도 있다.

이런 결정을 언제 내려야 할까? 아마 우리 모두 예상보다 더 빨리 결정해야 할 것이다. 일흔? 일흔다섯? 여든? 가장 적합한 연령은 없지만, 인지 능력 감퇴로 판단력이 손상되기 훨씬 전에 결정을 내려야 한다는 점은 분명하다. 그리고 이런 결정을 누구에게 알려야 하는가? 내가 신뢰하며 나에게 소중한 존재인 모든 사람들에게, 그리고 당연히 지역 보건의에게 알려야 한다. 내 생각이 바뀌면 어떻게 해야 하는가? 이것은 어려운 문제다. 정신적 기능이 유지되는 동안에는 생각이 바뀌더라도 분명 문제가 없지만, 현명한 결정을 내릴 능력이 일단 감퇴하기 시작하면 문제가 곤란해진다.

나의 어머니는 치매에 걸렸을 때 어떤 치료라도 좋다고 대답하곤 했다. 젊을 때는 집에서 삶을 마감하고 싶지 않다고 실성한 사람처럼 주장했는데도 말이다. 나는 쇠약해지고 치매에 걸리고 눈과 귀가 먼 아흔 살 노인인 아버지가, 자신을 여전히 일흔 살의 말쑥한 남자로 생각했다는 사실을 알고 있다. 가족들이나 의료인들이 치매에 걸린 사람으로부터 원하는 대답을 얻어내기란 상대적으로 쉬운 일이다. 웃는 얼굴로 말끝을 올리며 질문을 던지면 틀림없이 '좋다'는 대답이 나올 것이다. 같은 질문을 심각한 표정으로 눈꼬리를 내리고 말꼬리를 낮추며 묻는다면 대답은 '싫다'일 것이다. 따라서 비록 법률은 현재의 소망이 먼저라고 명시하겠지만, 논란의 여지가 있는 문제다.

우리는 이제 죽음을 친구로 여겨야 하는 걸까? 죽음의 불가피성을 받아들이고 이 지혜를 우리의 삶의 구조와 우리가 살아가는 방식에 녹여내는 것은 필수적인 삶의 기술이다. 중세 최초의 베스트셀러 중에 『죽음의 기술Ars moriendi』이라는 책이 있었는데, 인쇄기가 출현한 뒤 유럽 전역에서 출간되었다. 영국에서는 영국 최초의 인쇄업자인 윌리엄 캑스턴이 15세기 후반에 그 인쇄물을 제작했다. 1400년대 초반에 쓰인 책이 세기가 바뀌면서 5만 부가 팔렸다. 생존자들의 기억에 따르면 흑사병이 유럽 인구의 3분의 1을 몰살했기에 죽음은 뜨거운 주제였고 죽음에 대한 명상은 병적인 것으로 낙인찍지 않은, 일반적인 현상이었다. 『죽음의 기술』은 죽음이 좋은 것이고 두려움의 대상이 아니라는 설명으로 시작하며, 뒤이어 임종 방식 등의 문제에 대한 실질적인 조언을 제시한다.

오늘날 내가 알기로 중세와 같은 태도로 죽음을 대하는 곳은 오직 병원 영안실뿐이다. 우리 병원에서는 1년에 2,000명 이상의 사망자가 나온다. 영안실에는 120칸의 냉동고가 있는데 추운 겨울에는 입석을 제외하면 만원이다. 사망 진단서를 발급하기 위해 시신을 검사하러 그곳에 가면 기술자와 장의사, 병원 운반 담당자들이 시신을 유쾌하게 인도했다가 똑같이 유쾌한 태도로 회수하며 낙천적인 농담을 던지는데, 그럴 때면 나도 기운이 난다. 그 모든 고통이…… 끝났구나! 중환자실에 있는 나이 많은 환자들을 볼 때면 정반대의 느낌을 받는다. 그 모든 고통이…… 연장되었구나! 미국에서는 많은 노인 환자들이 중환자실로 들어가는데 중환자실 환자의 5분의 1만이 살아서 나온다. 유럽에서는 중환자실 입원을 더 까다롭게 결정하지만 여전히 입원 환자 중 5분의 1이 사망하고 퇴원 뒤 1년 안에 또 5분의 1이 사망한다. 우리 병원의 중환자실 전문의는 환자의 가족들과 대화하며 중환자실 입원이 환자에게 무익한 이유를 설명하느라 굉장히 많은 시간을 쏟는다. 생존 가능성이 없는 환자를 위해 최첨단 기술을 갖춘 시설을 이용하는 것은 밑 빠진 독에 물붓기다.

우리는 너무 오랫동안, 죽음이 두렵지 않다는 말로 친구들과 가족들을 기쁘게 해주었고 아니면 각자의 '아드벡 해법'이나 다른 기발한 계획을 내세우며 죽음을 업신여겼다. 이제는 현실을 직시하고 기운을 내서 심사숙고해야 한다. 죽음에 대한 이런 집단적 기억 상실은 이제 그만! 우리에게는 21세기를 위한 '죽음의 기술'이 필요하다. 간단히 말해, 죽음에 대해 더 많이 생각하고 더 많이 이야기하자.

31.   그야말로 무익한 것

> "다른 남자의 가방을 지고 다니는 캐디는 결코 되지 않
> 겠어."
>
> - 루던 웨인라이트 3세

개리슨 케일러는 가상의 마을 '워비곤 호수'의 생활
을 다룬 소설에서, 인생에 관해 어머니가 들려준 조언을 떠올린다.
"기운을 내고 쓸모 있는 사람이 되고 몸가짐에 신경 쓰고 무엇보다도
자기 자신을 불쌍히 여기지 마라. 쓸모 있는 삶이 아름다운 삶이다.
네 삶이 제대로 굴러가지 않더라도, 다른 사람들에게 혹은 동물들에
게 아니면 전반적인 세상에 쓸모 있는 역할을 했다면 사과할 필요가
없다." 품위 있는 말이다. 그렇다면 우리는 직장에서 은퇴하게 되면
같은 인간들에게나 지구 전반에 대한 책임을 모두 파기해야 하는 걸
까? 수명이 80세쯤 되는 사람들은 60세에 은퇴하면서 그동안 무척
쓸모 있는 역할을 해왔으니 이제는 사회에 기여하지 않아도 된다고
생각해야 하는 걸까?

공정하게 말해서, 대부분의 은퇴자들은 일을 하지는 않더라도
손자 손녀를 돌보며 자녀들이 일을 할 수 있게 도움으로써 분명히 사
회에 기여한다. 사실 60세까지 정년을 채우고 은퇴할 수 있는 사람들
의 수는 점점 줄어들고 있다. 많은 고령자들이 슈퍼마켓이나 DIY 용

품점에서 시간제로 일한다. 그들 입장에서 잘된 일이다. 그러나 노인들 중 일부는 끝없이 이어지는 크루즈 여행을 하거나 한없이 늘였다 줄였다 할 수 있는 버킷 리스트를 추구할 권리가 있다고 생각한다. 그 사람들을 생각하면 나는 벌겋게 성난 얼굴로 그들을 찾아다니며 다시 군대에 들어가라고 마구 지껄여주고 싶다. 물론, 그 군대는 건강한 은퇴자들을 위한 군대다.

물론 60대에 벽돌 나르는 일꾼이 되기는 어려울 것이다. 나 역시 빠르게 변화하는 급성 뇌졸중 혈전 용해술을 따라잡느라 어려움을 느낀다. 노인들이 자존감을 보존하고 젊은이들과의 접촉을 유지하도록 그들의 능력을 활용할 더 좋은 방법이 필요하다. 젊은이들과의 접점을 잃으면 삶과의 접점도 잃어버린다. 참신한 생각을 접하지 않을 확실한 방법 한 가지가 있다면, 9층짜리 유람선에서 은퇴자 4천 명 중 한 사람과 대화를 나누는 것이다. 나는 의학에서 쓸모 있을 법한 몇 가지 능력이 내게 있다고 생각하고 싶다. 그 능력 중 일부는 경험과, 이렇게 말해도 될지 모르겠지만 지혜에서 비롯된 것이다. 또 나이가 들면 이해심이 넓어지기도 한다. 지금의 나는 젊은 시절의 나에 비해 심신의 신경학적 질환, 다시 말해 기능성 질환을 앓는 환자들의 마음에 훨씬 깊이 공감한다.

또한 나는 거의 30년 동안 의사들을 훈련시켰고 그 훈련에서 어려움을 겪는 많은 의사들을 담당했다. 경력이 오래된 전문의가 근무 시간과 가혹한 일부 당직 근무를 줄이고, 그들이 맡은 일 중 긴급한 처리가 필요한 살인적인 업무를 더 차분한 업무로 대체할 수 있는 구조가 필요하다. 이는 모든 직업에 적용되는데 정신적, 신체적 격무를 요구하는 직업이라면 더더욱 그렇다. 중견 배우 베릴 리드가 영국 아카데미 시상식에서 말했다. "아직도 일할 수 있어요. 앉아 있는 역할이면 더 좋습니다."

풍족하게 사는 노인들 중에 독재자 같은 분위기를 풍기는 사람들이 많다. 독재란 책임감 없는 권력이며 그들은 투표권과 재력을 소유하고 있지만 사회 전체를 향한 확고한 책임감은 없다. 물론 어떤 이들은 가치 있는 자원봉사 활동을 하고 시간과 돈을 들여 자선단체를 돕는다. 그러나 이는 사회 문제의 표면만 긁는 수준이다. 사회를 바꿀 젊은이들의 능력이 삶의 불안정성 때문에 무력해진다. 10대와 20대 초반의 시기를 학교나 대학, 직장에서 미친 듯이 공부하며 보내는데 그뿐 아니라 사랑에 빠지거나 많은 경우 사랑에서 빠져나오며 정신적 충격까지 받는다. 이후 25년은 아마 배우자와 살림을 꾸리고 아기를 어른으로 키워내며 보낼 텐데, 그게 자신의 선택이라면 당연히 그렇게 해야겠지만, 이런 과업 때문에 삶을 고찰하거나 적극적인 정치 행동을 할 짬이 거의 나지 않는다. 이제 젊은이들은 오랜 시간 일해야 하며 그중 많은 이들은 0시간 계약zero-hour contract정해진 노동 시간 없이 고용주가 원하는 시간만큼 일하고 시급을 받는 계약 형태로 영국 노동 시장의 가장 큰 문제로 손꼽힌다-옮긴이이나 단기 계약 형태로 일한다. 풍족한 연금을 누리는 삶을 보장해줄 직업은 극소수다. 젊은이들의 머리 위에는 거듭되는 조직 개편이라는 녹슨 도끼가 매달려 있어, 정리 해고를 당하거나 현재의 일자리에 다시 지원해야 할지도 모른다는 공포를 자아낸다. 안정된 사람들이 불안정한 이들을 보호해야 한다. 다시 말해, 노인들이 할 일은 그들이 지금껏 누려온 권리와 특권이 끝없이 침해되는 상황에 맞서 젊은이들 대신 싸우는 것이다.

대개 노인들은 언론에서 약하고 무방비하며 잘해야 무관심의 대상이요, 최악의 경우에는 사회로부터 냉담한 학대를 받는 이들로 묘사된다. 물론 매우 가난하고 방치된 노인들이 있지만, 그런 묘사는 현재라기보다는 역사적인 풍경에 가깝다. 21세기에 노인들은 보건 복지 서비스가 제공하는 자원의 가장 좋은 몫을 차지한다. 그들은 전쟁 이후 번영기의 혜택을 누려왔을 것이다. 그때는 대학 교육을 받은 사람이 더 적었지만 대학 입학생에게는 등록금이 무료였고 대학 졸업 이후에는 대부분의 사람들이 연금이 보장된 직업을 구할 수 있었다. 고등 교육을 받지 않은 사람들의 취업 전망도 좋았다. 0시간 계약이나 2년 이하 계약은 없었고 사회 보장권을 확실히 누릴 수 있는 시절이었다.

괜찮은 직업을 가진 젊은이들은 작은 아파트나 주택을 살 수 있었다. 내 아내는 대학 졸업 1년 뒤에 민간 담보대출로 받은 999파운드로 스토크온트렌트에 방이 셋 딸린 집을 구입했다. 다른 사람들은 비교적 저렴한 공영 주택을 구할 수 있었다. 그 당시 공공 지원 주택은 사회 문제를 겪는 사람들이나 실업 수당을 받는 사람들만을 위한 곳이 아니었다. 당시에도 영국에서 집값이 가장 높았던 런던에서, 의사와 교사, 간호사 및 다른 공무원들은 집을 구입할 수 있었다. 나는 전공의 시절에 런던에서 범죄율이 가장 높은 지역에 방이 둘 딸린 작은 집을 가까스로 구입했다. 요컨대 오늘날의 노인들은 전후 시대의 급속한 발전과 사회 복지의 혜택을 누려왔다. 영국의 국민 연금 정책은 이른바 '트리플록triple lock'으로, 금리 2.5퍼센트나 평균소득 증가율, 소비자 물가 지수CPI 상승률, 이 셋 중에 더 높은 쪽을 채택해 그 비율에 맞춰 매년 연금액을 인상시키는 정책이다. 2010년에 이 정책이 도입된 이후, 정부는 연금 수급자들에게 소비자 물가 지수 상승률에 맞춰 인상된 연금액을 지급해왔다. 같은 기간에 대부분의 임금, 적어도 공공 부문에서의 임금은 동결 상태였다.

우리는 사실상 장로 정부에서 살고 있다. 풍부한 연금을 누리는 사람들이 주변의 불공평한 상황을 의식하지 못한 채 방이 넷 딸린 집 안을 덜걱덜걱 돌아다닐 때, 젊은이들은 맞벌이를 하며 작은 아파트에서 힘겹게 가정을 꾸려나간다. 영국의 영화 산업은 은퇴자들을 겨냥한 영화에 장악된 듯한 양상이다. 매력적인 노인들이, 특유의 억양으로 "오, 이런, 맙소사"라고 말하는 인도인들이 경영하는 호텔에 살면서 성생활의 의미를 재발견한다는 식의 영화를 또 끝까지 봐야 한다면 차라리 내 목을 조르겠다. 우쭐거리며 편히 사는 이들을 위해 제작한 성의 없는 영화라니.

은퇴한 노인들에게 인기 많은 텔레비전 채널을 보면, 크루즈 여행(동성애 술집을 돌아다니며 상대를 유혹하는 행동이 아니라 배에서 즐기는 여행)의 즐거움과 시골 호텔에서 보내는 '성인 전용' 휴가를 칭송하는 광고들이 나오는데 호화로운 수영장에서 배우들은 "…… 그리고 아이들은 출입 금지예요!"라고 신나게 외친다. "흑인 출입 금지!", "이슬람교도 출입 금지!", "유태인 출입 금지!", "동성애자 출입 금지!"라고 외치면 어떻게 될까? 우리가 벌을 받지 않으면서 공개적으로 차별할 수 있는 유일한 대상이 아이들인 모양이다.

우리는 엄청난 사회 변화가 일어나는 시대에 살고 있다. 소수 민족들은 계층과 직업 등 여러 면에서 미약한 위치였던 자신들의 존재감에 도전하고 있다. 여성도 마찬가지다. 화가이자 문화 해설가이며 이성의 옷을 입기 좋아하는 패션 리더 그레이슨 페리는 남자가 세상과의 관계를 바꿔야 하는 이유에 대해 책을 썼고 방송으로도 이야기했다. 그의 설득력 있는 주장에 따르면 남자들은 불행하다. 그리고 그들이 움켜쥔 권력을 포기하면, 즉 정치적 권력과 직장 내 직급 및 과도한 영향력을 행사하는 다른 지위를 포기하면 훨씬 편안해질 것이라 한다. 이제는 노인들 역시 특권이라는 계급장을 조금 내려놓을 때가 된 것 같다. 방 네 개짜리 집의 크기를 줄여 원래 용도인 가정집으로 쓰이도록 양보하자. 다음 의회의 임기보다 오래 살 것 같지 않다면, 투표권 포기를 고려해보자. 노인 유권자를 이용하는 정치인들 때문에 정치적 변화에 늘 제동이 걸린다. 젊은 사람들과 휴가를 떠나자. 아마 즐거울 것이다.

윌리엄 블레이크가 〈노인의 무지Aged Ignorance〉라는 제목으로 그린 작은 흑백 그림이 있다. 수염을 잔뜩 기른 노인이 거대한 가위를 든 모습을 묘사한 그림이다. 노인은 작고 벌거벗은 몸으로 눈물을 흘리는 아이의 날개를 자르고 있다. 이 그림은 젊은이들을 보호하는 것이 우리의 의무임을 냉혹하게 깨우쳐준다. 아이들에게 투표권을 부여해야 한다는 움직임이 커지고 있는데 내 생각에는 타당한 주장이다. 물론 아이들이 투표소로 가서 투표용지에 기호를 그려야 한다는 뜻은 아니며, 예를 들어 가족당 최대 2인까지 부모 한쪽이 대리 투표를 하는 방식을 이용할 수 있다는 이야기다. 자녀가 둘 이상인 가족에게 추가 혜택을 주지 않고 말이다. 정치인들은 향후 5년을 위해 유권자들을 매수하려 하기보다는 자신의 정책이 미래의 어른들에게 미치는 영향을 생각해야 할 것이다. 나는 16세 이상의 국민에게 투표권을 부여해야 한다고 정말 굳게 믿는다. 일을 하고 세금을 내고 결혼하고 자녀를 기르고 군대에 합류할 수 있는 사람이라면, 투표권을 보장받아야 한다.

수명이 몇 년도 채 남지 않은 사람들이 다음 세대로 접어드는 사회에 영향을 미칠 사안에 투표해도 괜찮은 것일까? 나는 그렇지 않다고 생각하지만, 내 생각이 맞건 틀리건, 그런 사안에 대한 사회적 논의가 필요하다. 이제는 청년층과 노년층의 경제적 격차 때문에 세대 갈등이 나타날 조짐이 보인다. 2019년 영국 정부 소속인 '세대 간 공정성과 공급 위원회'는 채용 기준, 소득, 생활환경에서 격차가 점점 더 커지고 있다고 보고했다. 이것은 권력의 문제다. 과연 노인들은 자신들이 떠난 뒤 세상을 물려받을 이들에게 기꺼이 권력을 양도할 것인가?

1970년, 열네 살이었던 나는 샌다운 파크 경마장 중앙에 있는 존 제이콥스 골프 연습장에서 첫 여름방학 일자리를 구했다. 시간당 20페니를 받았다. 토요일 아침까지의 근무가 끝났을 때, 나는 작은 갈색 봉투에 국민 건강 보험료를 제외한 금액인 8파운드 20페니를 받아 집으로 가져갔다. 사람들의 짐작과는 반대로, 6펜스만 있으면 대서양을 건널 수 있던 시절은 아니었다. 실제로는 LP 레코드판의 값이 2파운드였다. 나는 그곳에서 영원히 일해야 하는 가여운 10대 스킨헤드족들이 안됐다고 생각했다. 벤 셔먼 셔츠를 입고 닥터 마틴 신발을 신은 그들은 내 긴 머리카락과 나팔바지와 잘난 척하는 말투 때문에 나를 동정했다. 그들의 첫 봉급은 늘 엄마에게 바치는 하트 모양 문신을 새기는 데 쓰였다. 엄마들은 반대하지 못했고 나중에는 잉크 그림을 추가하는 것을 허락하곤 했다.

당시에는 보건과 안전에 대한 개념이 없어서, 우리는 우리 쪽으로 날아온 골프공을 주웠다. 좋은 점은 골프장에서 트랙터와 트레일러를 운전하고 다닐 수 있다는 사실이었는데 한 명은 뜨거운 배기관에 손을 데지 않도록 천으로 감싼 배기관을 똑바로 붙잡고 보닛에 앉아서 이동했다. 그게 일종의 보건 안전 정책이었다. 이동한 이유는 경마장 언저리까지 간 뒤 트랙터에 올라서서 길 건너편 구멍가게에서 일하는 소녀를 잠깐이라도 보기 위해서였다.

나는 잘난 척한다는 이유로 끝없이 놀림을 받았고 수업 중에도 마찬가지였다. 여름휴가 때 일하는 동안에도 처지는 같았다. 나를 늘 따라다니는 별명은 '아인슈타인'이었다. 그 시절에는 대학입학 자격 시험을 치르려고 학업을 계속하는 학생들이 지금보다 훨씬 적었고 약 4퍼센트만이 대학에 진학했다. 의학 공부를 할 계획이라는 말을 들으면 나이가 더 많은 골프장 직원들은 "아! 라틴어 성적이 좋은 모양이군" 하고 말참견을 했다. 그때 이후로 나는 골프와 골프가 상징하는 모든 것을 마음속으로 남몰래 경멸하게 되었다. 교차된 골프채 모양을 장식으로 작게 수놓은 브이넥 스웨터를 입고 골프 클럽 술집에 앉아 변변치 않은 맥주를 마시며 이민에 대해 이야기하던 사람들의 풍경 같은 것 말이다. 가끔 우리 지역의 골프 클럽으로 걸어오는 사람들이 보인다. 걸어온다고 표현했지만 군대식으로 다리를 들어 올리며 행진하는 사람들처럼 보인다는 뜻이다.

내 목소리가 황야에 울려 퍼지는 외로운 목소리가 아님을 깨달은 덕분에 용기를 얻고 있다. 런던에서 열린 영국 노인 의학 협회 총회에 참석한 날이었다. 저녁 식사 때 당시 맨체스터 대학의 노인 의학 교수였던 레이먼드 텔리스 교수의 옆자리에 앉게 되었다. 내가 이 책 앞부분에서 인용한 에스파냐의 왕 펠리페 2세의 죽음에 대해 서술한 바로 그 교수다. 가끔 우리는 매우 즐겁거나 흥미로운 사실을 알려주는 대화를 나누게 되면 그 대화를 영원히 기억한다. 텔리스 교수는 우리 모두가 남몰래 부러워하는 박학다식한 사람들 중 한 명이다. 의사이면서 시인이자 소설가이며, 내 생각에 가장 중요한 사실인데, 철학자이다. 노인 의학 전문의는 흔하지만, 철학자는 적어도 내 세계에서는 진귀하다.

와인 몇 잔과 아일랜드인의 몇 가지 유전자가 결합하면 나는 용기가 생겨 대부분의 주제에 대해 열정적으로 이야기를 늘어놓는다. 게다가 정원에서 땅을 파고 있던 어느 날 떠올랐던 새로운 철학적 발상을 그 위대한 인물과 논의할 기회가 생겨 아주 기뻤다. 그 발상이란 이런 식으로 진행된다. 모든 인간에게는 자기 자신과 다른 목소리 사이에 오가는 내적인 대화가 있는 것 같다. 내면의 목소리지만 우리 자신의 목소리라고 할 수는 없다. '다른' 목소리다. 혹시 모든 인간의 '다른' 목소리들이 모인 집단 의식이 신의 목소리라고 해석되어온 것은 아닐까?

"아, 그래요." 텔리스 교수가 말했다. "그 발상을 처음 제기한 사람은 에밀 뒤르켐과 독일의 철학자 루트비히 포이어바흐였지요." 뒤이어 그들이 제시한 사상을 아주 상세히 설명했다. 나는 그때 세상에는 새로운 생각이란 거의 없다는 사실과 내가 임상 의학을 고수해야 한다는 사실을 깨달았다. 자신감을 잃었지만 기가 꺾이지는 않았다는 사실을 보여주려고 철학 사상 중에서 가장 진부하고도 뇌리에 뚜렷이 남는 문구를 인용했다. "우리를 죽게 만들지 않는 것이라면 우리를 더 강하게 만들 뿐이죠."

"아, 니체로군요. 1889년에 펴낸 『망치로 철학하는 방법How to Philosophize with a Hammer』에 나왔죠."

"죄송합니다." 내가 말했다. "영화 〈코난-바바리안〉의 첫 대사인 줄 알았습니다. 아널드 슈워제네거가 출연한 영화 말입니다."

이 만남 이후 몇 년이 지나, 총회 식후 연설 때 텔리스 교수는 일부 철학 사상의 요점을 설명하며 우리에게 은퇴하고 나서도 쓸모 있는 일을 하며 지내라고 강력히 권했다. 그는 다음과 같이 말을 마무리했다.

"자유를 위해 싸우는 것이 빌어먹을 골프를 치는 것보다 낫습니다. 이 자리에 그 시시한 게임을 하느라 시간을 허비할 만큼 어리석은 사람은 없을 테니 솔직하게 말할 수 있겠군요. 여러분이 골프에 대해 말하는 그 모든 부정적인 이야기, 그러니까 점수에 연연하느라 산책을 즐길 수 없다는 등의 이야기는 끔찍하고 헛된 진실을 지적하기에는 부족합니다. 내 생각을 말하자면, 만약 신이 골프가 생길 것임을 알았다면 우주를 창조할 때 망설였을 겁니다. 신은 허공을 들여다보며 골프의 긍정적인 부분을 보고 '괜찮을지도 모르지' 하고 말했을 겁니다. 여러분, 골프는 그야말로 무익한 것입니다."

나는 골프를 치는 동료들로부터 그 고귀하고 유서 깊은 게임을 경멸한다고 여러 번 비난을 받았다. 사실은 그게 아니다. 나도 휴일이면 해변 리조트에서 골프를 친다. 바로 미니 골프다. 뛰어난 기술과 타이밍이 중요한 게임이다. 아마 타이거 우즈는 골프공을 톡 쳐서 그린을 가로지른 공이 홀에 들어가게 해야 할 것이다. 그렇게 하는 동시에, 나처럼 그 공이 미니 골프장의 비탈을 따라 올라갔다가 소형 풍차의 회전 날개 사이를 통과하게 해보시길.

32.　　　현대판 티토누스

"이것이 끝이라네, 아름다운 친구여…… 끝이라네."

- 도어스

　　　나는 부모님의 집을 청소하며 두 사람이 살아온 55년 동안 축적한 유물을 감별하고 있었다. 약간 과장해서 무질서 그 자체였다. 나사와 경첩으로 가득한 낡은 '퀄리티 스트리트' 사탕 깡통들과 1960년대 것으로 짐작되는 여성용 비닐 방수 모자 30개가 있었다. 1950년대에 제작된 런던 지도 'A에서 Z까지A to Z'와 1930년대에 출간된 잡지 《일러스트레이티드 런던 뉴스Illustrated London News》, 이 잡동사니들은 모든 논리를 거부한다. 지금까지는 파베르제의 달걀19세기 러시아 차르 황실의 달걀 모양 보물-옮긴이이나 가구 디자이너 치펀데일 스타일의 서랍장은 나오지 않았지만, 1970년대의 사기 램프는 많이 있었다. 유통기한이 밀레니엄까지인 오래된 양념들도 있었다. 누나는 커다란 가방을 찾아냈는데 '사용 기한 1980년'이라는 라벨이 붙은 콘돔이 잔뜩 들어 있었다. 어떤 것들은 굳이 설명하지 않는 게 최선이다. '디오게네스 증후군'은 냉소주의의 창시자인 고대 그리스 철학자의 이름을 붙인 강박 장애인데, 이 장애가 있는 노인들은 정신 건강에 중대한 문제가 없어도 물건을 저장해두면서 아무것도 버리지 못한다. 그토록 많은 노인들이 이런 상태에 빠지는 이유가 무엇일까? 내 생각에는 인지력이 손상된 사실을 가족과 친구들이 눈치 채기 전에 통찰력이 먼저 상실되기 때문인 것 같다. 자신의 소유물을 포기하기 싫어했던 아버지의 모습은 어쩌면 삶 자체를 놓기 싫었던 마음이 투영된 것인지도 모르겠다.

한 남자가 서서히 쇠약해지며 사라져가는 모습을 목격하다 보니, 인류가 지나온 비슷한 궤적을 고스란히 바라보고 있는 듯한 느낌이 들었다. 우리가 이룩한 진보와 새로운 발견 상당수로 인해 끊임없이 그리고 불가피하게, 신의 은총을 조금씩 잃게 되었다. 한때 우리는 우리가 신의 형상을 따라 만들어진 존재라고 생각했다. 셰익스피어는 인간의 자만심을 이렇게 요약했다. "인간이란 얼마나 대단한 작품인가! 이성은 얼마나 고귀하고 능력은 얼마나 무한하며 형체와 움직임은 얼마나 뚜렷하고 감탄스러우며, 행동은 얼마나 천사 같고 이해력은 얼마나 신과도 같은지! 지상의 아름다움, 동물들의 귀감이로다!『햄릿』 2막 2장 중 햄릿의 대사─옮긴이" 그러나 조금씩, 이 고귀하고 위풍당당한 형상은 조금씩 무너져 내렸다. 갈릴레오는 인간이 우주의 중심이 아님을, 즉 태양과 행성과 별이 우리의 사사로운 기쁨을 위해 우리 주변을 돌고 있는 것이 아님을 알려주었다. 다윈은 인간의 자만심이라는 관에 한 번 더 못질을 했다. 우리는 특별하지 않으며 다른 유인원들의 후손에 불과하다. 자연에서 인간이 가장 중요한 위치를 차지하고 있다는 생각은 우리의 머릿속에만 존재할 따름이다.

지크문트 프로이트는 다소 완곡한 방식으로, 인간이 합리적 사고의 모범이 아니라 무의식적 욕구와 본능을 따라가는 존재임을 암시했다. 예술에서 이런 생각은 초현실주의를 통해 나타났다. 제임스 조이스의 『율리시스』는 우리 모두가 알지만 감히 말하지 못했던 것, 즉 우리의 의식적 사고가 무작위로 끼어든 것처럼 보이는 여러 생각과 방해 요소로 가득하다는 사실을 드러낸 최초의 소설이었다. 정신의 추상적 표현이었다. 노벨상을 수상한 경제학자이자 심리학자인 대니얼 카너먼은 우리가 내리는 결정과 판단이, 특히 생각을 빨리 해야 할 때는 전혀 논리적이지 않으며 판단력을 선천적으로 타고나는 것 역시 아니라는 사실을 보여주었다.

이제는 우리의 소중한 자유 의지마저 그렇게 자유로워 보이지 않을 것이다. 인간이 하는 행동 중 의지에 따라 의식적으로 이루어지는 행동은 얼마나 될까? 2천 바이트의 감각 정보가 초마다 우리의 중추 신경계로 유입되며 뇌는 그 자체로 1초에 2메가바이트의 정보를 처리하는 신경 세포 덩어리다. 그러나 과학자들이 계산한 바에 따르면 인간의 의식은 1초당 18바이트의 정보만을 처리한다. 우리의 의식이란 것은 숨겨진 신경 세포 덩어리가 보글보글 끓어오를 때 그 위를 떠다니는 인지력이라는 얕은 거품층에 불과하다. 현대 과학은 우리가 '무심결에' 취하는 동작이 그 동작을 지시한 대뇌 피질의 의식보다 간발의 차이로 먼저 나타날 수 있음을 보여준다. 현대 과학이 주는 위안이라는 것도 표면적으로는 유망해 보이지만 생물학적 노화와 죽음 자체에 관해서라면 줄 수 있는 것이 거의 없다. 우리 인류는 달에 로켓을 보내고 성당 천장에 그림을 그릴 수 있지만 거북보다 더 오래 살기 위해 몸부림치고 있다.

슬로모션 장면처럼 우스꽝스럽게 버둥거리는 인간의 몸짓은 평생 계속되며 인간의 오만이라는 의기양양한 풍선도 서서히 오그라든다. 몇 년 전까지만 해도 불가능했던 일이지만 이제는 세계의 주요 사건에 대한 정보가 우리에게 쏟아지고 우리의 거실로, 우리가 쓰는 스마트폰으로 점점 더 자주 그리고 바로바로 들이닥친다. 우리의 심리적 나약함에 대한 관심은 빈약해진다. 우리는 예전 못지않게 그런 사건들에 대해 통제력을 발휘하겠지만 덕분에 무력감도 커진다. 삶에는 의미가 있을 수도, 없을 수도 있다. 자연은 살아남으려 버둥대는 다른 모든 생물들의 고초를 대할 때처럼, 인간의 비애에 관심이 없으며 냉담하다.

200년 전만 해도 인간의 절반은 성인이 되기 전에 죽었다. 이제 선진국에서는 70대 후반이나 80대 초반까지 생존할 수 있다. 예전에는 끔찍한 병으로 어릴 때 빨리 죽었다. 이제 우리는 끔찍하지는 않더라도 우리의 인간성을 상당 부분 앗아가는 심술궂은 질병에 걸려 기억과 자기 자신을 잃으며 노년에 천천히 죽어간다. 인구 통계학상, 우리 모두를 곤경에 빠뜨리는 변화가 매우 빠르게 일어나고 있다. 우리는 동물 중에서 유일하게 현대 의학과 생활 방식, 문명을 통해 고통을 덜 수 있지만 반면 다른 종들은 자신의 상처를 핥거나 낑낑거리거나 빨아들이는 정도만 할 수 있을 따름이다. 그러나 이득을 안겨줄 거라고 예상했던 과학적 발전이 이루어질 때마다 예상치 못한 부정적인 결과 또한 자주 나타날 것이다. 수명 연장에는 대가가 따르고 많은 이들에게 그 대가란 신체적, 정신적인 쇠약함을 더 오래 겪는 것이다. 과학으로 인간의 모든 문제를 해결할 수는 없다. 인간은 깨달아야 한다. 우리에게 남은 게 거의 없고 기억조차 우리를 떠났을 때 두 팔을 들어 올리며 "오베사 칸타비트!"라고 외쳐야 한다. '그 뚱뚱한 여인이 노래했다영어에 '뚱뚱한 여자가 노래하기 전에는 끝난 게 아니다It ain't over till the fat lady sings'라는 관용어구가 있는데 '아직은 끝난 게 아니다'라는 뜻이다-옮긴이'라는 뜻이다.

개인적 고통을 유발할 가능성이 있는 일들에 대해 우리가 조금이라도 통제력을 되찾을 수는 없을까? 플라톤은 죽음이 우리에게 일어날 수 있는 가장 나쁜 일이 아니라고 말했는데, 그의 말이 옳았다. 문제는, 과거에도 그랬지만 지금도, '의사 결정 능력'이다. 개개인이 자기 자신을 위해 결정을 내릴 수 있는 능력 말이다. 그 결정이 현명한 것이 아닐 수도 있다. 완전히 어리석을지도 모른다. 그러나 우리에게 의사 결정 능력이 있는 한, 상관없다. 인간에게 의사 결정 능력이 있다는 것은 당연한 사실로 여겨진다.

심각한 정신 질환이나 치매 혹은 뇌졸중이나 뇌 손상 때문에 의사 결정 능력이 없거나 그것을 잃거나 급속히 감퇴된 경우 잉글랜드와 웨일스에서는 '2005년 의사 능력 법Mental Capacity Act 2005'이 당사자 대신 결정을 내리고 행동하는 문제에 대한 합법적인 근거를 제공한다(스코틀랜드에서는 '2000년 의사 능력 법'이 같은 역할을 수행한다. 북아일랜드는 비슷한 법안을 2016년에 통과시켰지만 아직 전면적으로 시행되지는 않았다).

의사 결정 능력을 평가하는 방법에 대해 분명한 지침이 있으며, 의료계 종사자들을 비롯한 많은 이들은 이러한 평가에 굉장히 많은 시간을 쏟는다. 내려야 할 결정의 중대성에 따라, 무엇을 먹을 것인가와 같이 단순하고 일상적인 결정보다는 치료법을 받아들이거나 거부하는 것처럼 아주 중요한 결정에 필요한 고도의 추론 능력과 함께 의사 결정 능력은 신중하게 측정된다. 한 사람이 정보에 입각한 선택을 내릴 수 없을 때, 그 사람을 대신해 내려지는 모든 결정은 당사자의 '최고 이익'에 부합해야 한다. 이 합의가 늘 간단하지만은 않다. 의료진과 가족 사이에서, 또는 가족 내부에서 의견이 일치하지 않을 경우에는 더욱 그렇다. 환자가 사전에 결정 사항을 명시해두었다면 상당한 도움이 된다.

현재로서는 이렇게 법적 구속력이 있는 서류를 준비해두는 사람이 거의 없다. 그런 경우에는 당사자가 전에 표현했을 만한 의견과 그동안 살아온 방식을 고려해 가족 및 다른 이들과 논의한 뒤에 '최고 이익'에 대해 일치된 결과를 제시해야 한다. 고통을 겪는 환자는 이런 추가 부담 없이 지낼 수 있을 것이다. 부모들은 자신이 아이의 목숨을 위해 제 목숨을 희생할 것임을 본능적으로 안다. 증거가 필요하다면, 일단 유전자가 후세에 전달되면 임무를 다한 것이라는 다윈주의의 진리가 증거라고 말하겠다. 치매에 걸려 그런 충동이 없어지면 의사 결정 능력이 완전히 흐려지는 것이다.

우리는 미래를 바라볼 수 있고, 의식이 또렷한 상태일 때는 우리가 적절하고 바람직한 것으로 인정할 처치에 한계를 설정할 수 있다.

이를 문서화해서 사랑하는 사람들, 신뢰하는 의료인들과 공유할 수 있다. 그러나 지금까지는 당사자만이 이런 계획을 세울 수 있다. 연명 치료를 거부하고 환자를 자연스럽게 떠나보내는 문제에 대해 사회적으로 의미 있는 논의가 필요하다.

인식과 태도에 변화를 일으키는 데 공적 정보와 의료 캠페인이 도움이 될 수 있다. 1980년대의 '몰라서 죽지 마세요' 캠페인은 에이즈와 안전한 성관계에 대한 태도를 바꾸었다. 빈약한 식단, 흡연, 인종차별 및 다른 사회 문제와 씨름하는 것을 목표로 삼은 여러 유사한 운동이 최근 몇십 년간 중요한 역할을 해왔다. 우리에게 가족과 대화하며 사전 의사 결정 서류나 위임장 작성을 고려해보라고 권하는 '이제 70세, 건강을 점검하는 게 어떨까요?'나 '중요한 결정을 사랑하는 가족에게 떠맡기지 마세요'와 같은 캠페인 덕분에 이런 중요한 과업이 정상화되고 사회적으로 받아들여졌다.

영국에서는 50세가 되면 지역 보건의로부터 건강 검진을 받으라는 전화가 걸려온다. 70세에도 집을 정돈하라고 전화를 걸어 일깨워주면 어떨까? 정부는 이 나라가 '과보호 국가'라고 주장하는 무리들, 그리고 이런 조치가 국민에 대한 지나친 사생활 침해라고 생각하는 이들의 분노를 무시해야 할 것이다. 장담하건대, 비위관, 정맥 주사 및 현대 의학에서 이용하는 각종 장치들만큼이나 국민의 사생활을 침해하는 것은 없다.

의학과 법률, 사회가 길을 잃었을 때 긴급하게 필요한 것은 진솔한 대화다. 우리는 가장 빠르거나 가장 날렵하거나 가장 오래 사는 동물이 아니라 틀림없이 가장 말을 잘하는 존재다. 그러니 말을 하자. 대화를 하자. 그러면 우리 모두 자신의 삶에서 정말로 중요한 것과 사이좋게 지낼 수 있다.

33.   네 개의 마지막 노래

"정처 없이 떠돌며 우리는 몹시 지쳤다. 어쩌면 이게 죽음일까?"

- 리하르트 슈트라우스

"가능한 빨리 와주는 게 좋겠어." 몬트리올에서 전화를 걸어온 누나가 말했다. "일주일 단기 휴가를 내볼게." 내가 대답했다.

비행기가 웅웅거리며 대서양을 가로지를 때 나는 매형인 톰을, 이전 몇 달 동안 일어났던 일을 생각했다. 내 주머니에는 아버지가 톰에게 보낸 편지가 들어 있었다. 이 편지가 개봉되어 읽힐 일은 없을 것이다. 톰은 나보다 한 살이 많았고 누나에게 자상했다. 두 사람은 토론토 대학에서 만났고 둘 다 영문학을 공부했다. 톰의 활기찬 유머 감각은 누나의 타고난 진지한 성향과 반대였다. 아일랜드를 걱정했던 어머니처럼, 누나는 국제 걱정 대회에서 캐나다의 편을 들어주곤 했다. 톰은 야구와 술집과 노동자들이 즐겨 찾는 식당을 매우 좋아했다. 누나는 문화적 스펙트럼으로 보자면 미술관과 찻집 쪽에 더 가까웠다. 정반대 성향인 사람들이 흔히 그러듯이, 두 사람의 차이는 균형을 유지하며 서로를 보완했다.

다른 사람들과 마찬가지로 톰에게도 결점이 있었다. 시간 개념이 없었다. 마치 대부분의 사람들과는 다른 차원의 시간 속에서 사는 것처럼 보였다. 그리고 돈벌이에 그다지 재주가 없었다. 교사 협회에서 일하다가 그다음에는 통역가로 활동했다. 통역 일을 열심히 했지만 약삭빠른 사업가가 아닌 탓에 헐값에 일을 해줄 때가 많았다.

톰과 나는 사이가 좋았고 매년 퀘벡이나 영국에서 함께 가족 휴가를 보내곤 했다. 퀘벡에서 호숫가 오두막을 하나 빌려 수영을 하고 숯불에 고기를 구워 먹었다. 1년 중 2주뿐인 이 기간 동안 건강에 좋은 활동을 해치워버리기로 작정한 사람들처럼 이런저런 활동을 했다. 저녁이면 술을 마시며 이야기를 나눴고 그동안 아이들은 난롯가에 둘러앉아 마시멜로를 구웠다. 우리는 해안과 가까운 햄프셔에서 함께 지내곤 했는데, 맥주에 대한 애정으로 단합했다. 내 생각에 맥주를 마시지 않는 것은 신의 너그러움과 인간의 창의력에 대한 모욕이다. 저녁 식사 전에 우리는 맥주를 사려고 사우스다운스 언덕 너머에 있는 웨스트서식스주의 선술집으로 향하곤 했다. 이곳은 특히 톰에게는 낙원이었는데, 그가 북아메리카 라거 맥주를 마시며 자랐기 때문이다.

2006년 8월에 톰은 집에 페인트칠을 하는 아버지를 도우러 영국으로 건너왔다. 통역 일이 드물었으니 못 올 이유가 뭐란 말인가? 세계문학의 위대한 고전 작품을 탐독하겠다는, 일생 동안 추구해온 목표의 일환으로 그가 『돈키호테』를 읽고 있었던 게 기억난다. 그러나 어려운 작업처럼 보였고 톰은 분명 즐기고 있지 않았다. 톰은 합창곡을 좋아했고 나는 그가 리하르트 슈트라우스가 작곡한 「네 개의 마지막 노래」를 듣기 위해 그해에 더 프롬스영국 런던에서 매년 열리는 음악제-옮긴이에 가고 싶어 했다는 걸 알고 있었다. 그러나 그날 저녁에 가족 바비큐 파티가 있어서 톰은 그곳에 가지 않았다. 우리는 우선 선술집에 갔는데, 톰은 자신이 기억했던 만큼 맥주 맛이 훌륭하지 않다고 말했다. 사실 그는 맥주에 대한 매력을 아예 잃어버린 것처럼 보였다. 정말 이상한 일이었다.

캐나다로 돌아온 뒤부터 그는 밤새 식은땀을 흘리기 시작했고 체중이 감소했다. 간 혈액 검사 결과는 절망적이었다. 초음파 검사를 했더니 췌장에 종양이 있었고 간까지 퍼진 상태였다. 조직 검사로 진단이 확정되었다. 췌장암이었다. 누나가 전화로 결과를 말해주었고 나는 어떤 치료나 화학 요법도 효과가 없을 것 같다는 말 외에는 뭐라 할 말이 없었다. 불가피한 상황을 대비해야 했다. 누나는 벌써부터 톰의 장례식 추도문을 쓰고 있었다.

캐나다에 도착한 다음 날 아침에 나는 누나와 함께 몬트리얼 유대인 병원에 입원한 톰을 방문했다. 그는 췌장암으로 죽어가는 여느 사람들과 비슷한 모습이었다. 눈과 뺨이 쑥 들어가고 몸이 앙상했다. 안구 뒤의 지방까지 사라지고 없었다. 몸은 쇠약한 껍데기 같았고 황달로 피부가 누렇게 떴으며 복부는 복수가 차오른 탓에 거대하게 팽창한 상태였다. 바닥에는 주황색 액체가 가득한 커다란 유리병이 있었는데 거기에는 통증을 덜고 호흡을 돕기 위해 빼낸 복수가 들어 있었다. 불과 두 달 전에 사다리에 올라가 페인트칠을 하던 그였다. 이 암은 정말이지 진짜 치사한 녀석이었다.

다음 날 우리는 톰이 나머지 가족들, 즉 스물한 살인 딸 에블린, 열일곱 살인 아들 데이먼과 함께 지내도록 그를 간신히 집으로 데려왔다. 죽어가는 사람을 집에서 돌보기란 쉽지 않다. 대변을 처리하고 음식을 먹이고 약을 투여하고 소변통과 토사물을 치우는 일이 끊임없이 반복된다. 영화나 텔레비전 드라마에서 묘사하는 그런 죽음이 아니다. 죽어가는 사람이 가족들에게 둘러싸여 침대에 조용히 누워 있다가 애정 어린 마지막 말 몇 마디를 주고받고 나면 머리가 한쪽으로 툭 떨어지는 장면 말이다. 실제 상황에서 발생하는 신음과 지저분한 상태와 체액에 사람들이 정신적 충격을 받는 것은 놀랄 일이 아니다.

어느 날 밤, 고통스러운 신음과 토하는 소리가 집 안에 가득했다. 진통제가 약효를 보이지 않는 게 분명했다. 다음 날 우리는 완화 치료 팀에게 연락했다. 그들은 집으로 찾아와, 지역 호스피스 병원으로 이동하는 게 어떻겠느냐고 물었다. 톰은 거부했다. 집을 떠나면 게임 끝이라는 것을 알고 있었다. 그는 심연으로 빠져드는 중이었지만 아직 거기 뛰어들 준비는 되어 있지 않았던 것이다. 그러나 결국에는 동의하고 말았다.

우리 넷은 톰의 곁에 모여 앉았다. 지상에서 그가 보내는 마지막 밤이 될 터였다. 이른 저녁에 그는 말을 몇 마디 할 수 있었다. 간호사들이 침대에서 그를 옮기려 하자 톰은 도움이 되려고 애를 쓰고 있었다. "걱정 마세요, 톰. 우리가 몸을 들어 올릴게요"라는 간호사들의 말에 톰이 대답했다. "네, 간호 쪽을 맡아주세요. 저는 죽는 쪽을 맡을게요." 임종을 앞두고 유머를 듣는 일은 가끔 일어나는데, 톰다운 행동이었다. 음울한 익살을 곁들인 이타적인 모습이었다.

　그가 동요하며 소리치기 시작하자(아마 환각 때문이었을 것이다) 간호사들이 모르핀을 투여했고 잠깐 효과가 있었다. 그가 마지막으로 내뱉은 명확한 말은 아내가 그의 손을 잡았을 때 건넨 "사랑해"라는 말이었다. 그 뒤로 몇 시간 같은 상황이 더 지속되었다. 서서히 모든 것이 느려지기 시작했다. 톰의 호흡은 얕아지고 불규칙해졌다. 목이 너무 여위어서 맥박이 뛸 때마다 경동맥이 팔딱거리는 모습이 선명하게 보였다. 결국 그 맥박은 멈추었다. 톰의 자녀들은 두려움으로 눈을 크게 뜬 채 그 광경을 지켜보았다. 힘없이 숨을 헐떡거리는 소리가 몇 차례 들렸다. 그 뒤로는 아무 일도 일어나지 않았다. 나는 잠시 기다린 뒤 톰에게 다가가 그의 손을 만지며 작별인사를 건넸다. 그러자 누나와 에블린, 데이먼이 가슴이 찢어질 듯 원초적이고 비통한 울음을 터뜨렸다.

　다음 날 우리는 보훈병원으로 향했는데, 1944년 노르망디 해변을 가로질렀던 옛 군인들이 지내는 곳이었다. 그곳에서 우리는 톰의 아버지인 애덤에게 하나뿐인 아들이 죽었다는 소식을 전해야 했다. 그는 심각한 뇌졸중 때문에 실어증에 걸려 말을 하지 못했다. 그의 얼굴이 일그러졌고 걷잡을 수 없이 눈물이 쏟아져 내렸다. 다음으로 우리는 톰의 어머니인 캐시를 찾아갔는데 캐시는 고관절 골절로 다친 부위를 회복하느라 요양원에서 지내고 있었다. 예상했던 상황이었기에 캐시는 눈물을 흘리지 않았다. 그녀의 삶을 망가뜨리고 이후 몇 년간 누나의 활력을 차츰 빼앗아갈 질병, 즉 치매의 첫 징후들이 나타나는 중이기도 했다.

　대개 나는 죽어가는 환자들의 가족에게 '삶은 계속되므로' 일상을 그대로 유지하라고 권한다. 물론 삶은 유족들에게 끊임없이 부담을 줄 것이다. 톰이 죽고 며칠 뒤에 배수관이 막혔고 할로윈 의상을 입은 아이들이 문을 두드렸다. 유리병에 담긴 주황색 복수는 아무도 보지 않을 때 외부 배수관에 쏟아 부었다. 사람들은 음식을 먹고 장을 비웠으며, 우주가 우리 모두의 개인적인 고통에 자비로운 무관심을 유지한 채 계속 제 갈 길을 간 까닭에, 해는 뜨고 또 졌다.

　톰의 장례식 때 누나는 추도문에서 그의 용기를 이야기하며 하퍼 리의 소설 『앵무새 죽이기』를 인용했다. 애티커스는 아들 젬에게 진정한 용기란 "시작하기 전에 실패할 것임을 알지만 어쨌든 시작해서 무슨 일이 있더라도 끝까지 가보는 것"이라고 말한다. 그렇다. 그게 용기다. 톰이 우리를 영원히 떠날 때 그의 관 곁에서 함께한 음악은 「네 개의 마지막 노래」였다.

　죽음을 경험할 때마다 우리는 뭔가를 조금씩 배운다. 톰의 죽음에서 나는 무엇을 배웠는가? 그는 우리 둘 다 은퇴하면, 담뱃갑처럼 생긴 커다란 은색 캐러밴을 빌리고 마약을 사서 큰 가방에 가득 채우고(내가 아니라 그의 의견이었다) 내슈빌을 돌아다니며 밤이면 시골길과 서부식 술집을 들락거리자고 말했었다. 우리는 결코 그렇게 하지 못할 것이다. 그러므로 소원을 성취하려면 은퇴할 때까지 기다리지 말라. 은퇴가 결코 다가오지 않을 수도 있기 때문이다. 속담에 있듯이, 신이 웃기를 바란다면 은퇴 계획을 들려주기만 하면 된다.

나는 또한 지루한 일이라는 느낌이 확실해진다면, 그것이 자기 계발과 관련된 훌륭한 문화적 목표라고 해도 추구할 가치가 없다는 사실을 배웠다. 고결한 목표를 달성하는 데 시간을 낭비하기에 삶은 너무 짧다. 따라서 『율리시스』나 『돈키호테』를 읽어나가는 것이 고통스럽다는 사실을 깨닫게 된다면, 그 책을 내던지고 즐겁게 읽을 수 있는 존 그리샴의 소설을 읽으라.

죽음을 예방하기 위해 우리가 할 수 있는 일은 많다. 담배를 피우면 안 된다. 끝이다. 운동을 하려고 노력하고 물론 술을 마시되 과음은 하지 말고, 적당히 건강한 음식을 먹으려 애쓰라. 이런 점을 제외하면 우리는 대초원을 배회하는 대규모 버펄로 떼와 똑같다. 이 버펄로 떼 옆, 시야에서 약간 벗어난 곳에 하느님과 알라와 크리슈나와 우리가 창조한 다른 모든 신들이 있다. 무신론자를 대표하는 제러미 벤담과 볼테르도 그들 사이에 있다. 이런 신들과 철학자들은 활과 화살로 무장하고서는, 약간 거만한 태도로 잘난 체하는 이 버펄로 무리를 향해 화살을 마구 쏘아대는 중이다. 그러니 "왜 하필 나야?"라고 묻지 말라. "왜 내가 아니지?"라고 물으라. 아직 화살에 맞지 않았다면, 당신이 따르는 신이나 철학자가 누구이건 그 존재에 감사하고 할 수 있는 한 가장 멋진 삶을 계속 꾸려 나가라.

톰 카터(1955~2006), 사랑과 그리움을 담아

고마운 사람들

이 글을 감동이 북받치는 오스카상 수상자의 소감문처럼 읽고 싶지는 않지만, 정말이지 나의 에이전트 줄리언 알렉산더와 소호 에이전시의 편집팀, 즉 벤 클라크와 이자벨 윌슨에게 감사하지 않을 수 없다. 2018년 크리스마스 다음 날, 나는 당시에는 제목 없는 원고였던 이 책의 초고를 보냈고 일주일 이내에 긍정적인 답변을 받았다. 나는 에이전트가 하는 역할이 무엇인지 몰랐지만, 그 역할이 무엇이었건 줄리언은 내가 단어를 적재적소에 배치하도록 조언해주었다. 그 현명한 조언 덕분에 이 모든 일이 가능했다.

나는 편집자가 하는 일에 대해서는 더더욱 몰랐다. 글을 쓸 때처럼 삶에서도 우리 모두 편집자가 필요하다. 잘못된 방향으로 가고 있을 때 조언해줄 사람 말이다. 트랜스월드사의 수재나 웨드슨은 믿음을 가지고 이 책을 맡아주었고 읽을 만한 글로 만들어주었다. 글을 쓸 때면 나만의 내적 목소리가 들린다. 그 글을 읽는 다른 사람들은 그들 나름의 내적인 목소리를 듣게 되는 것이며 그것은 내 목소리와는 미묘하게 다를 수 있다. 편집자는 작가와 예상 독자의 내적인 목소리를 파악해 그 두 목소리가 일치하도록 돕는다. 어쨌든 내 생각엔 그렇다. 수재나는 아주 멋진 역할을 해냈고 나는 그녀의 통찰력과 명료함이 몹시 존경스럽다. 우리가 처음 만나기 전에 그녀가 상실과 쇠약함을 직접 경험했던 순간을 되돌아보면서 나에게 보낸 편지에 감동을 받았다. 그 편지가 나에게는 결정타였다. 캐럴라인 노스 매킬버니의 교열 능력과 세부 내용에 대한 관심은 그야말로 천재적이었고 그녀의 유익한 의견에 깊이 감사한다. 또 트랜스월드사의 다른 모든 직원들에게도 감사를 전하고 싶다.

『작가와 화가 연감Writers' and Artists' Yearbook』에서는 크리스마스 저녁을 함께 먹는 사람들이 내 작품에 대해 논평한다면 그 의견은 비평이라고 할 수 없으니 무시하라고 권한다. 그래도 나는 크리스마스 저녁을 같이 먹는 무리에게 유익한 비평을 들려주었음에 감사하고 싶다. 그 비평은 내 아들이 써준 글('꽤 흥미롭다')에서부터 누나인 루이즈 재럿과 동생 에마 니벳의 더 실질적인 의견에 이르기까지 다양하다. 내 딸 피오나와 사위 마크 앱스도 도움을 주었다. 아내는 사우스 런던 종합 중등학교에서 훌륭한 교육을 받았고 문법과 철자와 라틴어에 정통한데 그 능력은 공립 중등 교육을 받은 나에게도 수수께끼다. 아내는 애매모호하거나 경박하고 우쭐거리는 내용은 엄격하게 지적했다.

예전과 최근의 직장 동료들 역시 조언과 의견을 제시해주었다. 이언과 맨디 리드, 밥 로건, 제임스 베케트, 맥스 밀레트에게 감사한다. 알렉스 홉슨은 재무와 조세 및 NHS와 관련된 방대한 양의 정보와 수치를 제공해주었다. 이웃집에 사는 가이와 리즈 펠프스 부부는 내 초고를 읽고 계속 쓰라고 격려해주었다. 런던으로 가는 기차에서 우연히 만난 마틴 시버스는 고통스러운 환자들의 사연과 우리가 그것으로부터 배웠던 교훈을 다시금 떠올리게 해주었다.

내 가치 체계를 바로잡아준 포츠머스 대학의 데이비드 카펜터와 이름을 언급하도록 허락해준 퀸 알렉산더 병원의 어맨다 프리먼에게 감사한다. 이 책이 할리우드 영화로 제작된다면 어맨다의 역할은 킬리 호위스가 맡으면 좋겠다. 슬프게도 찰스 호트리가 세상을 떠난 탓에 무조건적으로 내 역할을 맡길 배우가 없어졌다. 레이먼드 텔리스는 내가 키르케고르를 에밀 뒤르켐으로 착각했을 때 또 한 번 내 철학적 오류를 정정해주었다. 휴! 우리 노인 의학 전문의들은 그런 실수를 대체 몇 번이나 하는 걸까?

마지막으로, 지난 40여 년 동안 나에게 '용기'의 의미를 알려주었던 모든 환자들에게 감사의 마음을 전한다. 나는 매일 겸손해진다. 내가 그들을 실망시켰다면 진심으로 미안하다. 그랬다면 그것은 나태함 때문이 아니라 지식이 부족했거나 인간적 결점 때문에 벌어진 일이었을 것이다. 의학은 배움에 대해서도 그렇지만 실수에 대해서도 놀랍도록 가혹한 시련의 장이다.

인용구 출처

내 경우에 나이가 들어가며 느끼는 그다지 바람직하지 않은 현상 중 하나는 제멋대로 귓전을 맴도는 곡이 점점 늘어난다는 점이다. 뚜렷한 이유 없이 의식을 파고드는 곡의 파편들 말이다. 신인 배우들의 이름은 제대로 기억하지 못하는데 웬일인지 1970년대의 팝송 가사는 완벽하게 떠올릴 수 있다.

우리는 우리의 뇌를 부분적으로만 통제할 수 있다. 따라서 나는 인용구로 쓰기 위해 1970년대와 그 이전에 나온 가사 목록을 수집한 점에 대해 사과할 생각이 없다. 툭툭 내던지는 그 노랫말 속에 지혜가 담겨 있을 수도 있다. 존경받는 18세기 수필가들의 책에서 인용한 구절들은 내 삶에 대해 나에게 아무런 이야기를 들려주지 않는다. 아래의 모든 곡들이 특별히 죽음에 대해 이야기하는 것은 아니지만 어쨌든 훌륭한 곡들이다. 죽음과 관련된 위대한 곡들로 CD 모음집을 제작해야 한다면 나는 기쁘게 곡들을 모아 음반에 해설문을 쓸 것이다. 그냥 하는 말이다.

인용구의 출처 목록은 다음과 같다.

작가의 말

"오, 죽음이여…… 내게 일 년만 더 주지 않겠나?"
랠프 스탠리 덕분에 널리 알려진 미국 민요

1. 좋은 죽음

"새들이 모두 떠나고 있어…… 갈 때가 되었나?"
페어포트 컨벤션의 앨범 〈언해프브리킹Unhalfbricking〉(1969)에
수록된 「시간이 어디로 가는지 누가 알겠는가Who Knows Where
the Time Gioes」(샌디 데니 작사 작곡) 중에서

2. 나쁜 죽음

"그대가 바랄 수 있는 최고의 것은 자다가 죽는 것."
케니 로저스가 불러서(1978) 유명해진 「더 갬블러The Gambler」
(돈 슐리츠 작곡) 중에서

3. 우리는 왜 나이 드는가

"그들은 무덤에 걸터앉아 출산을 하지."
사뮈엘 베케트의 희곡 〈고도를 기다리며〉의 대사 한 구절
(주의: 팝송 아님)

4. 좋은 노화

"노인들을 도와주라. 한때는 지금 당신과 같았다."

펄프의 앨범 〈이것이 하드코어다This Is Hardcore〉(1998)에 실린 「노인들을 도와주라Help the Aged」 중에서

5. 죽음을 자각할 때

"스포트라이트를 받고 있는 게 나야…… 인내심의 끝자락에서."
R.E.M.의 앨범 〈아웃 오브 타임Out of Time〉(1991)에 수록된 「인내심의 끝자락에서Losing My Religion」 중에서

7. 과거로의 여행

"하지만 진실은 그게 사랑이 아니라 죽음이라는 것. 그게 사방에 있다는 것."
조안나 에벤스타인의 책 『죽음: 무덤 옆의 친구Death: A Graveside Companion』(2017)에 실린 윌 셀프의 서문에서 발췌한 구절

8. 죽음의 징조

"임박한 최후…… 그건 분명 사실이다."
킬러스의 앨범 〈데이 앤 에이지Day&Age〉(2008)에 수록된 「루징 터치Losing Touch」 중에서

9. 환자를 죽이는 방법

"난 레노에서 어떤 남자에게 총을 쐈어……."
조니 캐시의 앨범 〈그의 멋진 파란색 기타로With His Hot and Blue

Guitar〉(1957)에 수록된 「폴섬 감옥 블루스Folsom Prison Blues」 중에서

10. 죽음에 주먹질할 때

"넌 침대에서 흠씬 두들겨 맞아도 싸다고."
더 스미스의 앨범 〈여왕은 죽었다The Queen is Dead〉(1986)에 수록된 「허풍쟁이가 다시 외친다Bigmouth Strikes Again」 중에서

11. 새로운 죽음의 방식

"키츠와 예이츠가 네 편이라면 와일드는 내 편."
더 스미스의 앨범 〈여왕은 죽었다The Queen is Dead〉(1986)에 수록된 「묘지의 문Cemetery Gates」 중에서

12. 밀물

"한 명이 죽으면 비극이지만 백만 명이 죽으면 통계다."
이오시프 스탈린의 말

14. 빨간 자동차와 가정 방문

"난 내 차를 몰고 다니지. 재규어는 아니지만."
매드니스의 앨범 〈완전한 광기Utter Madness〉(1986)에 수록된 「내 차를 몰고Driving in My Car」 중에서

16. 이러지도 저러지도
"새로운 날의 얇은 얼음 위에서 스케이트를 타며."
제스로 툴의 앨범 〈전쟁 고아War Child〉(1974)에 수록된 「스케이트를 타며Skating Away」 중에서

17. 아버지
"약광층에, 미지의 땅 그 바깥 경계에."
닥터 존의 앨범 〈바빌론Babylon〉(1969)에 수록된 「약광층Twilight Zone」(맬컴 존 르베넥) 중에서

18. 의사들은 어떻게 죽는가
"나뭇잎들이 조용히 땅으로 떨어지고 있네."
앤터니 앤 더 존슨스의 앨범 〈앤터니 앤 더 존슨스Antony and the Johnsons〉(2002)에 수록된 「황홀Rapture」 중에서

19. 생전 진술서와 생전 유언장
"늙어서 음침하게 시들다 사라지느니 차라리 어떤 찬란한 열정으로 가득할 때 과감히 저 다른 세상으로 넘어가는 편이 나을 것이다."
제임스 조이스의 『더블린 사람들The Dubliners』(1914)에 실린 단편(사실은 상당히 긴 편인) 소설 「죽은 사람들The Dead」 중에서

20. 뇌졸중에 관한 대화

"그는 잔혹한 내용을 친절하게도 전달하더라."

에이미 와인하우스의 앨범 〈프랭크Frank〉(2003)에 수록된 「넌 나를 내던진 거야You Sent Me Flying」 중에서

21. 놓아주기

"싸움은 끝났어, 진 사람도 이긴 사람도 없이."

위시본 애시의 앨범 〈아르고스Argus〉(1972)에 수록된 「칼을 버려 Throw Down the Sword」 중에서

내 장례식 음악으로 이 곡을 선택하고 싶은 마음도 있었다. 전자 기타 솔로가 최고의 결투를 벌이며 완벽한 절정에 이르지만 아내는 처음에 혹평을 했었다. 결혼은 '기브 앤 테이크', 그러니까 주고받는 관계다(심술궂은 얼굴 이모티콘 삽입).

22. 변화하는 간병 풍경

"고개 돌려 낯선 사람을 봐."

데이비드 보위의 앨범 〈헝키 도리Hunky Dory〉(1971)에 수록된 「변화Changes」 중에서

23. 요한복음서 11장 35절

"이건 무슨 헛소리야?"

에이미 와인하우스의 앨범 〈프랭크〉(2003)에 수록된 「나와 존스 씨 Me and Mr Jones」 중에서

24. 최신식 죽음

"신성한 중심부가 서서히 쇠퇴하고."

슬랩 해피와 헨리 카우의 합작 앨범 〈데스퍼레이트 스트레이츠 Desperate Straights〉(1975)에 수록된 「병실에서In the Sick Bay」 중에서

25. 조이스

"수천 년간 잠을 이루지 못했네."

벨벳 언더그라운드의 앨범 〈벨벳 언더그라운드와 니코The Velvet Underground & Nico〉(1967)에 수록된 「모피를 입은 비너스Venus in Furs」 중에서

27. 포터캐빈이 들려준 이야기

"헤로인, 나를 죽여다오."

벨벳 언더그라운드의 앨범 〈벨벳 언더그라운드와 니코〉(1967)에 수록된 「헤로인Heroin」 중에서

28. 전문가들

"더닝 크루거 클럽의 첫째 규칙은 자신이 더닝 크루거 클럽에 속

한다는 사실을 모르는 것이다."

미국 인터넷 언론 '복스Vox'의 브라이언 레스닉이 데이비드 더닝 교수를 인터뷰한 내용을 바탕으로 게재한 〈지적 겸손: 당신이 틀렸을지도 모른다는 사실을 아는 것의 중요성Intellectual humility: the importance of knowing you might be wrong〉(2019년 1월 4일자) 중에서

29. 다른 드럼

"그대와 나는 서로 다른 드럼의 리듬을 따라 움직이지."

스톤 포니스의 앨범 〈에버그린 제2집Evergreen Vol. 2〉(1967)에 수록된 「다른 드럼Different Drum」 중에서

31. 그야말로 무익한 것

"다른 남자의 가방을 지고 다니는 캐디는 결코 되지 않겠어."

루던 웨인라이트 3세의 앨범 〈마지막 시험Final Exam〉(1978)에 수록된 「골프 블루스Golfin' Blues」 중에서

32. 현대판 티토누스

"이것이 끝이라네, 아름다운 친구여…… 끝이라네."

도어스의 앨범 〈더 도어스The Doors〉(1967)에 수록된 「끝The End」 중에서

33. 네 개의 마지막 노래

"정처 없이 떠돌며 우리는 몹시 지쳤다. 어쩌면 이게 죽음일까?"
리하르트 슈트라우스가 작곡하고 독일 시인 요제프 폰 아이헨
도르프의 시를 가사로 붙인 앨범 〈네 개의 마지막 노래Four Last
Songs〉(1948)에 수록된 「석양에서At Sunset」 중에서

280쪽에서 나는 미국과 유럽의 중환자실 환자들의 생존율을 언
급했다. 이 통계는 《뉴요커》의 기사 〈놓아주기. 당신의 목숨을 구
할 수 없을 때 의학은 무엇을 해야 하는가Letting Go. What should
medicine do when it can't save your life〉(2010)에서 발췌했다.

에스파냐의 왕 펠리페 2세의 죽음에 대한 구절은 레이먼드 텔
리스 교수의 명저 『히포크라테스 선서: 의료와 그 불만Hippocratic
Oaths: Medicine and its Discontents』(Atlantic Books, 2004)의 일부에서
빌려왔다. 그가 쓴 구절의 원본은 칼로스 M. N. 에이레 교수의 『마
드리드에서 연옥까지: 16세기 스페인에서 죽음에 나타난 예술과 공
예Madrid to Purgatory: The Art and Craft of Dying in Sixteenth Century
Spain』(Cambridge University Press, 1996)에 있다. 나는 텔리스 교수가
영국 노인 의학 협회에서 식후 연설을 한 뒤에 골프의 무익함을 비난
한 이야기도 인용했는데, 은퇴자의 역할에 대한 그의 고무적인 의견
에도 감사한다.

내가 인용한 존 다이아몬드의 말은 《타임》에 실린 그의 칼럼 〈주말을 위한 어떤Something for the Weekend〉에서 빌려 왔다. 1960년대 글래스고에서 버나스 아이작스 교수가 진행했다고 언급한 연구는 『최부적임자의 생존: 글래스고의 노인병 환자 연구Survival of the Unfittest: Study of Geriatric Patients in Glasgow』(Routledge&Kegan Paul, 1972)에서 확인할 수 있다.

혹여나 내가 감사를 표현하지 못한 다른 인용문이 있다면, 사과의 말씀을 드린다. 세상에 존재하는 어떤 농담들은 분명 저작권법의 통제를 받지 않는다.

지은이 **데이비드 재럿**

40년간 영국과 캐나다, 인도, 아프리카 등에서 내과 의사이자 노인 의학 전문의로 일했으며, 그중 30년을 영국 국민 보건 서비스NHS에서 노인병학, 뇌졸중 분야의 전문 컨설턴트로 활동했다. 임상의, 교수, 검사관 및 전직 의료 관리자로서 직간접적으로 여러 죽음을 경험하며 정부와 사회가 그리고 개인이 죽음을 어떻게 바라보고 이해하고 대비해야 할지 오래 고민해왔다. 현대 의학이 이뤄낸 많은 성과 속에서 의사들이 공적으로 논의를 피하려는 영역, 특히 쇠약한 노년기의 죽음을 대하는 우리들의 태도에 관심을 기울인다. 의학을, 인간을, 삶을 이해하기 위해서, 죽음에 관해 자주 생각하고 이야기하고자 한다.

옮긴이 **김율희**

고려대학교 영어영문학과를 졸업한 뒤 동 대학원에서 근대영문학으로 석사학위를 받았다. 삶을 풍요롭게 하는 책의 힘을 믿으며 전문번역가로 활동하고 있다. 『크리스마스 캐럴』, 『벤자민 버튼의 시간은 거꾸로 간다』, 『걸리버 여행기』, 『월든』, 『작가란 무엇인가 3』, 『소설쓰기의 모든 것 4 : 대화』, 『소설쓰기의 모든 것 5 : 고쳐쓰기』, 『작가라서』, 『키다리 아저씨』 등을 우리말로 옮겼다.

이만하면 괜찮은 죽음_33가지 죽음 수업

펴낸날 초판 1쇄 2020년 10월 15일
지은이 데이비드 재럿
옮긴이 김율희
펴낸이 이주애, 홍영완
편집 김송은, 양혜영, 백은영, 장종철, 오경은
디자인 김주연, 박아형
마케팅 김태윤, 김소연, 김애리, 박진희
경영지원 박소현
펴낸곳 (주)윌북 **출판등록** 제2006-000017호 **주소** 10881 경기도 파주시 회동길 337-20
전자우편 willbook@naver.com **전화** 031-955-3777 **팩스** 031-955-3778
블로그 blog.naver.com/willbooks **포스트** post.naver.com/willbooks
페이스북 @willbooks **트위터** @onwillbooks **인스타그램** @willbook_pub
ISBN 979-11-5581-311-9 (03100) (CIP제어번호: CIP2020037831)

- 책값은 뒤표지에 있습니다.
- 잘못 만들어진 책은 구입하신 서점에서 바꿔드립니다.